VISAGES DE LA LITTERATURE FEMININE

PSYCHOLOGIE ET SCIENCES HUMAINES

Evelyne Wilwerth

Visages de la littérature féminine

PIERRE MARDAGA, EDITEUR
GALERIE DES PRINCES 2 - 1000 BRUXELLES

DU MEME AUTEUR

Poésie

La péniche-ferveur (Paris, Chambelland, 1978).
Le cerfeuil émeraude (Bruxelles, André De Rache, 1981).

Théâtre

Hortense, ta pétillance (création à Bruxelles, en 1980).
Gil et Giroflée (création à Bruxelles, en 1983).

Nouvelles

Grenat (Bruxelles, André De Rache, 1982).
Une série de nouvelles diffusées à la R.T.B.F. et à Radio Canada.

Pièces radiophoniques

Sous-sol à louer (création à la R.T.B.F., en 1984; diffusion à Radio Canada, en 1985).
Elle porte une robe cerise (création à la R.T.B.F., en 1986).

Contes

Histoires très fausses (Paris, Chambelland, 1985).

Essai

Les femmes dans les livres scolaires (Bruxelles, Pierre Mardaga, 1985; chapitre littérature).

Ecriture pour enfants

Noël d'Herminnne (Averbode, Editions Presse européenne, 1986).

© Pierre Mardaga, éditeur
rue Saint-Vincent 12 - 4020 Liège
Galerie des Princes 2 - 1000 Bruxelles
D 1987-0024-50

A Mousa Winkel

Avant-propos

Cet ouvrage ne serait sans doute pas né sans «Changeons les livres». «Changeons les livres»? Un groupe féministe de Bruxelles qui s'est constitué en 1979. Ce groupe, devinant que les manuels scolaires n'étaient pas au-dessus de tout soupçon sexiste, a d'abord analysé les livres de l'enseignement primaire. Et a découvert que le soupçon était fondé. Portrait stéréotypé des filles et des femmes, rôles discriminatoires. Discours uniforme répété aux filles: «Sois jolie et tais-toi. Tu seras mère et ménagère». Le tout bien enraciné dans des préjugés coupés radicalement des mutations contemporaines. Deux brochures ont été publiées à ce sujet non seulement pour dénoncer le sexisme et les dangers qu'il comporte, mais surtout pour tenter d'y remédier: *A propos de l'éducation des filles et des garçons* (1981) et *L'image des femmes et des hommes dans les manuels scolaires* (1982).

La curiosité s'est alors portée sur les manuels de l'enseignement secondaire. Plus innocents, ceux-là? Non. Car d'une part, ils affichent les mêmes stéréotypes que ceux de l'enseignement primaire. Et d'autre part, ils pratiquent le «sexisme de l'absence». C'est-à-dire qu'ils gomment, oblitèrent les actions, apports, créations féminines dans tous les domaines (histoire, sciences, histoire de l'art, littérature, etc.). Ignorance ou occultation délibérée? J'y reviendrai. Pour s'assurer que les femmes n'avaient pas dormi pendant des millénaires et pour mieux cerner leur rôle actif, différentes chercheuses de «Changeons les livres » se sont donc lancées dans de longues explorations. Explorations fécondes et étonnantes! L'analyse critique des manuels de l'enseignement secondaire et le résultat succinct de ces explorations ont abouti à l'ouvrage collectif *Les femmes dans les livres scolaires*, publié chez Pierre Mardaga, dans la collection Psychologie et Sciences humaines, en 1985 (par Brigitte Crabbé, Marie-Luce Delfosse, Lucia Gaiardo, Ghislaine Verlaeckt, Evelyne Wilwerth).

J'ai donc eu la chance de participer à cette aventure, en assumant le chapitre consacré à la littérature. Dans ce chapitre, justement, j'ai présenté un bref survol de l'histoire de la littérature féminine (littérature féminine désignant la production écrite par des femmes, sans aucune autre connotation). Ce que je propose aujourd'hui, dans le cadre de ce livre, c'est le développement de cette histoire. Le survol se transforme en panorama...

Le groupe « Changeons les livres » poursuit ses objectifs et élargit actuellement son terrain d'analyse aux livres pour enfants et aux médias. Il cherche à conscientiser des publics très variés par le biais d'animations, d'exposés, de vidéos, d'expositions, de publications, etc. Bref, il met tout en œuvre pour construire une société moins discriminatoire. Plus égalitaire. Plus épanouissante pour toutes et pour tous. Une société où « l'égalité des chances » n'est pas une formule mais une réalité profonde.

E.W.

Introduction

> « *Les femmes, même avec de l'esprit et du talent, n'arrivent jamais à des succès qui durent, et c'est une justice de la destinée, car les femmes n'ont pas été mises dans le monde pour y faire ce que nous y faisons.* »
>
> Barbey d'Aurevilly

POURQUOI UN OUVRAGE CONSACRE A LA LITTERATURE FEMININE ?

La phrase que j'ai choisi de mettre en exergue est destinée à annoncer la couleur... et le sourire. Car à travers ces quelques mots, on entrevoit déjà les problèmes qu'ont rencontrés les créatrices. Le sourire, parce que je ne veux pas embarquer les lecteurs et lectrices dans un essai indigeste, lourdement démonstratif et revendicatif.

Jusqu'il y a peu, lorsque j'évoquais ma recherche en littérature féminine, on me lançait souvent cette réflexion : « Ah ? Parce que ça existe ? » Les spécialistes littéraires, eux, préféraient l'écoute polie, feignant connaître parfaitement le domaine. J'ai donc rencontré toute une variété d'oppositions ou de résistances. Ironie, ignorance totale, méconnaissance, scepticisme, mauvaise foi, rejet. Sans omettre, en guise de contrepoids, l'intérêt passionné de certaines personnes.

Des changements s'opèrent, de plus en plus perceptibles. Le mouvement féministe, les nouvelles tendances de l'historiographie, en jetant des éclairages neufs sur le passé, ont bouleversé nos acquis, nos conceptions, nos perceptions, nos préjugés. Aujourd'hui, on sait confusément que les femmes ont participé à la création. Et la question que l'on se pose, c'est « Qu'ont-elles écrit ? ».

La réponse à la question ne se trouve guère dans les ouvrages généraux ni dans les manuels scolaires. En fait, la littérature féminine est occultée à 80 %! Les quelques écrivaines que l'on a gardées sur scène ne sont même pas de réelles privilégiées, puisqu'on a tendance à sous-estimer leur œuvre et à caricaturer leur portrait.

Face à ce vaste phénomène d'occultation, une seule solution: la réhabilitation. C'est-à-dire s'enfoncer dans les sous-bois de l'histoire, dénicher (déterrer) les écrivaines enfouies, découvrir leur production. Si celle-ci le mérite, reconnaître ces créatrices. En leur rendant la parole et leur vrai visage. En les exposant en pleine lumière. Ici apparaît donc clairement l'objectif de cet ouvrage: la réhabilitation de la littérature féminine. Ce qui constitue, selon moi, un premier stade de reconnaissance. Le stade suivant étant l'intégration de cette littérature dans l'histoire littéraire connue. Avec les révisions qui s'imposent! Mais je laisse cette entreprise à d'autres. Qu'on ne considère donc pas cet ouvrage comme un ghetto. Il s'agit non d'un enfermement mais d'un rassemblement de femmes.

CECI N'EST PAS UNE ANTHOLOGIE

J'aurais pu recourir à la formule de l'anthologie. Mais une anthologie ne situe pas les œuvres. Au contraire, elle les arrache de leur contexte, elle les déracine. Je me suis donc tournée vers l'ouvrage de commentaires. Car si l'on veut appréhender la littérature féminine avec sérieux et discernement, il faut la replacer dans le paysage historique (avec ses versants politique, économique, social, culturel). En mettant en évidence son point d'ancrage capital: la condition féminine. Fait curieux, les publications consacrées à la condition féminine abondent, alors qu'il n'en existe pratiquement pas au sujet de la création féminine. Ce qui m'a incitée à choisir l'angle de vue précis de ma recherche. Je braquerai donc les projecteurs sur les conditions de création féminine, liées bien sûr au statut des femmes (à l'absence de statut, plutôt!).

D'autres raisons m'ont poussée à m'engager dans l'ouvrage de commentaires. Depuis quelques années, certaines maisons d'édition ont entrepris d'exhumer des œuvres féminines. Il s'agit là d'un travail de réhabilitation, mais partiel, ponctuel. Ce qui manquait sur le marché, à mon avis, c'était une vue d'ensemble de cette production, assortie d'un éclairage sur les conditions de création réservées aux femmes.

Ce que j'ai tenté de faire. En espérant que ce panorama incite le lecteur, la lectrice à approfondir l'une ou l'autre voie, au gré de son humeur, de ses affinités, de ses coups de cœur. J'ai voulu poser des jalons. Secouer la réflexion. Et offrir un instrument de travail.

POURQUOI CETTE OCCULTATION?

Question brûlante, à laquelle je tenterai de répondre en évoquant trois phénomènes distincts. L'interdit, la transgression, l'occultation proprement dite.

a) L'interdit

La société a cherché à interdire la création aux femmes. A l'étouffer dans l'œuf. Comment? En invoquant deux raisons. La première est liée à la nature féminine. Elle consiste à prétendre que l'expression créative est contraire à la pudeur, caractéristique majeure des femmes. La seconde est liée au rôle féminin. La société a essayé d'enfermer les femmes dans les rôles d'épouse et de mère (ménagère et muse comprises). Ces deux raisons se référant essentiellement aux caractéristiques biologiques. Résultat : la société a départagé les fonctions d'une manière tranchée. Et les hommes ont cherché à monopoliser la création.

Interdit explicite ou implicite, en tout cas très présent, très prégnant. Je rappelle la phrase de Barbey d'Aurevilly, mise en exergue. Je citerais aussi Rivarol : « Le ciel refusa le génie aux femmes pour que toute flamme pût se porter au cœur »[2]. Pourquoi un tel acharnement à interdire? Au moins à dissuader fermement, en culpabilisant? Par peur que les femmes ne dédaignent alors les devoirs domestiques? C'est l'interprétation — ironique — de Stéphanie-Félicité de Genlis[3]. C'est également l'appréhension d'Oswald Nelvil, l'amoureux de *Corinne* dans le célèbre roman de Germaine de Staël. Mais il faut creuser davantage, plonger dans le magma complexe de la relation entre les sexes. S'interroger. Interroger l'histoire. Les différences biologiques n'ont-elles pas engendré plus de rivalités, de rapports de force que de complémentarité et d'égalité? Mais n'a-t-on pas réparti les rôles masculins et féminins en se référant trop exclusivement, aveuglément à la biologie? Il ne faudrait pas oublier non plus notre tendance (facilité ou besoin) à compartimenter, à rationaliser. Si bien que la nature et la fonction des hommes et des femmes ont été établies, fixées, figées, stéréotypées. Une manière, peut-être, d'endiguer l'extraordinaire diversité des êtres et leurs potentialités... La fameuse «querelle des femmes» a cristallisé, tout au long des siècles, cette rivalité latente ou violente entre les sexes. A tout cela s'ajoute un autre phénomène : la peur, la résistance de la société vis-à-vis des êtres qui cherchent à sortir du lot. A fortiori, vis-à-vis de femmes qui désirent émerger, et donc sortir des rails établis. Je préciserai que cette défiance, cette hostilité proviennent des hommes en général mais aussi de pas mal de femmes. Des femmes qui voient d'un mauvais œil les «écarts» créatifs de certaines de leurs consœurs...

b) **La transgression**

Des femmes ont osé braver ces «lois». Elles ont osé les transgresser. Envers et contre tout. Très lucidement, en assumant tous les risques, tels le mépris, le rejet, la haine, les sarcasmes, la marginalité, l'anormalité, le déshonneur. Il s'agit donc d'une double transgression, puisqu'elle se joue au niveau de la nature et du rôle. Un témoignage de Madeleine de Scudéry illustre la première : «Ecrire, c'est perdre la moitié de sa noblesse»[4]. Stéphanie-Félicité de Genlis évoque la seconde : «Dès qu'une femme s'écarte de la route commune qui lui est tracée, elle devient une espèce de monstre»[5]. Aveux rarissimes ? Témoignages exceptionnels ? Non. J'en ai rencontré des centaines, au cours de ma recherche. Et ici on touche certainement à un des phénomènes qui m'a le plus frappée et qui caractérise toutes les écrivaines : la honte. La honte de s'exprimer, la honte de publier, à laquelle s'ajoute le lourd sentiment de culpabilité.

La grande Louise Labé, relativement privilégiée, n'échappe pas à la honte. Voici un extrait d'une lettre qu'elle adresse à son amie Clémence de Bourges[6] :

> Quant à moy tout en escrivant premierement ces jeunesses que en les revoyant depuis, je n'y cherchois autre chose qu'un honneste passetems et moyen de fuir oïsiveté : et n'avoy point intencion que personne que moy les dust jamais voir. Mais depuis que quelcuns de mes amis ont trouvé moyen de les lire sans que j'en susse rien, et que (ainsi comme aisément nous croyons ceus qui nous louent) ils m'ont fait à croire que les devois mettre en lumière : je ne les ay osé escondire, les menassant ce pendant de leur faire boire la moitié de la honte qui en proviendroit.

Mais la honte n'exclut nullement la fierté ! Ces «transgresseuses» avancent la tête haute. S'agit-il vraiment de subversion ? La réponse doit être nuancée. Car pour prendre la plume, les femmes devaient jouir d'un minimum de privilèges (d'ordre social, économique, culturel, parfois politique). C'est donc une contestation qui s'exerce à l'intérieur du système, non à l'extérieur. Plus que le contenu de l'œuvre, c'est le fait de prendre la plume qui constitue d'abord la subversion.

c) L'occultation

Malgré l'interdit, elles ont donc transgressé. En conséquence, la société s'est efforcée d'occulter leur création. Par tous les moyens, violents ou plus sournois. J'en distinguerais sept: la censure, la condamnation, la spoliation, la ridiculisation, les préjugés, le jugement restrictif, l'oubli. Un bel éventail! Je commenterai ou illustrerai brièvement ces différentes attitudes.

La censure. Je pense à plusieurs œuvres de Germaine de Staël qui furent interdites par Napoléon. Ou aux *Mémoires* de Céleste Mogador, censurés parce que l'auteure osait y évoquer sa vie de prostituée. La condamnation. Barbey d'Aurevilly ne fut pas le seul détracteur. On a l'embarras du choix. Lanson, par exemple, qui déclare ceci en faisant référence à Christine de Pisan: «... première de cette insupportable lignée de femmes-auteurs à qui nul ouvrage sur aucun sujet ne coûte et qui pendant toute la vie que Dieu leur prête n'ont affaire que de multiplier les preuves de leur infatigable facilité, égale à leur universelle médiocrité»[7]. La spoliation. Un exemple savoureux: les *Idées antiproudhonniennes* de Juliette Adam. Voyant le vif succès de la première édition, son mari décida une réédition... que lui-même signa. La ridiculisation. Le XVIIe siècle, en particulier, se déchaîna contre toutes ces «femmes savantes» qui désirèrent goûter à la création. Au XIXe, Proudhon manie l'ironie mordante: «Le rôle de la femme, dans les lettres, est le même que dans la manufacture: elle sert là où le génie n'est plus de service, comme une broche, comme une bobine»[8]. Et l'on se rappelle l'expression inventée par Barbey d'Aurevilly pour désigner ces «pédantes» de créatrices: les «Bas-bleus». Les préjugés? Solides, constants; bien enracinés dans l'idée que la littérature féminine est une sous-littérature, caractérisée par la mièvrerie, la sentimentalité excessive, l'intelligence pâlotte. Bref, l'ouvrage de dames. Jean Larnac lui-même qui publia une *Histoire de la littérature féminine en France*, en 1929, n'échappe guère aux préjugés. Ainsi il s'interroge longuement sur les limites du cerveau féminin et pose la question «Est-il normal qu'une femme écrive?» Le jugement restrictif. Quand on reconnaît la valeur d'une œuvre, on cherche par tous les moyens à la réduire. Comment? En minimisant ses qualités. En insistant sur ses petits défauts et ses faiblesses. Parfois on s'attaque à la «maternité» de l'œuvre et l'on évoque — pesamment — l'influence bénéfique de muses actives... et masculines! Je citerais encore Jean Larnac. «Les seules (femmes) dont les œuvres présentent une composition ou un style remarquables sont celles qui furent guidées par des hommes : Madame de La Fayette par Segrais et La Rochefoucault, Madame de Staël par ses nombreux amis, George Sand par ses amants, Madame Colette par Monsieur Willy.»[9] Et si l'œuvre reste inattaquable, on va fureter du côté de la vie privée. Enfin, si celle-ci est irréprochable, on se tourne vers le physique des écrivaines que l'on juge... avec sévérité. L'oubli clôture la série. L'oubli pur et simple, mais guère innocent. Sans doute le moyen le plus facile d'occulter la littérature féminine. Pas étonnant alors que face à tous ces dangers d'occultation, des écrivaines aient choisi un pseudonyme masculin. Ou aient même eu recours à l'anonymat.

L'interdit, la transgression, l'occultation. Ces trois phénomènes montrent dans quelles conditions la littérature féminine s'est développée. Pas dans des terres riches. Pas au soleil. A l'ombre. Oui, il s'agit d'une littérature de l'ombre, plus ou moins bâtarde. De nombreuses écrivaines se sont exprimées à ce propos, témoignant des multiples difficultés rencontrées. Marie-Jeanne Roland, par exemple, nous en donne une vigoureuse synthèse dans ses Mémoires[10].

Jamais je n'eus la plus légère tentation de devenir auteur un jour; je vis de très bonne heure qu'une femme qui gagnait ce titre, perdait beaucoup plus qu'elle n'avait acquis. Les hommes ne l'aiment point, et son sexe la critique; si ses ouvrages sont mauvais, on se moque d'elle, et l'on fait bien; s'ils sont bons, on les lui ôte. Si l'on est forcé de reconnaître qu'elle en a produit la meilleure partie, on épluche tellement son caractère, ses mœurs, sa conduite et ses talents, que l'on balance la réputation de son esprit par l'éclat que l'on donne à ses défauts.

Constance de Salm, elle, a choisi le sourire pour évoquer sa condition de créatrice. Son texte s'intitule d'ailleurs «Boutade»[11]:

Qu'une femme auteur est à plaindre!
Au diable soit le sot métier!
Qu'elle se fasse aimer ou craindre,
Chacun veut la déprécier.
... Un raisonneur, qui chez lui brille,
L'accable de ses lourds propos
Et la renvoie à son aiguille,
Après quinze ans d'heureux travaux.
... Un poète blâme sa prose,
Un prosateur blâme ses vers;
On lui suppose cent travers,
On imprime ce qu'on suppose;

Sur elle on ment, on rit, on glose,
Aux yeux trompés de l'univers.
Joignez à ces tourments divers
Les gentillesses de la chose :
Chansons, épigrammes, pamphlets,
Menus propos des bons apôtres.
Et vous connaîtrez ce que c'est
Que d'être un peu moins sot que d'autres...

LE TERRAIN CERNE

Cette littérature de l'ombre n'est cependant pas chétive. La production est vaste et consistante. Si bien que j'ai été obligée de délimiter le terrain. Je me suis bornée à la littérature d'expression française, de France et de Belgique. Limites dans le temps également. Ce panorama démarre véritablement au XIIe avec l'éclosion des premiers textes en langue française. Mais je me suis permis d'évoquer, d'abord, quelques œuvres en latin. Jalons qui préparent la naissance. En ce qui concerne la fin de la période couverte, j'ai décidé 1955. Pourquoi ? Parce qu'un recul d'une trentaine d'années m'a semblé nécessaire et prudent. Mais cette année 1955 est moins limitative qu'il n'y paraît. Car si j'ai retenu uniquement les écrivaines qui ont publié avant 1956, je me suis autorisée à commenter, parfois, leur production ultérieure.

Limites d'espace et limites de temps. En revanche, pas d'exclusive au niveau des genres littéraires. A partir du moment où j'ai pris le parti d'éclairer les conditions de création féminine, il m'a paru logique — et passionnant — d'ouvrir le champ à tous les genres. Aussi bien la littérature pour enfants que le roman. Et ici je m'insurge contre la traditionnelle hiérarchie des genres et, plus généralement, contre notre manie de compartimenter. La production littéraire ne se saucissonne pas.

METHODES ET CRITERES DE CHOIX

J'ai adopté une méthode qui me paraît simple et fonctionnelle : le découpage historique. J'ai donc divisé ce panorama par siècle (le Moyen Age faisant l'objet de la première partie). Chacune de ces grandes périodes est amorcée par une introduction dans laquelle je tente de cerner la condition des femmes en général et celle des écrivaines en particulier. Chaque période est structurée en différents chapitres, axés sur un genre littéraire précis, une écrivaine ou un thème majeur. Chaque chapitre est un alliage d'informations, de commentaires et d'extraits littéraires. Ceux-ci étant indispensables dans ce type d'ouvrage.

Et les critères de choix ? Si je réponds « la qualité », les lecteurs et lectrices risquent d'être ... peu étonnés. Et pourtant, que répondre d'autre ? Lorsque l'on est amené(e) à lire de nombreux textes pendant des mois ou des années, on découvre le phénomène d'émergence. C'est-à-dire que des œuvres sortent du lot, de façon évidente, par leur puissance, leur originalité, leur clarté. Plus que cela : par une intensité que j'appellerais incandescence. Et d'où provient cette incandescence ? De son enracinement dans le plaisir, la passion, l'authenticité. Mais ce phénomène d'émergence ne peut se produire que grâce à un regard attentif... et critique. De plus en plus critique d'ailleurs, car son acuité s'aiguise avec la pratique. Voilà définie, à ma manière, l'objectivité. Mais ce n'est pas tout. Car notre regard est lié à une sensibilité actuelle et est davantage attiré par certaines œuvres. Rencontre entre des sensibilités similaires, parentes, proches, complices. Ici je mets donc en lumière la notion de lisibilité.

Autre critère important : la subjectivité. Pourquoi a-t-on coutume d'opposer objectivité et subjectivité ? J'estime que ces deux notions ne sont pas du tout antinomiques mais complémentaires et qu'elles définissent le regard. Je revendique donc la subjectivité, dans la mesure où je souhaite non seulement faire connaître cette littérature féminine, mais aussi la faire aimer et partager mes enthousiasmes. Pour attiser la curiosité, susciter les découvertes, les engouements peut-être. Qu'on ne confonde donc pas ce panorama avec un travail de recensement purement (et sèchement) exhaustif.

UNE LITTERATURE SPECIFIQUE ?

Question fort débattue il y a quelques années. Existe-t-il une écriture féminine ? Une écriture féminine vraiment spécifique ? Ma réponse est claire dans la mesure où je conçois la création comme l'élaboration d'un univers, hautement personnel, absolument unique. Un univers qui constitue une sorte de vision du monde. Reconnaissable entre toutes. Cet univers se nourrit de la personnalité du créateur, avec ses milliers de composantes. Parmi lesquelles des composantes sexuelles... et androgynes. On ne crée pas avec son sexe, mais avec son moi profond. Je ne crois donc pas à une spécificité.

Je voudrais cependant apporter quelques nuances à la réponse. Certaines écrivaines (surtout dans les années 70) se sont lancées dans une écriture très physique, mettant en évidence des particularités féminines (évocation du corps sexué, de la grossesse, de l'accouchement, etc.). Il s'agit là d'une affirmation délibérément féminine, souvent féministe, sous-tendue par une idéologie. Dans ce cas, je parlerais d'une écriture volontairement sexuée (généralement au service de revendications), plutôt que d'écriture féminine spécifique.

Une autre nuance me semble importante. Elle concerne le lien étroit entre condition féminine et création féminine. En fait, la plupart des écrivaines se sont engagées dans la création en visant un but précis et primordial: être! C'est-à-dire sortir du non-être de leur condition. Ecrire pour exister, se donner une identité (à défaut d'identité juridique), s'affirmer, se réaliser. Et revendiquer un statut, une liberté pour toutes les femmes. Nous touchons ici à un thème majeur de la littérature féminine que je développerai dans le point suivant. Thème majeur, mais qui ne peut se confondre avec l'idée d'une spécificité.

Dernière nuance, très diffuse celle-ci, sorte de corollaire de la condition féminine: ce que j'appelle «l'intime». La non-existence des femmes (juridique, publique) s'est traduite par un espace très limité, d'ordre privé (le ventre, le corps, la maison, la famille, en quelque sorte). Les écrivaines sont toutes parties de cet espace intime, qu'elles connaissent si bien. Et beaucoup l'ont exploité avec talent, tout en le transcendant par leur création. Ce facteur expliquerait peut-être le fait qu'elles possèdent un sens aigu du quotidien sous toutes ses facettes (domestique, affectif, etc.). Et qu'elles réussissent à en recréer l'atmosphère par un côté douillet, feutré, chaleureux, secret. «L'intime» serait plus caractéristique chez les écrivaines que chez les écrivains. De là à parler de spécificité...

LES DOMINANTES DE CETTE LITTERATURE: THEMES ET GENRES

Ici encore, je précise qu'il s'agit de dominantes, non de caractères typiques de la littérature féminine. Au niveau de la thématique, certains thèmes apparaissent plus présents que d'autres. Je citerais, plus ou moins par ordre d'importance: la lutte pour la liberté, l'amour, la réflexion politique et sociale, le sentiment religieux, la pédagogie. Un thème brille par son absence, celui de la mort. Les écrivaines sembleraient davantage hantées par le vieillissement et par la solitude que par la mort elle-même. A méditer.

La lutte pour la liberté, thème prédominant, du XIIe au XXe siècle. Leitmotiv brûlant. Cette lutte s'articule autour de la révolte et de la revendication. Révolte contre le non-être ou l'être totalement asservi (au père, puis au mari), plaidoyer en faveur des femmes, et revendications précises, vigoureuses, constantes à travers les siècles. Que réclament-elles, ces écrivaines, et si passionnément? L'égalité homme-femme. Le droit à l'amour (en dénonçant la pratique des mariages forcés). L'autonomie. Le droit à l'instruction. Sur ce point précis, certaines écrivaines relèvent une étrange contradiction: le fait qu'on ait toujours refusé l'instruction aux femmes, tout en leur confiant la responsabilité de l'éducation des enfants... Et qu'on leur ait reproché, parallèlement, les limites de cette éducation! Anne-Thérèse de Lambert, au XVIIIe, a particulièrement bien analysé cette contradiction. Bref, pendant des siècles, les écrivaines ont désiré dépasser la «quenouille» (sans nécessairement l'exclure) pour conquérir la liberté (et le pouvoir) de la «plume».

Autre thème majeur: l'amour, sur toutes les coutures. Des trobairitz à Marguerite Duras. La grande obsession des hommes et des femmes, plus ardente encore chez les femmes dans la mesure où souvent l'amour a symbolisé une forme de liberté par rapport au carcan conjugal, désert amoureux. Les écrivaines sont donc prolixes sur l'amour extraconjugal (plus rêvé qu'accompli). Elles s'aventurent parfois dans l'amour lesbien (Renée Vivien par exemple). Elles nous entraînent dans la sarabande de tous les sentiments que déclenche ce démon: souffrance, plénitude, angoisse, jalousie, désir, folie, etc. Elles n'hésitent pas à saisir leur scalpel, à l'occasion, pour disséquer, à l'infini, le cher monstre (au XVIIe particulièrement).

Troisième thème: la réflexion politique et sociale. De Christine de Pisan à Simone de Beauvoir. De nombreuses écrivaines se livrèrent à une réflexion critique sur le monde politique et social qui les entourait. Et émirent des propositions nouvelles, fondées sur d'autres optiques, d'autres valeurs, d'autres idéaux. Je signalerais, entre autres, Marie-Jeanne Roland, Isabelle de Charrière, Olympe de Gouges (XVIIIe), Germaine de Staël, Flora Tristan, Daniel Stern, Louise Michel, Suzanne Voilquin (XIXe).

Quatrième thème présent dans cette littérature: le sentiment religieux. De la Béguine Anonyme à Béatrix Beck. Qu'elles soient religieuses ou non, certaines écrivaines expriment leur ferveur avec ses tourments, tels le doute, l'angoisse, la remise en question de certaines idées (par exemple, chez Marguerite de Navarre). Mysticisme passionnel chez d'autres (Gabrielle de Coignard, Marie-Jeanne Guyon). Fascination pour telle ou telle doctrine.

Cinquième thème exploité dans la littérature féminine : la pédagogie. C'est Dhuoda qui, au IXe siècle, a ouvert la voie. Mais il faut attendre le... XVIIIe pour que ce thème soit vraiment approfondi et rejaillisse sur la littérature. Anne-Thérèse de Lambert, Louise d'Epinay, Isabelle de Charrière l'ont illustré amplement.

Quant aux genres littéraires dominants, je distinguerais les suivants. Par ordre d'importance : le roman et la nouvelle, la poésie, l'essai, l'écriture épistolaire, le conte. Pas de doute, leur genre favori, c'est le roman (nouvelle comprise). Elles ont d'ailleurs créé le roman psychologique, au XVIe. Et depuis, elles n'ont cessé de le travailler, en alliant la puissance à l'originalité. Pourquoi une telle prédilection? Parce que ce genre accueille à bras ouverts le thème de l'amour, grande obsession et matière inépuisable. Et qu'il permet à la fois la peinture du sentiment et son analyse. Le roman présente un autre atout en ce sens qu'on peut y projeter facilement ses désirs, besoins, révoltes, revendications. De nombreuses écrivaines s'en sont donc emparées pour transposer, dans la fiction, le thème de la lutte pour la liberté.

Autre genre chéri : la poésie. Il est probable que leur sens aigu de ce que j'ai appelé «l'intime» les aient orientées vers la poésie, les aient poussées à explorer différents sentiments comme l'amour, la solitude, la ferveur religieuse.

Au contraire, le genre de l'essai se fonde sur la volonté de dépasser la sphère privée pour aborder les grands thèmes politiques, sociaux, pédagogiques. Sans oublier la lutte pour l'émancipation !

L'écriture épistolaire, elle, constitue une merveilleuse passerelle entre le privé et le monde extérieur, tout en gardant un caractère très intime. Les écrivaines (surtout au XVIIe et au XVIIIe siècle) s'emparèrent de cette «plume de chambre» (moins monopolisée par les hommes?) et s'adonnèrent passionnément à cette forme d'écriture.

Terminons par le conte de fées. Celui-ci récolta de très nombreuses adeptes. Sans doute parce que les femmes se sentaient généralement plus proches de la tradition orale transmise par les nourrices et les gouvernantes. Elles éprouvaient, plus que les hommes probablement, le besoin de s'évader. Elles plongèrent ainsi dans les délices du merveilleux, en déployant leur imaginaire. Elles purent également, grâce à ce genre, cultiver leur obsession de l'amour-passion. Enfin, étant donné que les écrivains considéraient les contes comme des «bagatelles», les écrivaines ont pu envahir plus aisément ce territoire littéraire...

Trêve de préliminaires. Il est temps de clore cette introduction. Pour partir à la découverte des visages de cette littérature de l'ombre. Pour plonger dans l'âpre bataille qu'ont livrée toutes ces écrivaines.

Alors pénétrons dans la forêt magique de l'écriture.

NOTES

[1] Un des très rares ouvrages qui traitent de la question a été rédigé par Jean Larnac, *Histoire de la littérature féminine en France*, Paris, Kra, 1929. Mais cet ouvrage est bourré de préjugés.
[2] In *Histoire de la littérature féminine en France*, idem.
[3] In *De l'influence des femmes sur la littérature française comme protectrices des lettres et comme auteurs*, Paris, chez Maradan, Libraire, 1811.
[4] In *Histoire de la littérature féminine en France*, idem.
[5] In *De l'influence des femmes sur la littérature française comme protectrices des lettres et comme auteurs*, idem.
[6] In *Les poète lyonnais précurseurs de la Pléiade*, Paris, Brossard, 1924.
[7] In *Histoire de la littérature féminine en France*, idem.
[8] Idem.
[9] Idem.
[10] In *Mémoires de Madame Roland écrits durant sa captivité*, Paris, Librairie de L. Hachette et Cie, 1864.
[11] In *Huit siècles de poésie féminine* par Jeanine Moulin, Paris, Seghers, 1975.

La littérature du Moyen Age

INTRODUCTION

Comment introduire une aussi vaste période sans être réducteur ? Comment tenter de cerner le contexte dans lequel la littérature féminine a germé ? Le Moyen Age, par surcroît, n'est pas prodigue en documents concernant les femmes. Mais peut-être les chercheurs n'ont-ils pas suffisamment fouillé, ratissé ?

Je me bornerai donc à esquisser quelques grandes lignes.

La littérature féminine est bien sûr liée étroitement à la condition féminine (comment créer, si on est ligotée, muselée ?). Mais les visions et interprétations des médiévistes divergent à propos de cette condition. Certain(e)s affirment que les femmes du Moyen Age jouissaient d'un pouvoir certain. D'autres soutiennent que les femmes étaient réduites à l'esclavage. Qu'en est-il ? Ma position sera plus nuancée... Il m'apparaît que, par rapport aux XVIe, XVIIe, XVIIIe et XIXe siècles, la condition féminine du Moyen Age est relativement privilégiée. Disons que l'étouffement est moins énorme.

En voici quelques raisons et quelques preuves. Le droit romain (un véritable joug pour la gent féminine) est en veilleuse.[1] La diffusion de l'Evangile et la création de nombreux monastères sont favorables aux femmes (ce n'est pas le hasard si de fortes personnalités et des créatrices surgissent dans ces milieux). L'amour courtois, aux XIIe et XIIIe siècles, exalte la femme: exaltation purement formelle ou plus profonde? Toujours est-il que certaines femmes — les trobairitz par exemple — n'hésitent pas à exploiter cette idéologie. Certaines péripéties de l'histoire (guerres, croisades) accordent brutalement à certaines femmes tout un pouvoir. En l'absence de leur mari, elles assument la gestion du domaine. Mais quel est le sort des femmes des classes plus populaires? Une certitude: beaucoup participent activement à la vie économique, rurale et citadine. Ainsi de nombreux métiers étaient pratiqués par des femmes (certains exclusivement par elles, comme les brasseuses). Et l'enseignement? Il devait être sommaire. Christine de Pisan, en tout cas, réclame vivement le droit à l'instruction pour les femmes...

Autre versant d'un certain pouvoir féminin: le mécénat. Des femmes brillent dans ce rôle particulier. Au XIIe siècle, Aliénor d'Aquitaine, Marie de Champagne (c'est elle qui aurait suggéré le sujet de Lancelot à Chrétien de Troyes), Alix de Blois. Au XVe siècle, Marie de Clèves.

Mais venons-en à la littérature féminine. Une production malheureusement amputée, fragmentaire. En effet, ces œuvres (sans doute plus vulnérables que les textes masculins, dans la mesure où les créatrices ne sont guère reconnues par la société) ont été tributaires non seulement de la mémoire verbale, mais aussi des copistes qui pratiquaient parfois la censure... Les spécialistes français n'ont pas témoigné un intérêt très vif pour cette littérature, contrairement à certains érudits allemands. Bref, il a fallu attendre l'époque contemporaine pour que des recherches plus sérieuses et plus vastes soient entreprises.

Etonnement, surprise devant cette création féminine. Car ces textes franchissent aisément de 5 à 11 siècles! Ils nous interpellent directement. Dans une langue imagée, concrète. Sur un ton vivant, alerte. Avec une fraîcheur inouïe. Et une franche sensualité. Bref, une littérature plus proche de nous que bien des œuvres ultérieures...

Découvrons ces écrivaines. Et plongeons dans leur vivace création.

PLAN

1. Celles qui écrivent en latin
2. Les trobairitz (XIIe et XIIIe siècles)
3. Marie de France, la magicienne (XIIe siècle)
4. Les poétesses du Nord (XIIIe au XVe siècle)
5. Christine de Pisan, l'engagée (1364 - vers 1430)

1. CELLES QUI ECRIVENT EN LATIN

Bien que cet ouvrage porte sur la littérature française, il m'a semblé intéressant d'évoquer brièvement quelques écrivaines qui rédigent en latin. Il est certain que leurs œuvres préfigurent en partie notre littérature française féminine.

J'en ai sélectionné trois. Trois personnalités très diverses, chacune exploitant une veine particulière.

Dhuoda (IXe siècle)

Elle nous arrive du haut Moyen Age... et nous livre le plus ancien traité pédagogique, «*Manuel pour mon fils*».

Dhuoda, une femme très cultivée, à l'affirmation discrète, voire humble. Si j'ai retenu son œuvre, c'est parce que Dhuoda s'y révèle autant écrivaine que pédagogue! La forme qu'elle adopte est nettement personnelle. Son ton est posé et secrètement passionné. Dhuoda a le sens de la construction, des contrastes, des répétitions. Et, surtout, des images. En voici un exemple:

> Les forts doivent aider les faibles, les supérieurs aider les inférieurs, pour que ces derniers réussissent à s'élever aux plus hautes promesses qui sont le partage des puissants. Les cerfs, quand ils sont en troupe et traversent un bras de mer ou les eaux profondes d'un fleuve, ont coutume de s'avancer l'un après l'autre, appuyant leurs bois sur la croupe l'un de l'autre, afin de traverser plus aisément et rapidement. Il y a en eux tant de sagacité et tant de prudence, que lorsqu'ils voient le premier s'enfoncer, ils le placent en queue de la colonne et choisissent le dernier pour soutenir et réconforter les autres. Ils témoignent par là d'une sollicitude fraternelle véritable, veillant toujours à ce qu'aucune tête ne soit submergée, s'évertuant à découvrir et relever les plus faibles.
>
> (Raoul Goût, «Le miroir des dames chrétiennes»)

Hrotsvitha (Xe siècle)

Certains l'appellent «la mère du théâtre moderne«. De quels horizons surgit-elle? Du couvent de Gandersheim, en Saxe. Hrotsvitha est moniale, poétesse et, surtout, dramaturge.

Elle nous laisse notamment 6 comédies édifiantes. L'intention religieuse n'étouffe en rien l'audace, ni le réalisme. Ses dialogues frappent par leur vivacité. Ils servent efficacement la dramaturgie.

LA CONVERSION DE MARIE, NIECE D'ABRAHAM L'ERMITE

L'hôtelier — Arrive, Marie, arrive. Viens faire voir à ce néophyte comme tu es belle.

Marie — Voilà, voilà.

Abraham (à part) — Ah! quelle assurance il me faut, quelle fermeté d'âme, en présence de ma fille adoptive arrangée en courtisane! Mais ce n'est pas le moment de montrer sur ma figure ce que j'ai au fond de mon cœur. Soyons fort. Retenons nos larmes, et pour cacher l'amertume profonde, affectons la gaîté.

L'hôtelier — Tu en as de la veine, ma petite Marie! Il n'y a pas que les garçons de ton âge, mais aussi les vieux, pour courir après toi.

Marie — Qui m'aime, je sais bien lui rendre son amour.

Abraham — Approche, Marie. Donne-moi un baiser.

Marie — Oui, des baisers et des caresses. J'entourerai ta vieille tête de mes bras.

Abraham — C'est ce que je veux.
(Ils se sont mis à table.)

Marie (à part) — Mais qu'est-ce que je sens? Quelle odeur extraordinaire je respire en mangeant! Ha! c'est le parfum de mon ancienne vie, de ma vie d'abstinence.

Abraham (à part) — Attention! C'est à présent qu'il faut dissimuler et partir en badinage comme un jeune fou. Mon sérieux me ferait reconnaître et de vergogne elle courrait peut-être se cacher.

(Raoul Goût, « Le miroir des dames chrétiennes »)

Héloïse (1101-1163)

L'histoire d'Abélard et d'Héloïse, devenue presque une légende, a éclipsé les qualités littéraires d'Héloïse... Or sa correspondance avec Abélard révèle une épistolière exceptionnelle. Passion, intelligence, lucidité se déploient dans un style ferme, élégant, distingué.

Une seule plaie de ton corps, en apaisant en toi les aiguillons du désir, a guéri toutes les plaies de ton âme. Et tandis que Dieu semblait te traiter avec rigueur, il se montrait en réalité secourable. Chez moi au contraire les feux d'une jeunesse ardente au plaisir et l'épreuve que j'ai faite des plus douces voluptés enflamment ces aiguillons de la chair. On vante ma chasteté : c'est qu'on ne connaît pas mon hypocrisie. Ma dissimulation t'a longtemps trompé comme tout le monde. Tu as attribué à un sentiment de piété ce qui n'était qu'hypocrisie. C'est à toi bien plus qu'à Dieu que j'ai désir de plaire.

(Evelyne Sullerot, « Histoire et mythologie de l'amour »)

Pour clore ce bref chapitre, j'ajouterai que certaines écrivaines s'expriment dans d'autres langues. Par exemple, *Anne Comnène* (1083-1148) en grec. Ou *Hadewijck* (XIIIe siècle), en bas-flamand.

Mais nous avons décidé de ne pas nous y arrêter.

2. LES TROBAIRITZ (XIIᵉ et XIIIᵉ siècles)

Qui sont-elles? L'histoire littéraire les a ignorées, ou boudées. Et que nous laissent-elles?

«Trobairitz» est le féminin (en langue d'oc) de troubadour. Il s'agit donc de femmes troubadours. Cette découverte à elle seule renouvelle notre vision de la poésie des troubadours, poésie axée sur le culte de la Dame. Les femmes ne se sont donc pas contentées d'écouter leurs louanges!

Il serait utile de situer cette production féminine dans son contexte, c'est-à-dire la poésie occitane. C'est au début du XIIᵉ siècle que naît ce mouvement aux origines mystérieuses. Phénomène qui rend les érudits bien perplexes. Il semblerait que l'influence arabe ait joué (rappelons l'occupation de l'Espagne et du sud de la France par les Musulmans). Mais comme la naissance d'un mouvement procède souvent de la convergence de différents éléments, d'autres influences ont dû exercer un rôle. Des chansons populaires? Des hymnes latins ou chants d'amour latins? Mais abandonnons ce débat aux spécialistes. Toujours est-il qu'un genre littéraire éclôt, éclate et se développe avec succès dans toute l'Occitanie. La focale de cette littérature (et de cette société): l'amour courtois. C'est-à-dire la vénération de la Femme. L'amour est source de toutes les valeurs. N'empêche que ce célèbre amour courtois rend également perplexes les érudits. Est-il une doctrine? Un système aux règles très précises? Une éthique véritable? Ou un jeu mondain et subtil? Il semblerait que l'amour porté à la Dame camoufle un intérêt particulier, d'ordre social: le troubadour, en flattant l'épouse du seigneur, tente ainsi de s'attirer les bonnes grâces de celui-ci... Précisons que l'essor économique de cette région va engendrer une nouvelle classe de bourgeois à la recherche d'un statut social (en dehors donc du système féodal). L'amour courtois serait peut-être une astucieuse combinaison de l'éthique et de l'ambition sociale?

Quoi qu'il en soit, ils chantent. Elles aussi. Ce qui nous étonne, à une époque peu favorable à la création féminine (y en eut-il jamais une?) Qu'est-ce qui a pu provoquer ce phénomène? Par quel miracle ces textes nous sont-ils parvenus? Non seulement l'existence des trobairitz nous surprend, mais aussi leurs écrits.

Qui sont-elles, ces trobairitz? Des chercheurs ont retrouvé la trace d'une vingtaine d'entre elles. Mais tout porte à croire qu'elles furent beaucoup plus nombreuses. Leur vie reste obscure. Les spécialistes en

sont réduits à des conjectures. Ces écrivaines semblent toutes issues de milieux aristocratiques. Elles seraient les épouses ou les filles des seigneurs occitans. Et elles paraissent se concentrer surtout dans la vallée du Rhône. Meg Bogin avance 3 facteurs qui, selon elle, concoururent à leur apparition (à cette époque et dans cette région) :
- le droit à l'héritage ;
- les croisades qui donnèrent un pouvoir exceptionnel à certaines femmes (en l'absence de leur mari) ;
- l'appartenance à l'élite.

A cela s'ajoute le développement économique de l'Occitanie (commerce avec des villes italiennes, les foires de Champagne, etc.).

Et leurs œuvres ? Lorsque nous les lisons (dans des traductions plus ou moins heureuses de la langue d'oc), une chose nous étonne et nous ravit : la fraîcheur, l'actualité de ces textes... par-delà 8 siècles ! Le ton s'avère plus direct que chez les troubadours. L'affirmation plus personnelle, plus franche, toujours liée au vécu. Les trobairitz ne se perdent donc pas dans les méandres symboliques ou abstraits. Leurs chants s'enracinent dans leurs expériences. Les thèmes ? Ils gravitent autour de l'amour. Encore lui ! Mais elles nous en offrent un versant plus réaliste que les troubadours. Pendant que ceux-ci clament les innombrables vertus de la Dame et lui jurent une fidélité éternelle, les trobairitz se plaignent de... l'infidélité de leur amant. Voici le sentiment le plus généralisé ! Plus rarement, elles exaltent leur joie d'aimer. Une autre passion les anime : la casuistique amoureuse (ceci évoque les «joutes» des cours d'amour). Une forme technique s'y prête à merveille : la tenson, c'est-à-dire la discussion entre deux interlocuteurs, concrétisée dans l'alternance de strophes. La tenson se pratique avec une autre poétesse ou un troubadour. La seconde forme technique très répandue, c'est la chanson, le chant d'amour. Comme ces termes le suggèrent, ces textes s'accompagnaient de musique, musique jouée par des jongleurs.

Mais il est temps d'écouter ces trobairitz. Commençons par la plus affranchie, la plus volcanique :

Béatrice de Die (deuxième moitié du XIIe).

> J'ai éprouvé grande détresse
> par un chevalier qui fut mien,
> Et je veux qu'à jamais l'on sache
> l'excès d'amour que j'eus pour lui.
> A présent je me vois trahie
> faute de vouloir l'aimer ?
> Je me suis pourtant égarée,
> que ce soit au lit, ou vêtue...

> Que je voudrais, mon chevalier
> tenir un soir en mes bras nus,
> car son âme irait jusqu'aux nues
> si je lui tenais lieu seulement d'oreiller!
> De lui me vient plus de bonheur
> que n'en aura reçu Blanchefleur de Floris.
> A lui, mon amour et mon cœur!
> mes pensées, mes regards, ma vie...
>
> Bel ami, aimable, avenant,
> quand vous tiendrai-je en ma puissance?
> Si jamais près de vous quelque soir je m'étends
> vous donnant amoureux baiser,
> sachez quelle ivresse j'aurai
> à vous avoir ainsi en place de mari,
> pourvu que vous fassiez serment
> de m'être entièrement soumis...
>
> (Meg Bogin, « Les femmes troubadours »)

Explosion sentimentale et sensuelle. Belle affirmation de la femme dans le domaine amoureux!

Castelloza (début XIIIe) chante sa souffrance. Elle a découvert que l'homme qu'elle aimait était « mauvais, tricheur, félon ».

> De chanter je devrais avoir ma suffisance,
> car plus je vais chantant
> et plus mon sort empire,
> plus larmes et tourments
> font de moi leur empire.
> En méchante situation
> j'ai mis et mon cœur et moi-même;
> Et si bientôt l'on ne m'arrête
> j'aurai attendu trop longtemps.
>
> (Meg Bogin, « Les femmes troubadours »)

Les amants, pourtant chargés de défauts!, sont loués follement. Les maris, on s'en doute, n'ont pas le beau rôle. Les trobairitz ne les épargnent guère... Par exemple, *Lombarda* (XIIIe siècle), dans des vers ironiques, spirituels et cruels. Il faut préciser qu'elle répond ici à son mari, Bernard Arnaud d'Armagnac, qui vient de lui avouer « Je voudrais être Lombard pour Dame Lombarde »...

> Il ne me plairait pas d'être appelée Dame Bernarde par Bernard
> et Dame Arnaude par Arnaud;
> grand merci, Seigneur, puisqu'il vous plaît
> de me nommer avec deux pareilles dames.
>
> Je veux que vous me disiez
> et cela sans rien cacher,
> quelle est celle que vous préférez,
> et quel est le miroir où vous regardez...

Car sans image, le miroir rompt
mon dire à ce point-là que presque il l'interrompt!
Mais quand je me rappelle ce que mon nom rappelle
en bon accord alors s'accordent mes pensers.

Mais votre cœur, je m'en inquiète,
où donc l'avez-vous placé?
Car sa demeure et son foyer
je ne les vois... Vous les taisez...

(Meg Bogin, «Les femmes troubadours»)

Je l'ai dit, les trobairitz sont friandes de débats amoureux. Elles s'y livrent dans de nombreuses tensons. Voici le début de l'une d'entre elles. *Domna H.* (aucune date) y dialogue avec un certain Rosin. Je joins ici le texte original afin de mettre en évidence la très belle musicalité de la langue provençale.

Rosin, digatz m'ades de cors cals fetz meills, car etz conoissens: una domna coind'e valens que ieu sai, a dos amadors, e vol qu'usquecs jur e pliva enans que.ls vuoill' ab si colgar que plus mas tener e baisar no.lh faran; et l'uns s'abriva el faig, que sagramen no.lh te, l'autres no.l ausa far per re.	Rosin, dites-moi tout de bon, vous qui savez qui fit le mieux: Une dame noble et charmante que je connais, a deux amants, et veut que l'un et l'autre lui jurent et lui promettent avant qu'elle ne veuille en son lit les admettre, de ne pas faire plus qu'étreindre et embrasser. L'un s'empresse d'aller au fait, méprisant ainsi sa promesse, tandis que l'autre n'ose rien.
Domna, d'aitan sobret follors cel que fon desobedïens ves sidons, que non es parvens qu'amans, pois lo destreing amors, dej' ab voluntat forciva los ditz de sa domna passar; per qu'ieu dig que senes cobrar deu perdre la joj' autiva de sidons cel qui frais la fe, e l'autres deu trobar merce.	Dame, elle est d'autant plus extrême la folie de celui qui trahit son serment, qu'il n'apparaît pas qu'un amant, cependant qu'amour le possède, doive, tel un forcené enfreindre les vœux de sa Dame! Aussi dis-je, sans espoir, il doit être privé de la suprême joie celui qui a manqué à sa foi. L'autre, lui, doit trouver merci.
A fin amic non tol paors, Rosin, de penre jauzimens, que.l dezirs e.l sobretalans lo destreng tan que per clamors de sidons nominativa noi.s pot soffrir ni capdellar, qu'ab jazer et ab remirar l'amors corals recaliva tan fort que non au ni non ve ni conois quan fai mal o be.	Un authentique ami, jamais pareille crainte Rosin, ne le retient de prendre volupté. Son désir et son excès même le torturent tant, que malgré les clameurs de sa dame chère il ne peut supporter, non plus que se défendre en l'admirant alors couchée à son côté, de sentir embrasé son cœur à tel degré qu'il n'entend ni ne voit plus rien, et ne sait s'il fait mal ou bien. (...)

(Meg Bogin, «Les femmes troubadours»)

Amour de l'amour, certes. Jeu verbal et mondain? Possible. Une certitude: les trobairitz ne font pas toujours l'apologie de l'amour platonique, contrairement à ce qu'affirment d'éminents spécialistes...

Dommage que les adaptations ne puissent nous restituer toute la musicalité et toute la subtilité de ces textes. A travers ces poèmes étonnamment frais et alertes, se profilent des femmes très affirmées, déliées, bien dans leur peau. Des femmes qui vivent parfois une belle complicité littéraire avec les troubadours. Des femmes qui semblent jongler avec le premier et le second degré: elles mêleraient donc la confession aux jeux courtois.

C'est d'ailleurs ainsi que je considérerais cette poésie féminine par rapport à celle des troubadours: un coteau plus réaliste, au ton plus direct qui ne s'embarrasse ni de fioritures symboliques ni de calculs sociaux. Mais qui utilise l'ironie et l'humour. Bref, une espèce de brillante riposte aux serments et déclarations masculines. Même si les trobairitz tiennent à la sublimation dont elles font l'objet... Car, à les entendre, toutes sont absolument fidèles, irréprochables. Qu'importe. Puisqu'elles ont du talent.

3. MARIE DE FRANCE, LA MAGICIENNE (deuxième moitié du XIIe)

Les ouvrages généraux n'osent oublier Marie de France : signe que l'œuvre de cette écrivaine offre quelque importance ! Mais reconnaît-on la place qu'elle occupe réellement dans l'histoire littéraire ? Il semble que non.

Marie de France : une femme raffinée, cultivée, exigeante. Dotée d'une belle conscience professionnelle. Elle craint le plagiat et même le vol littéraire. Et souffre de la jalousie et de la médisance dont les êtres doués sont victimes.

Personnalité riche, délicate. Discrète. Ainsi possédons-nous très peu d'éléments sur sa vie. Il est pratiquement certain qu'elle soit née en France et qu'elle ait vécu (combien de temps ?) en Angleterre. Et, de toute évidence, elle a fréquenté l'aristocratie.

Elle nous laisse trois œuvres. L'« *Ysopet* » : un ensemble de fables. Il s'agit de l'adaptation personnelle, en vers français, d'une version anglaise de fables d'Esope (d'abord traduites en latin !). Dans cette œuvre de commande, Marie nous cisèle des textes brefs, légers, concis, savoureux. La Fontaine, quelques siècles plus tard, s'en inspirera allègrement et... directement.

Autre œuvre de commande : « *Le Purgatoire de saint-Patrice* ». Ce long poème adapté du latin conte l'histoire de l'apôtre irlandais. Le purgatoire se concrétisait dans une caverne d'Irlande où venaient se purifier les adeptes du bardisme.

Mais c'est surtout dans ses « *Lais* » que Marie de France déploie son immense talent. Sans doute parce qu'ici la part créative est capitale et que le point de départ des Lais repose sur une initiative personnelle (même si cet ouvrage lui fut commandé par Henri III d'Angleterre).

Marie explique d'ailleurs son intention dans le prologue. Elle s'est décidée, nous dit-elle, « à mettre en vers d'anciens Lais que j'avois entendu raconter. Je savois, à n'en pouvoir douter, que nos aïeux les avoient écrits ou composés pour garder le souvenir des aventures qui s'étaient passées en leur temps. J'en ai entendu réciter plusieurs, que je ne veux pas laisser perdre (...) »[2].

C'est donc grâce à Marie que ce patrimoine celtique nous est parvenu. De ces lais bretons, on ne sait rien d'autre, sauf qu'ils étaient accompagnés de musique.

Marie s'en empare et, tout en respectant cette matière, la recrée, la transfigure. Marie la magicienne ! Car il lui suffit d'un ou deux vers pour nous entraîner dans un univers étincelant. Pas possible de résister. Nous succombons à l'atmosphère féerique et à la narration. Véritables sortilèges.

On compte une douzaine de lais. Ce sont des textes en vers (octosyllabes rimés) de longueur très inégale. Ils comprennent entre 160 et 1 184 vers. Et leur contenu ? L'amour, bien sûr ! Non pas l'amour courtois, mais plutôt la passion terrible, délectable et fatale. Adultérine. Cette passion enflamme des être distingués, nobles d'esprit, auréolés de beauté. Grâce à cette passion, les amants renversent les obstacles (et ils sont de taille !), déjouent les pièges, finissent toujours par triompher. Quitte à s'unir dans la mort. Les personnages féminins y exercent un rôle particulièrement actif. Ce sont eux généralement qui modifient le destin des hommes.

Les lais de Marie de France ne se racontent pas. Ils se dégustent, de préférence dans le texte original. Mais qu'est-ce qui fait que nous soyons envoûtés par cette littérature ? Une foule de qualités qui fusionnent. Par exemple, la maîtrise parfaite de la narration. Marie va droit à l'histoire, ne s'embarrasse pas de préliminaires. Trouve à chaque fois la densité et le dosage des éléments dramatiques. Mais encore ? Marie sait également allier le détail précis à la suggestion. Ces détails d'ailleurs nous fascinent, car leur valeur est double : narrative et symbolique. Une baguette de coudrier, un rossignol, une herbe qui guérit, un nœud particulier à une chemise focalisent la dramatisation.

Dosage aussi du merveilleux et du réalisme psychologique. Don d'enfance. Sensualité lumineuse. Fraîcheur et délicatesse des inventions. Haute complicité avec la nature (flore et faune). Fantaisie légère et efficace. Et, pour couronner le tout, le plaisir aigu de conter et la jouissance d'écrire.

Illustrons-la par deux extraits.

Le premier est tiré de « *Lanval* ». Le chevalier Lanval rencontre par hasard deux jolies demoiselles qui l'invitent à rejoindre leur maîtresse. Lanval leur obéit et découvre alors la tente de la Pucelle.

> Un aigle d'or ot desus mis ;
> De cel ne sai dire le pris
> Ne des cordes ne des pessuns
> Ki del tref tienent les giruns :
> Suz ciel n'a rei kis eslijast
> Pur nul aveir qu'il i donast.

> Dedenz cel tref fu la pucele.
> Flur de lis e rose nuvele,
> Quant ele pert el tens d'esté,
> Trespassot ele de bealté.
> Ele jut sur un lit mult bel
> (li drap valeient un chastel)
> En sa chemise senglement.
> Mult ot le cors bien fait e gent.
> Un chier mantel de blanc hermine,
> Covert de purpre Alexandrine,
> Ot pur le chalt sur li geté;
> Tue ot descovert le costé,
> Le vis, le col e la peitrine :
> Plus ert blanche que flurs d'espine

Dessus, un aigle d'or est mis, — Dont je ne sais dire le prix, — Ni des lances ni des cordons — Qui soutiennent le pavillon.

Dans la tente était la Pucelle : — Fleur de lys et rose nouvelle, — Quand elle appert au temps d'été, — Surpassait-elle de beauté. — Elle gît sur un lit fort beau; — Les draps valaient bien un château. — La chemise étroite serrait — Son corps gentil, svelte et parfait; — Son cher manteau de blanche hermine — Doublé de pourpre alexandrine, — Elle avait un peu rejeté; — Ayant découvert le côté, — Le vis³, le col et la poitrine : — Plus blanche était que fleur d'épine.

(Philéas Lebesgue, « Six lais d'amour »)

Second extrait : un épisode de «*Guigemar*». Le parfait Guigemar ne possède qu'un défaut, celui de ne manifester aucun désir d'aimer. Un jour, il se rend à la chasse.

> En l'espeisse d'un grant buissun
> Vit une bisse od sun foün.
> Tute fu blanche cele beste;
> Perches de cerf out en la teste.
> Pur l'abai del brachet sailli.
> Il tent sun arc, si trait a li.
> En l'esclot la feri devant;
> Ele chaï demeintenant.
> La saiete resort ariere :
> Guigemar fiert en tel maniere
> En la quisse desqu'al cheval,
> Que tost l'estuet descendre a val.
> A terre chiet sur l'herbe drue
> De lez la bisse qu'out ferue.
> La bisse, ki nafree esteit,
> Anguissuse ert, si se plaigneit.
> Aprés parla en itel guise :
> « Oï, lasse ! jo sui ocise !
> E tu, vassal, ki m'as nafree,
> Tels seit la tue destinee :
> Ja mais n'aies tu medecine !
> Ne par herbe ne par racine,

> Ne par mire ne par poisun
> N'avras tu ja mes guarisun
> De la plaie qu'as en la quisse,
> Des i que cele te guerisse,
> K suferra pur tue amar
> Si grant peine e si grant dolur,
> Qu'unkes femme tant ne sufri;

En l'épaisseur d'un grand buisson — Vit une Biche avec son faon : — Toute était blanche cette bête ; — Bois de cerf avait sur la tête. — L'aboi des chiens retentissait : — Il tend son arc et lance un trait ; — Au pied il la blesse devant : — La voici qui choit maintenant. — La flèche ressort en arrière, — Frappe l'homme en telle manière — A la cuisse, que du cheval — Le fit tomber bientôt aval. — A terre choit sur l'herbe drue, — Près de la Bête qu'a férue. — La Biche, qui navrée était, — Angoisseusement se plaignait ; — Parla ensuite en cette guise : — « Pauvre de moi, je suis occise ! — Et toi, vassal, qui m'as navrée, — Puisse être ainsi la destinée — Que jamais tu n'aies médecine ; — Ni par herbe ni par racine, — Par tisane, ni par boisson. — Que tu n'aies jamais guérison — De la plaie que porte ta cuisse, — Avant que celle t'en guerisse — Qui souffrira pour ton amour — Si grand'peine et telle douleur — Que femme oncques tant ne souffrit. —

(Philéas Lebesgue, « Six lais d'amour »)

J'ai la certitude que Marie de France occupe une place capitale dans l'histoire littéraire. Parce que, dans ses lais, elle crée un genre très particulier qui ouvre deux grandes voies modernes. D'une part, la poésie lyrique et symboliste. D'autre part, le conte. Celui-ci sera illustré, plus tard, par de nombreuses écrivaines dont la plus connue est Marie-Catherine d'Aulnoy.

4. LES POETESSES DU NORD (du XIIIᵉ au XVᵉ)

Furent-elles nombreuses? Dans quelle mesure ont-elles été étouffées, ou plagiées, ou censurées? Une constatation s'impose: la rareté des textes qui nous sont parvenus.

La Béguine Anonyme (XIIIᵉ siècle)

Rappelons qu'à cette époque les béguinages connaissent un grand succès. Une béguine du nord de la France écrit pour ses consœurs. Dans ses 3 « *Dits de l'âme* », la poétesse clame sa passion pour le Christ dans des vers vigoureux et imagés. En voici une courte adaptation:

Mon Dieu, qu'il ferait bon forger et façonner ces clous d'amour qui attachent l'âme à Dieu si fortement! C'est sur la croix que l'on prend cet ardent baiser qui doit partager le cœur pour le navrer plus durement...

Que ces clous poignent avec suavité! L'âme qui en sent la pointe aiguë n'en voudrait pas être délivrée. Ils apportent baume de paradis et le cœur en oublie toute douleur. C'est plus doux que rayon de miel. Mainte âme s'est enivrée de cette fervente effusion. Dieu! qu'elle est donc bienheureuse, l'âme toute transpercée de ces clous! Oh! qu'elle respire à l'aise!

(Raoul Goût, «Le miroir des dames chrétiennes»)

Jeanne Filleul (1424-1498)

Jeanne Filleul nous laisse bien frustrés. On sait seulement qu'elle fut dame d'honneur de Marguerite d'Ecosse. Un unique texte a été retrouvé. Il s'agit d'un rondeau. J'aime cette profonde douleur traduite par des vers légers:

> Hélas! mon ami, sur mon âme,
> Plus qu'autre femme,
> J'ai de douleur si largement
> Que nullement
> Avoir confort je ne puis d'âme.
>
> J'ai tant de deuil en ma pensée
> Que trépassée
> Est ma liesse depiecza⁴
>
> A l'heure que m'eûtes laissée
> Seule égarée,
> Tout mon plaisir se trépassa.
>
> Dont malheureuse je me clame,
> Par Notre-Dame,.

> D'être vôtre si longuement,
> Car clairement
> Je connais que trop vous ame[5]
> Hélas! mon ami, sur mon âme.
>
> (Jeanine Moulin, «Anthologie de la poésie féminine»)

Marie de Clèves (1426-1487)

Marie de Clèves émerge davantage du brouillard. Il faut dire qu'elle fut l'épouse de Charles d'Orléans. «Coquette, mais lettrée» se borne à mentionner le médiéviste Gustave Cohen[6].

A la cour de Bourgogne, elle joue un rôle culturel en accueillant et en soutenant les artistes. Elle participe à des concours littéraires. Marie est une femme raffinée, efficace, qui a marqué son époque.

Dommage qu'il ne nous reste que deux rondeaux! Ces quelques vers subtils distillent un charme, une mélancolie originale.

> En la Forêt de Longue Attente
> Entrée suis en une sente
> Dont ôter je ne puis mon cœur
> Pour moi je vis en grand langueur,
> Par Fortune qui me tourmente.
>
> Souvent Espoir chacun contente,
> Excepté moi, pauvre dolente,
> Qui nuit et jour suis en douleur
> En la Forêt de Longue Attente.
>
> Ai-je donc tort, si je garmente[7]
> Plus que nulle qui soit vivante?
> Par Dieu, non! Ne veux mon malheur!
> Car ainsi m'aid' mon Créateur
> Qu'il n'est peine que je ne sente
> En la Forêt de Longue Attente.
>
> (Jeanine Moulin, «Huit siècles de poésie féminine»)

Evoquons enfin *Péronnelle d'Armentières* (née vers 1340) qui tomba amoureuse d'un vieux chanoine. En l'occurrence, Guillaume de Machaut, le poète! Le «*Voir Dit*» regroupe leurs lettres et leurs poèmes. Mais les textes de Péronnelle me paraissent manquer de personnalité.

5. CHRISTINE DE PISAN, L'ENGAGEE (1364 - vers 1430)

Etonnante Christine de Pisan ! Car, alors que l'amour courtois et le culte de la Dame ne sont plus que souvenirs, alors que l'esprit du XIVe et XVe siècles bascule dans la sécheresse théorique, dogmatique et... misogyne, voici que Christine de Pisan surgit, se forge, s'affirme et devient écrivaine professionnelle. La première, à notre connaissance. Et c'est elle qui nous offre la plus vaste œuvre féminine du Moyen Age.

C'est vrai qu'au départ elle est privilégiée. Elle débarque, à 5 ans, à la cour de Charles V (celui-ci a appelé son père, astrologue, à ses services). Elle épouse, à 15 ans, un gentil garçon qui devient secrétaire de Charles V. Mais les difficultés et les malheurs guettent Christine et vont fondre sur elle : mort de Charles V, mort de son père et de son mari, injustices financières et harcèlement des créanciers. Christine se retrouve seule, à 25 ans, avec 3 enfants. Avec le désir de rester fidèle à son mari défunt. Et avec de maigres ressources. C'est alors qu'elle prend cette décision : écrire, ou plutôt continuer à écrire, et tenter de vivre de sa plume. Ce qu'elle réussit. A force de détermination, de travail, de démarches. Et d'engagement multiforme. Engagement vis-à-vis d'elle-même et de ses enfants, engagements idéologiques, engagement à l'égard d'une clientèle (autour d'elle, des hommes et des femmes recopient et enluminent ses manuscrits). Elle assiste, douloureusement, aux remous politiques du début du XVe siècle et à la défaite d'Azincourt (1415). A la fin de sa vie, elle se retire au monastère de Poissy. Cette retraite ne l'éloignera pas du monde. En effet, c'est elle qui sera la première à célébrer Jeanne d'Arc, du vivant de celle-ci.

A travers sa vie et son œuvre, se profile une femme vraie, exigeante, combative. Dotée d'un sens aigu de l'engagement. Seule et solidaire des autres femmes. Fragile et forte : «Seulette suis et seulette veux être» l'illustre bien. Très cultivée, grande lectrice des auteurs antiques et médiévaux. Attentive à son temps. Elle observe, décrit, en excellente chroniqueuse. De plus, elle n'hésite pas à prendre position et à s'exprimer officiellement. Par exemple, à propos du fameux Roman de la Rose, roman qui suscita un violent débat.

Telle m'apparaît Christine de Pisan : une femme extraordinairement active, engagée. Une femme très proche de nous, en cette fin du XXe siècle !

Difficile d'appréhender cette œuvre ample en quelques pages. J'ai choisi cet itinéraire : débuter par sa poésie (rencontre avec Christine la secrète, la profonde), puis élargir à ses textes plus idéologiques (Christine l'engagée, témoin de son temps).

L'œuvre poétique de Christine de Pisan est considérable et présente toute une diversité formelle. Ballades, rondeaux, virelais, etc. Ce qu'elle chante ? Sa souffrance indélébile : le deuil de son mari. Plaie qui ne se cicatrisera jamais. L'expression du sentiment est simple, directe et discrète à la fois :

> Je suis veuve, seulette et noir vêtue,
> De triste vis[8] simplement affublée,
> En grand chagrin et l'allure affligée
> Porte le deuil très amer qui me tue.
>
> Or j'ai le droit d'être bien abattue,
> Pleine de pleurs et petit emparlée[9];
> Je suis veuve, seulette et noir vêtue.
>
> Puisqu'ai perdu cil pour qui continue
> Cette douleur dont je suis affolée,
> Adieu beaux jours ! Ma joie s'en est allée,
> Ma fortune en dur état rabattue;
> Je suis veuve, seulette et noir vêtue.
>
> (Jeanine Moulin, « Christine de Pisan »)

Même si ce mal la hante, Christine ne s'y complaît pas. Elle réagit, constamment :

> De triste cœur, chanter joyeusement
> Et rire en deuil, c'est chose forte à faire.
> De son penser, montrer tout le contraire,
> Tirer doux ris de dolent sentiment,
>
> Ainsi me faut faire communément,
> Et me convient, pour celer mon affaire,
> De triste cœur, chanter joyeusement.
>
> Car en mon cœur porte couvertement
> Le deuil qui soit qui plus me peut déplaire;
> Ainsi me faut, pour les gens faire taire,
> Rire en pleurant et très amèrement,
> De triste cœur, chanter joyeusement.
>
> (Jeanine Moulin, « Christine de Pisan »)

Chanter joyeusement. Et écrire, jusqu'à en perdre le souffle. Ecrire la plupart du temps sur commande. Il lui faut donc changer de registre pour satisfaire sa clientèle (friande de sujets plus frivoles !). Jouer donc, et taire ses sentiments profonds...

Que ferons-nous de ce mari jaloux?
Je prie Dieu qu'on le veuille écorcher.
Il monte tant la garde près de nous
Que ne pouvons l'un de l'autre approcher.
A male hart qu'on le puisse attacher,
Le vil vilain, de goutte contrefait
Qui tant de maux et tant d'ennuis nous fait!

S'il pouvait être étranglé par des loups!
A quoi sert-il, sinon à empêcher!
A quoi est bon ce vieillard plein de toux
Fors à tancer, rechigner et cracher?
Veuille le diable l'aimer, le garder!
Je le hais trop, l'arné, vieil et défait
Qui tant de maux et tant d'ennuis nous fait!

Ah! qu'il mérite qu'on le fasse coux[10],
Le babouin qui ne sait que chercher
Par la maison — et quoi donc? — puis secou(e)
Un peu sa peau pour s'en aller coucher.
Qu'il dévale d'un coup les escaliers,
Et sans marcher! ce maudit aux aguets
Qui tant de maux et tant d'ennuis nous fait.

(Jeanine Moulin, «Christine de Pisan»)

Souplesse de Christine qui sait être grave, pathétique ou malicieuse et ironique. Ou encore proche des comptines enfantines et des chansons populaires. Elle aime aussi le genre bucolique: «*Le Dit de la Pasture*» l'illustre bien, un petit chef-d'œuvre au charme puissant, à la fraîcheur irrésistible.

Christine l'engagée, témoin de son temps. Elle le prouve, dans de nombreux ouvrages en vers et en prose. Mais que défend-elle?

La condition féminine, d'abord. Apre combat, en ce début du XVe siècle. Tel est le thème de ces différentes œuvres: «*L'Epître au Dieu d'Amour*», «*La Cité des Dames*», «*Epîtres sur le Roman de la Rose*», «*Le Livre des trois Vertus*».

Christine met les femmes en garde contre la race des «enjôleurs», des inconstants. Par souci de morale, oui, mais surtout pour éviter un piège supplémentaire aux femmes. Elle en appelle à leur dignité et rejette les jeux de la coquetterie:

POUR LES «MANIÈRES HONNESTES»: CONTRE LA COQUETTERIE

La sage jeune femme, qui ne veut choir en blâme et qui bien est avisée que de telle amour ne peut venir que tout mal, préjudice et déshonneur... n'a nulle volonté d'entendre à tels musards et ne veut mie faire comme aucunes musardes à qui moult bien plaît qu'on les poursuive par grands semblans; et leur semble belle chose de dire: «Je

suis aimée de plusieurs : c'est signe que je suis belle et qu'il y a en moi assez de bien.
Je n'aimerai nul pourtant, mais à tous ferai bonne chère[11] et autant y aura l'un que
l'autre, et tous les tiendrai en paroles.» Cette voie n'est mie de garder honneur.

(Raoul Goût, «Le miroir des dames chrétiennes»)

Mais Christine ne s'en tient pas là. Car ce qu'elle revendique, c'est
l'instruction accessible aux femmes. Ici, elle se heurte à de solides
préjugés ! Voici un bref passage de *« Le Livre de la Cité des Dames »* :

CONTRE CEUX QUI DISENT QU'IL N'EST PAS BON
QUE FEMMES APPRENNENT LETTRES.

— Je me merveille trop fort de l'opinion d'aucuns hommes, qui disent qu'ils ne voudraient point que leurs filles ou femmes ou parentes apprissent sciences et que leurs mœurs en empireraient.

— Par ce peux-tu bien voir que toutes opinions d'hommes ne sont pas fondées sur raison, et que ceux ont tort : car il ne doit mie être présumé que de savoir les sciences morales, et qui enseignent les vertus, les mœurs en doivent empirer, ains[12] n'est point de doute qu'elles s'en amendent et anoblissent. Comment est-il à penser ou croire que qui suit bonnes leçons et doctrine en doit empirer ? Cette chose n'est à dire ni soutenir. Je ne dis mie que bon fût qu'homme ou femme étudiât ès sciences de sorts[13] ni en celles qui sont défendues, car pour néant ne les a pas l'Eglise sainte ôtées du commun usage, mais que les femmes empirent de savoir le bien, ce n'est pas à croire.

(Raoul Goût, «Le miroir des dames chrétiennes»)

L'actualité va lui fournir l'occasion d'intervenir publiquement et
d'affronter seule un monde masculin, hostile, sarcastique et universitaire. Jean de Meung vient de terminer le *« Roman de la Rose »* (dont
la première partie, très poétique, est due à Guillaume de Lorris).
Texte ouvertement misogyne qui va déclencher une violente querelle.
Christine concrétise sa révolte dans son *« Epître au Dieu d'Amour »*,
en 1400. En voici quelques vers :

Souventes fois et sanz cause blasmées,
Et meismement d'aucunes grans maistresses.
Tant ayent ilz blondes ou brunes treces.
Dieux, quelz parleurs ! Dieux, quelles assemblées
Ou les honneurs des dames sont emblées !
Et quel proffit vient d'ainssi diffamer
A ceulz meismes qui se deussent armer
Pour les garder et leur honneur deffendre ?
Car tout homme doit avoir le cuer tendre
Envers femme qui a tout homme est mere (...)

(M. Albistur et D. Armogathe, «Le grief des femmes»)

Christine souhaite ardemment que les femmes soient moins esclaves de leur mari:

Heelas, chiere amie! quantes femmes est il, et tu mesmes le scez qui usent leur lasse vie ou lien de mariage, par durté de leurs maris en plus grant pénitence que se elles fussent esclaves entre les sarrasins!
Haa, quantes bonnes femmes sont autant soigneuses de garder leurs maris et servir comme si c'estoient leurs dieux!

(M. Albistur et D. Armogathe, «Le grief des femmes»)

Elle désire donc une plus grande autonomie féminine, non pour renverser les rapports de force!, mais pour une véritable égalité homme-femme. Christine se bat pour une société plus juste, plus équilibrée, plus humaine. Aussi défend-elle la paix au milieu de temps troublés et chaotiques. Elle n'hésite pas à interpeller la reine Isabeau: «Hé! reine couronnée de France, dors-tu?»

Tous ses combats sont imprégnés d'érudition, de réflexions philosophiques et politiques, d'observation. Ses textes sont solidement argumentés et illustrés (elle évoque notamment des modèles féminins de l'Antiquité). De plus, Christine fait appel au bon sens. Elle est, déjà, humaniste.

Un événement la réjouit profondément à la fin de sa vie: l'ascension et la victoire de Jeanne d'Arc. Aussi Christine reprend-elle la plume pour célébrer cette personnalité dans «*Le Ditié de Jeanne d'Arc*» (1429). Elle est la première à le faire, je le répète. Des années auparavant, elle avait signé une autre œuvre, ancrée également dans la vision de l'époque: «*Le livre des faits et bonnes mœurs du sage roi Charles V*». On le voit, Christine est aussi chroniqueuse. Et son regard est aigu.

Christine de Pisan nous lègue donc une œuvre vaste et extrêmement diversifiée. En guise de conclusion, je dirais que trois éléments me frappent particulièrement. L'actualité de ses revendications (malgré la fréquente prolixité). Les cris de ses poèmes personnels, cris légèrement voilés par la pudeur. Et, surtout, elle-même, prodigieuse dans sa détermination, son engagement, au cœur d'un siècle hostile. Oui, elle continue de m'étonner, Christine l'engagée.

NOTES

[1] Il est remplacé par le droit coutumier, d'origine celtique. Il s'agit d'un droit plus égalitaire.
[2] In *Poésies de Marie de France, poète anglo-normand du XIII° siècle, ou recueil de lais, fables et autres productions de cette femme célèbre*, par B. de Roquefort, Paris, chez Chasseriau, libraire, 1820.
[3] Vis: visage.
[4] Depiecza: depuis longtemps.
[5] Ame: aime.
[6] *La vie littéraire en France au Moyen Age*, Paris, Ed. Jules Tallendier, 1949.
[7] Garmente: lamente.
[8] Vis: visage.
[9] Petit emparlée: peu capable de parler.
[10] Coux: cocu.
[11] Bonne chère: bon visage.
[12] Ains: au contraire.
[13] Science de sorts: la magie (les sciences qui traitent de sorts).

La littérature du seizième siècle

INTRODUCTION

Les femmes

Quel fut le sort des femmes au seizième, siècle mouvant traversé de courants multiples ? Il semblerait qu'il ait été moins enviable encore qu'au Moyen Age [1].

Leur sort, limité, est totalement dépendant du mariage. Les filles sont mariées très tôt (il arrive qu'un mariage soit déjà prévu avant la naissance !) par leur père, vers l'âge de 11, 12 ans. Le mariage est tout, sauf une histoire d'amour : c'est un contrat, une affaire aux intérêts précis. Une fois mariées, elles sont asservies à leur mari. Elles ne possèdent aucun droit juridique. Leur rôle est strictement domestique, procréateur et éducatif. Précisons que l'éducation des filles est nettement plus sommaire que celle des garçons. Difficile pour nous d'imaginer la vie de ces femmes qui sont mariées si tôt et qui, à trente ans, voient leurs enfants mariés à leur tour... Peu de possibilités d'instruction pour elles, sinon les écoles de Charlemagne (quand elles existent) qui diffusent un enseignement médiocre et rudimentaire.

Et leur participation à la vie économique ? Les conditions de travail semblent s'être dégradées depuis le Moyen Age. Les corporations féminines disparaissent. Et si davantage de femmes travaillent, leur salaire diminue de plus en plus par rapport au salaire masculin. N'empêche que les femmes alimentent bien des débats... tout en en étant souvent exclues! La querelle des femmes est vive au XVIᵉ siècle. Des courants d'idées s'affrontent, parfois violemment, entre la misogynie et la défense des femmes. Parmi leurs défenseurs, citons Cornélius Agrippa, Guillaume Postel, François de Billon. La femme est-elle inférieure, égale ou supérieure à l'homme? Mille arguments (parfois très drôles) puisés dans des domaines divers viennent appuyer les thèses...

Tableau donc très sombre? Il faut nuancer. Des femmes échappent plus ou moins à cette annulation d'elles-mêmes. Ce sont les aristocrates et les grandes bourgeoises, qui jouissent d'une certaine culture et d'un certain crédit. Des personnalités féminines ont exercé une grande influence politique et culturelle: Marguerite de Navarre, Jeanne d'Albret, Catherine de Médicis, Renée de France, Anne de Bretagne.

Les écrivaines

La condition féminine du XVIᵉ siècle paraît peu favorable à l'éveil des créatrices. Et la société, très masculine, n'accorde aucune place à celles-ci.

N'empêche qu'un grand mouvement va être bénéfique aux privilégiées: la Renaissance. La Renaissance avec ses idées nouvelles, généreuses, avec son idéal de réalisation de soi. Avec sa soif, sa fièvre de savoir. Avec sa sensualité. Avec ses exemples italiens de femmes affirmées, des créatrices et de brillantes courtisanes... Lyon sera la première ville française contaminée!

Celles qui écrivent sont soit des aristocrates qui détiennent un pouvoir (par exemple Marguerite de Navarre), soit de grandes bourgeoises pleines d'audace, au tempérament très individualiste (par exemple Louise Labé). Mais toutes manifestent une certaine gêne, une certaine honte à publier. Elles s'en excusent, font appel à l'indulgence des lecteurs vis-à-vis de leurs textes imparfaits.

Malgré les carcans, les obstacles, les limites, elles écrivent donc. Les textes que nous possédons sont plus nombreux que ceux du Moyen Age. Ces créatrices vont illustrer tous les genres littéraires. Poésie, prose (romans, nouvelle), théâtre. Et elles vont marquer de leur empreinte une histoire littéraire... à revoir.

Le plan que je propose obéit à la chronologie des œuvres. Un critère géographique (et culturel) va déterminer le premier chapitre: Lyon, la rayonnante.

PLAN

1. Lyon, la rayonnante
   - Jeanne Flore, l'audacieuse
   - Pernette du Guillet, la subtile
   - Louise Labé, la grande amoureuse
2. Hélisenne de Crenne ou le vertige devant la liberté
3. Marguerite de Navarre, l'exigeante, l'indulgente
4. Les poétesses de la seconde moitié du seizième : mysticisme, révolte, sagesse

1. LYON, LA RAYONNANTE

Lyon brille de tous ses feux dans la première moitié du XVIᵉ siècle. François Iᵉʳ la choisit comme centre de ses opérations militaires. Il y séjourne donc régulièrement. De plus, la ville connaît un bel essor économique, grâce aux grandes foires, au commerce avec l'Italie, la création de nombreuses imprimeries et l'industrie de la soie.

Enfin, Lyon rayonne culturellement. L'Italie lui insuffle l'esprit de la Renaissance et lui fait découvrir Pétrarque, Boccace. Une colonie italienne se développe dans cette ville. Rabelais, Marot s'y montrent. Tout prédispose donc à de grands mouvements culturels et à l'éclosion de talents.

Particulièrement en poésie. La présence d'un brillant poète va renforcer la conjonction de tous ces éléments favorables. Il s'agit de Maurice Scève. Un assez grand nombre de femmes vont s'affirmer en poésie : Clémence de Bourges, Claudine et Sybille Scève, Catherine de Vauzelles, Jacqueline Stuart, Louise Sarrazin, Juliette d'Espagne, Marguerite du Bourg, Jeanne Creste... Hélas, de toutes ces écrivaines, il ne nous reste que leur nom ! Répétons que même dans ce contexte positif, la société n'encouragea pas les femmes à publier. Heureusement pour nous, deux productions poétiques nous sont parvenues : celles de Pernette du Guillet et de Louise Labé.

Mais je commencerai par une étonnante prosatrice qui signe la première œuvre féminine dans ce Lyon rayonnant : Jeanne Flore.

Jeanne Flore, *l'audacieuse* (1ʳᵉ moitié du XVIᵉ siècle)

Qui est Jeanne Flore? Presque un fantôme. Elle est l'auteure de deux œuvres qui se recoupent : les «*Comptes amoureux*» et la «*Pugnition de l'Amour contempné*», qui furent publiées à Lyon entre 1530 et 1540. Aucune trace de son existence. Autre mystère : la rareté des références et commentaires au sujet de ses livres. Or ceux-ci détonnent véritablement par le solide métier, la morale, l'extraordinaire liberté de l'auteure. Y eut-il censure? Avons-nous affaire à un pseudonyme? L'auteure disparut-elle? La fit-on disparaître? Certains spécialistes croient à un auteur masculin camouflé. Mais dans quel but?

Pour ma part, je pencherais en faveur... du sexe féminin. Univers essentiellement féminin, choix de devisantes et non de devisants, virulente défense des femmes, sensualité très féminine, indulgence vis-à-vis des héros et cruauté vis-à-vis des héroïnes... Tous ces éléments me confirment dans mon idée.

L'œuvre

Son œuvre suscite également des mystères et des questions. En tout cas, elle apparaît comme la partie visible de l'iceberg... En effet, on trouve des références à des histoires qui manquent, des allusions à des devisantes dont on ne sait rien. Les deux œuvres qui subsistent se recoupent, se chevauchent, se complètent mais renvoient peut-être à un original perdu.

A travers ces fragments, on devine qu'il y eut une forte construction thématique. Nous voici donc en présence d'une œuvre démantibulée, bouleversée, lacunaire. Et hybride. Car deux veines très différentes se côtoient, la veine chevaleresque (donc traditionnelle) et la veine de l'amour méprisé (les chefs-d'œuvre de Jeanne Flore).

Les sources sont triples. Vieille tradition du Moyen Age (le roman, les lais de Marie de France). Réminiscences de l'Antiquité, surtout païenne. Influence italienne : idées de la Renaissance et emprunt formel au «*Décaméron*» de Boccace.

L'origine lyonnaise de l'œuvre est indubitable. On découvre plusieurs références explicites. N'empêche que le Lyon d'avant 1530-1540 reste assez méconnu.

Les thèmes sont personnels, audacieux, déconcertants. Procès du mariage, apologie de l'amour physique (et de sa morale!), invitation fervente à l'hédonisme. Et sévère avertissement : ceux qui méprisent l'amour seront cruellement punis. Voilà qui sort des convenances religieuses, morales et sociales du XVIe siècle! A la limite, j'y verrais une provocation à l'égard de toute une société.

Le cadre est donc emprunté à Boccace. Rappelons d'abord les principes formels du «*Décaméron*». Dix devisants racontent chacun une histoire par jour, pendant dix jours. Ces histoires sont encadrées de commentaires émis par les devisants.

Jeanne Flore, elle, rassemble une dizaine de devisantes. De jeunes femmes très belles, distinguées, cultivées, qui sont les invitées de Madame Salphionne, dans sa maison de campagne. Cadre enchanteur, paradisiaque, gorgé de sensualité. Jeanne nous décrit le jardin avec délice :

... au meillieu duquel sailloit une belle fontaine d'eaue vive et argentine toute environnée de divers arbres, sur lesquelz ouyoit on oiseaux de diverse espece chantans de leurs petites gorgettes tant melodieusement que c'estoit ung droict paradis à l'ouyr. L'eaue d'icelle fontaine y estoit conduicte par petitz canaulx de la prochaine montaigne, où estoient les plantureuses vignes de la dame Salphionne : et tant proprement estoit dispercée qu'il s'y veoit en divers lieux du jardin petitz ruisseaulx (qui gardoit les herbes en fleurs de l'ardeur du Soleil) fluans vers ung certain vivier: où l'on pouvoit pescher poissons de toute sorte, et en telle quantité qu'on vouloit. Quant est des fruictz dudict jardin, pour certain je cuide que ne se trouveroit en tout le monde fruictage, fut bien es Jardins d'Alcinoüs, qu'il n'y eust de l'espece. Encores s'en cuilloient de telz que l'on n'eust sceu finer ailleurs pour or ou argent qu'on sceut donner: là ne se souloit[2] il jamais entre les Dames parler de propos fascheux, mais de l'Amour, de sa divinité, de son pouvoir, et de sa mere Venus: là on dançoit, on chantoit, et faisoit on les riches et opulens festins seullement: là estoit il loisible estre sans soucy au plus grand solas[3] du monde. A costé de la fontaine, sur l'herbe qui y estoit merveilleusement verde et drüe entremeslée de diverses fleurs, heureux repos et contentement des yeulx humains, avoit faicte dresser Madame Salphionne ung riche pavillon de soye: soubz lequel faisoit tant bon se reposer que merveille pour l'ardeur du soleil qui y augmentoit les fraicheurs.

(Gabriel A. Pérouse, «Comptes amoureux» par J.F.)

Dernier détail, raffiné : les invités se font offrir (chaque après-midi ?) un chapeau débordant de «fleurs odoriférantes» (ou fait de fleurs).

Dans ce cadre exquis, un seul élément ombrageux, Cebille, une «horrible et froide femme». Un monstre, car elle méprise l'amour. Ici apparaît le but précis des devisantes: arriver à convaincre cette sèche femme en lui montrant les pires châtiments auxquels elle s'expose et qui la menacent...

Mais pénétrons dans les histoires. Parmi les sept contes qui nous restent, j'ai choisi d'en mettre deux en évidence. Ce sont deux contes de *l'amour méprisé*.

«Compte second par Madame Andromeda admonestant les vertueuses dames d'éviter orgueil et rigueur»

Méridienne, l'héroïne, est superbe et le sait. Elle se complaît dans sa beauté, s'amuse à allumer et attiser le désir des hommes. L'orgueil la nimbe: elle est sûre de dépasser Vénus en beauté. «A brief dire, rien certes ne luy deffaillait fors seulement doulceur et pitié» note Jeanne Flore. A tous les prétendants, à tous les amoureux, Méridienne offre un cœur de pierre. La cruelle va jouer avec Pyrance, qui l'aime éperdument. Vénus, qui a repéré depuis longtemps cette créature, lui donne une dernière chance, en provoquant un rendez-vous. Méridienne reçoit Pyrance dans sa chambre, l'invite à la rejoindre au lit. Celui-ci se déshabille prestement. Elle lui demande d'éteindre le cierge. Le malheureux s'exécute et va souffler toute la nuit sur ce cierge... aimanté par lui! Méridienne est donc sorcière. Pyrance meurt de chagrin, devant la maison de Méridienne. Celle-ci en est heureuse, son orgueil gonflé par l'incident. Mais l'heure de la punition a sonné. Vénus intervient d'une manière... fantastique. A l'instant où Méridienne passe devant une statue de Vénus, cette statue tombe sur sa tête et la tue. Son corps est jeté aux bêtes :

Mais le corps de la femme de Giroante fut jetté aux champs pour estre devoré des bestes : et ce par la sentence de toutes les amoureuses damoiselles de Mison. Or le deschyrement et laniation du deplorable corps estoit hydeux et trop espoventable à regarder. Car incontinent à l'entour furent assemblez plus de mille chiens telz dont feit present le Roy d'Albanie à Alexandre le Grand, affamez, de poil herissez, abayans de bouillans et horribles abboys pour saouller et repaistre leur avide ventre. Aussi tous les loups de la region y accoururent, en la sorte que le grand chien Cerberus à troys testes se mect en avant sur le sueil de la porte d'Enfer affin d'engloutir les ames que conduict le vieillard et sordide Charon en sa rimeuse barque. Pareillement y survint ung gros nombre de corbeaux, millans, et voultours, lesquelles de premiere entrée luy mengerent les yeulx escaichés[4] et plein de sang. Las ! c'estoit voyrement droicte pitié de contempler sa face deschirée aux griphes des cruelz et furieux animaulx, et les cheveux de son chief froissez, arrachez, et souillez de sang entremeslé de pouldriere et ordure.

(*idem*)

O calamité ! s'exclame Jeanne Flore. Mais ce n'est pas tout. Vénus décide de parachever sa vengeance :

Davantaige pour plus grande vindicte, transforma elle les gentilzhommes et damoiselles de Meridienne les ungs en bestes, les aultres en rochiers, les aultres en arbres : et les aulcuns fonduz comme neige à l'ardeur du Soleil, prindrent leur cours continuel dans l'Ocean pere des vents, et furent convertiz en fleuves. Ainsi fina malheureusement sa dolente vie la Dame à la beaulté mal employée.

(*idem*)

Récit très alerte, coloré, qui brasse le merveilleux, le fantastique et la cruauté. Le plaisir de raconter atteint la jouissance.

« *Compte troisième d'une dame en beauté excellente, qui feust ingrate à ses amants* »

Le seul conte qui s'ancre dans la réalité. Il s'agit même d'une histoire vraie, nous dit-on. Une jeune fille est parée de toutes les qualités, sauf qu'elle dédaigne les hommes et l'amour. Jusqu'à ses 28 ans, elle a dormi seule dans sa couchette, explique Jeanne Flore. Amour en prend ombrage et lui décoche une flèche. Et voilà l'héroïne enflammée de désirs libidineux, de « concupiscences chaleureuses et pruriantes ». Elle est « fournaise embrasée ». On marie rapidement l'excitée infernale à un homme dont voici le portrait :

Celluy ord[5] vieillart avoit la bouche grande et fendue presque jusques aux oreilles, les lefvres pasles, la voix grosse, indistincte : et à peine luy estoient restées en la gueule quatre dens pourries et caverneuses, comme pierre de ponce : troys dessus, et une dessoubz. Il avoit la barbe dure, comme le poil d'ung vieulx asne, et poignante comme si ce fussent chardons, longue, mal peignée, et blanchissante. Ses yeulx rouges estoyent larmoyans, et moillés, son né estoit camu, gros, et hiulque[6], plein de long poil, morveux, rendant quand il parloit tousjours ung son enroué : si qu'il sembla toute nuict à l'infelice mariée, qu'il feit sonner une vessie pleine de vent, et poys. Son visage estoit ord et salle, la teste chaulve, les joues plattes et pleines de taches et verrues : et sur les yeulx estoient posez les sourcilz gros et enflez. Il eust la gorge hispide et resgrillée[7] comme celle d'une tortue pallustre. Et ses trementes mains estoyent sans vigueur aulcune, le reste du corps pourry, maladif, et sans vertu : et en son marcher il estoit si caducque, qu'à chascun pas chopper luy convenoit. Et quand il rehaulsoit ses vestemens, de là exhaloit une pueur d'urine abhominable.

(*idem*)

Second enfer pour la demoiselle : sa fièvre ne peut être assouvie. La seule issue étant le suicide, elle se tue à l'aide d'un couteau. Ah, ces « folles garces » qui refusent l'amour !

Récit plus bref, rapide, réaliste. Même maîtrise du récit. Même attitude impitoyable de Jeanne.

Deux autres contes illustrent l'amour méprisé. Il s'agit du Compte quatrième, raconté par Madame Egine Minerve. Ici, Jeanne Flore exploite l'histoire de Narcisse et de la nymphe Echo. Ce qui me frappe, c'est la très belle insertion du récit dans la nature, la description éblouissante de la fontaine, l'ambiguïté des sentiments de Narcisse (« Bref, il se détruit et aime tout ensemble »). Pages poétiques et subtiles. Autre élément à relever : l'attitude de l'écrivaine envers son héros. Elle témoigne ici d'une certaine pitié. Alors qu'elle se montre inflexible à l'égard de ses héroïnes. Sans doute, un trait de psychologie féminine...

Le Compte cinquième, raconté par Madame Salphionne est un des plus cruels. Une scène violente (à nouveau une femme punie pour avoir méprisé l'amour) va provoquer le repentir chez une femme dédaigneuse de ces mêmes plaisirs. Des survivances celtiques, une référence à Boccace alimentent ce récit. Celui-ci se termine par une union heureuse et libre. Surtout pas par le mariage.

Mais la froide Cebille reste de marbre, même lorsque Salphionne lui prédit un terrible châtiment dans les quinze jours.

Et la veine chevaleresque ? Elle rassemble trois contes dans lesquels Jeanne s'amuse visiblement à forcer les effets. On y capte souvent une certaine distanciation et des clins d'œil. Manifestement, Jeanne opère une légère satire du genre. N'empêche que parfois ces narrations s'essoufflent. Le talent de l'écrivaine semble se fatiguer. Pourquoi ? A-t-elle été obligée de suivre cette veine plus conventionnelle et donc de faire des concessions ? L'intervention d'une autre main paraît évidente dans le Compte septième.

Que renferment ces contes, à part les exploits héroïques (et colorés) des preux chevaliers ? La jalousie. La jalousie extrême, maladive, des vieux maris, qui les entraîne à séquestrer leur femme. Jalousie inextinguible, qui les ronge nuit et jour. Pyralius, par exemple, (Compte premier), est jaloux d'une mouche qui s'est posée sur la bouche de son épouse. Cet horrible défaut, lui aussi, est sévèrement puni. Pyralius, désespéré, s'enfuit dans les bois et est poursuivi par les Furies. Pour en finir, il se pend. Un autre, Guillien, est emprisonné pour toujours (Compte septième).

Ces trois contes mettent particulièrement en lumière certaines dimensions de l'œuvre.

Ainsi, la dimension de l'érotisme. Voici un court passage du Compte premier:

Parquoy l'amoureuse Rosemonde lors estoit simplement vestue d'une robbe faicte d'ung blanc taffetas armoisi*, dont les bords estoient de passemans d'or: par dessoubs, la deliée chemise joignoit à sa chair blanche et ferme: si que quand le doulx vent Zephirus venoit à entresoufler parmy ses habillemens, ores il demonstroit à qui le vouloit veoir, la composition de la cuisse, ores du ventre, et ores de sa jambe longuette et bien faicte.

(*idem*)

Ainsi, le culte de la beauté et de la sensualité qui imprègne toute l'œuvre et qu'illustre bien le Compte premier. Rosemonde et son amoureux se rencontrent enfin, se trouvent seuls pour la première fois. Chacun s'émerveille de la beauté de l'autre:

La belle Dame, qui auparavant se mouroit entre les impotens et sans chaleur accollemens de Pyralius, maintenant s'esjouyt de manier les membres refaictz et en bon poinct de son nouvel amy, et de veoir sa belle et bien colourée face: ses vers yeulx: sa blonde barbe: sa poictrine forte, et plaine de chaleur: ses bracs non rudes au delicieux exercice d'amours. De tout elle s'esmerveille, comme ung qui par la commiseration des haulx Dieux nouvellement a receu le benefice de veoir: il ne se peult saoller de getter l'œil sur la douceur des choses, sur la structure et edifice de ce beau Monde. D'ailleurs le chevalier Andro de son cousté n'en faisoit pas moins. Car ses yeulx estoient si detenuz à considerer la parfaicte beaulté de son amye, que à peine sçavoit il si songeoit ou si de verité il appercevoit point chose celeste, ou humaine. En premier lieu il consideroit l'amplitude et spaciosité de son clair front bien arondy, les surcilz plus noircissans que nul jayet faictz en maniere de l'arc d'Amour. Après, s'arrestoit sus la splendeur de ses deux beaulx yeulx relucens, et semblans droictement en leur aspect deux estoilles celestes: où entre deux estoit posé ung joly nez traictifz*. Consideroit aussi la fresche couleur et le beau tain de sa face, la rotondité de ses joües vermeilles, la petitesse de sa riante bouche, avec l'elevation des lefvres coralines, et si bien joinctes qu'elles sembloient à tous coups semondre ung souëf et amoureux baiser. Je me tais icy de vous racompter plus avant quelle elegance il trouvoit au fosselu menton, et en la blancheur delicieuse de sa gorge. Mais encores trop luy plaisoit d'asseoir le regard attentif sur la rondeur des petitz tetons loing l'ung de l'autre bien demy pied, sur la gracilité du faulx de son corps, la fermeté de ses bracs massifz, et sur la beaulté de ses mains délicates, et blanches comme albastre. Puis il estoit merveilleusement resjouy de luy manier le ventre uny et dur, comme on veoit es statues de l'ouvraige de Phidias, excellent tailleur d'ymaiges. Il gettoit doulcement aussi la main sus ses cuysses bien tournées et sus la plaine charnure de ses molletz genoux. Quant à la vuydure[10] de ses jambes, rien n'eust sceu estre plus elegant, joinct que ses piedz demonstroient je ne sçay quelle mignotise amyable.

(idem)

La morale profonde

Des érudits ont condamné durement Jeanne Flore. Y. Le Hir parle de son «esprit foncièrement dévergondé». Gaël Milin évoque son «immoralité cynique» et R. Lebègue, sa «franche amoralité»[11]. La signature féminine a probablement durci ces jugements.

Mais qu'en est-il? La portée morale est claire, tout à fait explicitée par les devisantes. Jeanne prône l'amour, qu'elle définit «plaisirs du corps et surtout des âmes». Elle défend l'amour vrai, généreux, imprégné de compréhension. L'amour qui est rencontre. C'est pourquoi elle dénonce si violemment ce qui tue l'amour : le narcissisme, l'orgueil, la complaisance, l'égotisme, la luxure, la vénalité. Rien à voir donc avec l'immoralité ou l'amoralité...

La conteuse nous invite à nous libérer de nous-mêmes, à nous abandonner à l'amour pour connaître la plénitude avec l'autre. L'amour n'est pas une fatalité, mais le moyen d'accéder au bonheur total. Sommet d'un art de vivre, sommet d'un hédonisme profond.

Jeanne Flore tourne le dos à une doctrine chrétienne stricte et aux principes sociaux pour construire sa morale à elle, nourrie de vieux mythes. Elle la hausse en une véritable religion, un culte à l'amour, avec ses rites initiatiques. Un exemple : dans le Compte premier, Vénus fait déshabiller Andro par les trois Grâces, puis parfume tout son corps avec un onguent.

Mais Jeanne Flore proclame cette morale par rapport aux réalités du XVIe siècle. Elle condamne ouvertement «l'impareil mariage», ces mariages qui obligent de très jeunes filles à épouser des vieillards «qui ont déjà un pied dans la fosse». Jeanne parle au nom de toutes ces femmes et se bat pour leur droit à l'amour, leur droit à la liberté. Dans son texte poétique qui sert de conclusion à son œuvre, elle précise que tout ceci est fiction poétique. Rêve par rapport à l'âpre réalité? Sans doute. Mais quelle puissante défense de ses idées!

Jeanne Flore nous offre une production insolite, brillante, forte, qui détonne dans ce XVIe siècle. Une œuvre qui joue avec le merveilleux, le fantastique, le réalisme, l'humour, la poésie. Une œuvre gorgée de beauté, de sensualité, de liberté. Car, c'est indéniable, Jeanne Flore, l'écrivaine fantôme, est une femme très libre, engagée, épanouie. Une écrivaine au talent éclatant.

Pernette du Guillet, la subtile (vers 1520-1545)

Elle est précoce et douée. Elle joue de divers instruments, connaît différentes langues. Elle chante, très probablement. Enfin, elle écrit. Ses «*Rymes de gentille et vertueuse dame Pernette du Guillet, Lyonnoise*» (1545) convergent vers Maurice Scève, l'homme qu'elle admire, qu'elle loue, qu'elle aime. L'homme vis-à-vis duquel elle a presque honte de ses limites, de son ignorance. L'homme qui l'aime peut-être, sans doute (Délie cache Pernette), mais qui la traite parfois cruellement.

Voilà le noyau de l'œuvre : cet amour-amitié spiritualisé, tout imprégné du courant néo-platonicien, si caractéristique du XVIe siècle. Pernette nous confie donc sa passion, ses tourments, ses jalousies, ses espoirs, ses rêves, ses complexes et même ses fantasmes. Mais tous ces sentiments se fondent dans une chanson sobre, discrète, légère et grave à la fois. Pernette ne rit ni ne pleure. Elle sourit, même quand elle souffre.

> Pour contenter celuy qui me tourmente,
> Chercher ne veulx remede à mon tourment :
> Car, en mon mal voyant qu'il se contente,
> Contente suis de son contentement.
>
> (Victor Graham, Rymes, de P. du G.)

Elle a la sagesse ou le don de savourer ce que la vie veut bien lui prodiguer :

> Je suis tant bien que je ne le puis dire,
> Ayant sondé son amytié profonde
> Par sa vertu, qui à l'aymer m'attire
> Plus que beauté : car sa grace, et faconde
> Me font cuyder la premiere du monde.
>
> (*idem*)

Ce qui me séduit chez elle, c'est cette pudeur qui voile légèrement l'intensité des sentiments. Cela n'empêche pas l'éclair de la coquetterie ou de la malice, au détour d'un chemin... Exquises surprises qui gonflent le charme de l'œuvre.

Pernette travaille en nuances. Elle fait preuve de finesse et subtile intelligence. Elle jongle avec les rythmes et les sonorités, en virtuose.

J'ai choisi une de ses «chansons», qui illustre bien la richesse des rythmes, ce mélange de légèreté et de gravité :

> Qui dira ma robe fourree
> De la belle pluye doree,
> Qui Daphnes enclose esbranla :
> Je ne sçay rien moins que cela.
>
> Qui dira qu'à plusieurs je tens
> Pour en avoir mon passetemps,
> Prenant mon plaisir çà et là :
> Je ne sçay rien moins, que cela.
>
> Qui dira que j'ay revelé
> Le feu longtemps en moy celé
> Pour en toy veoir si force il a :
> Je ne sçay rien moins que cela.
>
> Qui dira, que d'ardeur commune
> Qui les jeunes gentz importune
> De toy je veulx, et puis holà :
> Je ne sçay rien moins que cela.
>
> Mais qui dira que la Vertu
> Dont tu es richement vestu
> En ton amour m'estincella
> Je ne sçay rien mieulx que cela.
>
> Mais qui dira que d'amour saincte
> Chastement au cueur suis attaincte
> Qui mon honneur onc ne foula
> Je ne sçay rien mieulx que cela.
>
> (Joseph Aynard, «Les poètes lyonnais»)

Pernette meurt vers 25 ans. Elle nous laisse une œuvre délicate, attachante et personnelle.

Louise Labé, la grande amoureuse (vers 1524-1566)

Une des toutes grandes écrivaines de la langue française, que l'histoire a reconnue et souvent mal reconnue. En effet, les érudits se sont en général davantage penchés sur sa moralité que sur sa création! Ou ont plus ou moins condamné cette création parce qu'elle était soi-disant impudique.

Inutile de préciser que je ne me perdrai pas dans des supputations sur la vie privée de Louise. Mais ce qui m'apparaît clairement, c'est que l'écrivaine est une femme libre, bien dans sa peau, qui connut l'amour brûlant.

Elle fut relativement privilégiée et, surtout, elle sut exploiter ses chances. Son père, cordier, lui offrit une éducation raffinée. Louise apprit différentes langues, s'initia à la musique. Elle épousa un riche cordier. C'est ce mariage qui, sans doute, l'introduisit dans une nouvelle classe sociale, la bourgeoisie marchande. La «belle cordière» ne se contenta pas d'être belle et de séduire. Elle fut très attentive à son temps, se forgea une solide culture, ouvrit sa maison à des personnalités artistiques et intellectuelles.

L'Italie diffusait, on le sait, des idées nouvelles et favorables aux femmes: l'importance de la culture, l'égalité entre hommes et femmes, l'idée que des femmes pouvaient même dépasser en talent certains hommes. De plus, l'Italie renaissante fournissait des exemples de personnalités féminines percutantes. Louise s'imprégna de ces idées et réfléchit, en profondeur, à la condition féminine. Elle dut très vite émerger dans Lyon, par sa beauté, sa culture, son talent, son ouverture d'esprit, son autonomie, son exigence vis-à-vis d'elle-même et des autres, en particulier des femmes... Pas étonnant alors qu'elle fut un objet d'adoration ou de haine!

Mais venons-en à son œuvre.

Débutons par une lettre adressée, en 1555, à son amie Clémence de Bourges, elle-même écrivaine. Dans cette lettre, Louise invite les femmes à élever leur esprit et à goûter les joies de l'étude. Ces comportements nouveaux favoriseraient l'égalité avec les hommes. Louise dédie son «*Débat de Folie et d'Amour*» à Clémence et souhaite que celle-ci crée un ouvrage «mieus limé et de meilleure grâce» que le sien. On touche ici à nouveau à ce sentiment de culpabilité qu'éprouvent toutes les femmes qui écrivent et publient:

> Quant à moy tout en escrivant premierement ces jeunesses que en les revoyant depuis, je n'y cherchois autre chose qu'un honneste passetems et moyen de fuir oïsiveté: et n'avoy point intencion que personne que moy les dust jamais voir. Mais depuis que quelcuns de mes amis ont trouvé moyen de les lire sans que j'en susse rien, et que (ainsi comme aisément nous croyons ceus qui nous louent) ils m'ont fait à croire que les devois mettre en lumière: je ne les ay osé escondure, les menassant ce pendant de leur faire boire la moitié de la honte qui en proviendroit.

(Joseph Aynard, «Les poètes lyonnais»)

Le «*Débat de Folie et d'Amour*»

Je voudrais m'attarder sur cette œuvre en prose, nettement moins connue que les sonnets, et injustement négligée. C'est donc la prosatrice que l'on découvre ici, aussi brillante que la poétesse! Ce «*Débat*» constitue une sorte de drame en 5 actes (ce genre était déjà très prisé au Moyen Age). Le point de départ: Jupiter invite tous les dieux à un grand festin. L'anicroche qui va entraîner l'action: Amour et Folie arrivent exactement au même instant devant la porte du Palais, désirant chacun entrer le premier. Une dispute éclate. Le drame démarre.

Dès les premières lignes, le ton jaillit et surprend : très alerte, très vivant. Autre surprise : les allégories sont de véritables personnages. Voici le tout début :

FOLIE

A ce que je voy, je serai la derniere au festin de Jupiter, ou je croy que lon m'atent. Mais je voy, ce me semble, le fils de Venus, qui y va aussi tart que moy. Il faut que je le passe : à fin que l'on ne m'apelle tardive et paresseuse.

AMOUR

Qui est cette fole qui me pousse si rudement ? quelle grande hâte la presse ? si je t'usse aperçue, je t'usse bien gardé de passer.

(*idem*)

Amour décoche une flèche vers Folie... qui se rend invisible. Et, par vengeance, Folie arrache les yeux d'Amour. Apollon plaidera pour Amour, Mercure plaidera pour Folie, sous l'œil attentif de Jupiter, le juge. Jupiter qui déclarera, en finale, que Amour et Folie sont complémentaires. Il leur conseille de vivre « amiablement » ensemble. « Et guidera Folie l'aveugle Amour, et le conduira par tout où bon lui semblera ».

Au-delà de cette trame, par-delà le jeu philosophique, par-delà l'argumentation mythologique, religieuse, historique, c'est au cœur des idées et des passions de Louise Labé que nous pénétrons. « Amour, la vraye ame de tout l'Univers », proclame-t-elle. « Otant l'Amour, tout est ruiné ». C'est l'amour qui améliore les êtres humains, qui les exalte. L'amour sous toutes ses formes : l'amitié, la passion amoureuse, la passion pour les arts et la création, l'amour du corps et de l'érotisme. Pages fougueuses et maîtrisées à la fois, tellement révélatrices de la personnalité de Louise. Un amour profond et délirant pour la vie, une terrible exigence, une curiosité insatiable et une vaste culture. Quelle forte rencontre avec elle !

Mais qu'en est-il de ces êtres qui n'aiment pas ? « Ces Mysanthropes et Taupes cachees sous terre » qui refusent l'amour sous toutes ses formes ? Louise les décrit en ces termes :

Ils dient que ce sont gens mornes, sans esprit, qui n'ont grace aucune à parler, une voix rude, un aller pensif, un visaige de mauvaise rencontre, un œil baissé, creintifs, avares, impitoyables, ignorans, et n'estimans personne : Loups garous. Quand ils entrent en leur maison, ils creingnent que quelcun les regarde. Incontinent qu'ils sont entrez, barrent leur porte, serrent les fenestres, mengent sallement sans compagnie, la maison mal en ordre : se couchent en chapon le morceau au bec. Et lors à beaus gros bonnets gras de deus doits d'espais, la camisole atachee avec esplingues enrouillees jusques au dessous du nombril, grandes chausses de laine venans à mycuisse, un oreiller bien chauffé et sentant sa gresse fondue : le dormir acompagné de toux, et autres tels excremens dont ils remplissent les courtines. Un lever pesant, s'il n'y ha quelque argent à recevoir :

vieilles chausses rapetassees: souliers de païsant: pourpoint de drap fourré: long saye[12] mal ataché devant: la robbe qui pend par derriere jusques aus espaules: plus de fourrures et pelisses: calottes et larges bonnets couvrans les cheveux mal pignez: gens plus fades à voir, qu'un potage sans sel à humer.

(idem)

Extrait qui révèle bien, à mon avis, les qualités de la prosatrice. Maîtrise, rythme, légèreté, sens du détail et de la description, ironie, humour, sens de la formule.

Et Folie? Qu'est-ce qui a déclenché les grandes actions, entraîné les grandes découvertes, provoqué les grandes créations? La folie! «La Folie n'est point inférieure à l'Amour et l'Amour ne serait rien sans elle», déclare Mercure. «Le plaisir que donne Amour est caché et secret: celui de Folie se communique à tout le monde». «Folie rit toujours». Oui, Folie adore le rire et la gaieté... Nul doute que Louise ait su mêler intimement ces deux notions, ces deux gouvernails de sa vie. Plus: Amour et Folie constituent ses deux croyances profondes, ses sources de liberté et d'équilibre. Voilà ce que j'aime chez elle, cette alliance parfaite entre passion et maîtrise. Cette superbe authenticité. Mais le «*Débat*» offre aussi une puissante revendication féminine, celle du droit à l'amour.

La poésie: Elégies et Sonnets

3 élégies et 24 sonnets constituent l'œuvre poétique de Louise Labé. Je ne m'y attarderai pas dans la mesure où ce volet est relativement connu et présent dans les ouvrages généraux.

C'est encore l'amour qui focalise toute la production poétique. L'amour brûlant, l'amour paroxystique, aux tourments insupportables et exquis.

Dans ses élégies, Louise avoue qu'elle est victime de l'amour et quête l'indulgence auprès des Lyonnaises. Signe de la marginalité de la poétesse? Signe qu'il était rare qu'une femme ose s'abandonner à ses passions et ose les chanter? Signe, en tout cas, qu'elle fut haïe et condamnée par ses contemporaines, probablement envieuses... Voici le début de la troisième élégie:

> Quand vous lirez, ô Dames Lionnoises,
> Ces miens escrits pleins d'amoureuses noises,
> Quand mes regrets, ennuis, despits et larmes
> M'orrez chanter en pitoyables carmes[13],
> Ne veuillez pas condamner ma simplesse,
> Et jeune erreur de ma fole jeunesse,
> Si c'est erreur: mais qui dessous les Cieus
> Se peut vanter de n'estre vicieus?

(idem)

Puis, ironiquement, Louise les invite à aimer...

Le talent éclate dans les sonnets et atteint la perfection. C'est un cri d'amour, brûlant et élagué, qui traverse quatre siècles et nous touche en plein cœur. Ces textes n'ont pas une ride ! Ils possèdent tout : l'authenticité, la force, la maîtrise, la structure, le rythme, l'élégance, le sens des images. Et l'on constate que les tortures de l'amour n'excluent ni la lucidité ni le recul ironique envers elle-même :

> Toujours suis mal, vivant discrètement ;
> Et ne me puis donner contentement
> Si hors de moi ne fais quelque saillie [14].

(Jeanine Moulin, « Huit siècles de poésie féminine »)

Ne résistons pas à l'appel de ses sonnets. Et plongeons dans le brasier de cette grand amoureuse :

> O beaux yeux bruns, ô regards détournés,
> O chauds soupirs, ô larmes épandues,
> O noires nuits vainement attendues,
> O jours luisants vainement retournés,
>
> O triste plainte, ô désirs obstinés,
> O temps perdu, ô peine dépendues [15],
> O mille morts en mille rets tendues,
> O pires maux contre moi destinés.
>
> O ris, ô front, cheveux, bras, mains et doigts,
> O luth plaintif, viole, archet et voix,
> Tant de flambeaux pour ardre une femelle !
>
> De toi me plains que tant de feux portant,
> En tant d'endroits, d'iceux mon cœur tâtant,
> N'en est sur toi volé quelque étincelle.

(*idem*)

2. HELISENNE DE CRENNE,
OU LE VERTIGE DEVANT LA LIBERTE (vers 1505 - vers 1555)

Hélisenne de Crenne occupe une place de choix dans l'histoire littéraire. Elle inaugure le roman sentimental.

Qui est-elle? Les renseignements n'abondent pas. Elle est d'origine picarde, a appris le latin. Elle a épousé un petit seigneur de Cresnes. Son véritable nom: Marguerite Briet.

Elle traduisit les 4 premiers livres de l'Enéide et signe les titres suivants: «*Les Angoysses douloureuses qui procèdent d'amours*» (1538), «*Epistres familiers et invectives*» (1539), «*Songe de Madame Hélisenne*» (1540).

C'est la première œuvre citée qui va retenir notre attention. Son titre complet: «*Les Angoysses douloureuses qui procèdent d'amours, contenant trois parties, composées par dame Hélisenne de Crenne laquelle exhorte toutes personnes à ne pas suivre folle amour*». Nous voici loin de Jeanne Flore et de Louise Labé!

Bizarre combinaison que ces trois parties, dans la mesure où la première tranche résolument sur les autres. La première partie constitue un petit roman psychologique et sentimental, dont le personnage principale est le je féminin. Les deuxième et troisième parties s'inscrivent, elles, dans le bon vieux genre chevaleresque, genre encore très prisé au XVIe. Pourquoi une telle différence? La première partie aurait-elle été éditée auparavant? Hélisenne aurait-elle dû alors, devant le succès, rédiger rapidement une suite en choisissant une veine plus conventionnelle, plus facile? Mystère. Seules certitudes: les «*Angoysses*» rencontrèrent le succès et connurent de nombreuses éditions. Précisons que les romans à cette époque étaient très rares. Ce qui expliquerait en partie cet impact? Mais ce style panaché nous rappelle les deux veines différentes de Jeanne Flore. Des phénomènes nous échappent...

Attachons-nous à la première partie, la plus passionnante. Hélisenne s'est très probablement inspirée de «*La Fiammette*» de Boccace. Si l'intention morale est semblable, les circonstances et le ton diffèrent. Et Hélisenne est manifestement plus proche de la vie. Elle a donc dépassé des influences.

Cette première partie compte 130 pages et est divisée en 28 chapitres. Hélisenne évoque brièvement son passé: fille unique, elle fut mariée vers 12 ans à un mari qu'elle estima. Elle esquisse sa beauté: un corps superbe et un visage acceptable... Vie bourgeoise sans problème jusqu'au jour où elle connaît le coup de foudre! Elle et son époux sont en voyage, ils séjournent dans une ville. Le lendemain de leur arrivée...

> Et le lendemain me levay assez matin, ce que n'estoit ma coustume, et en m'abillant vins ouvrir la fenestre; et en regardant à l'autre part de la rue, je vis un jeune homme, aussi regardant à sa fenestre, lequel je prins à regarder ententivement. Il me sembla de trèsbelle forme, et selon que je povois conjecturer à sa phisionomie, je l'estimois gracieux et amyable. Il avoit le visage riant, la chevelure crespe un petit blonde, et sans avoir barbe, qui estoit manifeste démonstrance de sa gentille jeunesse. Il estoit assez honneste en son habit, toutesfoys sans user d'acoustremens superfluz. Et au moyen de la grande chaleur n'avoit autre habillement qu'un pourpoint de satin noir. Après l'avoir trop que plus regardé, retiray ma veue, mais par force estoys contrainte retourner mes yeulx vers luy. Il me regardoit aussi, dont j'estois fort contente; maise je prenoys amiration en moymesmes de me trouver ainsi subjette à regarder ce jeune homme, ce que d'autres jamais ne m'estoit avenu.
>
> (Jérôme Vercruysse, «Les Angoysses...»)

Début de ses malheurs, de ses angoisses. Début d'une fine et brillante analyse des sentiments, sensations, symptômes. Ce sont ceux-ci qui génèrent le roman. Passion amoureuse dévorante, irrésistible, qui l'entraîne à cacher tout à son mari... en mentant maladroitement. Soupçons précoces chez le mari qui, au départ, les dissimule sous la gentillesse. Mais la cruauté germe déjà, sous des dehors naïfs:

> Et en ce disant, il me monstra mon amy comme s'il n'eust prins garde à noz continuelz regardz et me dist: voyez là le jouvenceau le plus accomply en beaulté que je vy de long temps; bien heureuse seroit celle qui auroit un tel amy. Ainsi qu'il proféroit telles parolles, mon amoureux cueur se débatoit dedans mon estomach; en muant couleur, du principe devins palle et froide, puis après une chaleur véhémente, licentia de moy la palle couleur, et devins chaulde et vermeille, et fuz contrainte me retirer pour l'afluence des soupirs dont j'estois agitée, comme le monstrois par indices évidens, gestes extérieures et mouvemens inconstans.
>
> *(idem)*

Pendant 6 jours, les «amants» se sont regardés, chacun à leur fenêtre. Jusqu'à ce que...

> Je ne fuz en ceste délectation suave que jusque au sixiesme jour, par ce que mon mary me donna à cognoistre la suspition que celéement et tacitement portoit en son triste cueur. Car en se venant apuyer à la fenestre auprès de moy, me vint prononcer aucunes paroles qui me semblèrent merveilleusement acerbes. Il se tourna vers moy et en soubzriant me dist: m'amye, ce jeune homme là vous regarde fort; il a ses yeulx immobilement sur vous. Je sçay que c'est d'amours comme celuy qui l'a expérimenté, mais je jugerois et seroys d'opinion, selon ses gestes et contenances, qu'il est surprins de vostre amour.
>
> *(idem)*

Hélisenne se défend par l'attaque psychologique. Elle accuse son mari d'avoir de mauvaises pensées à son sujet! Variations et escalades

des sentiments, des réactions. Chez le mari, la jalousie, la colère, l'impatience montent; la peur du scandale le démange. Chez Hélisenne, c'est l'asservissement à la passion (chaste), le désarroi. Et l'amoureux? Guénélic? Piètre personnage, si ce n'est la beauté! Guénélic est un petit vantard, peu raffiné, qui raconte à tout le monde qu'Hélisenne est folle de lui. Celle-ci apprend qu'il est de basse condition. Il est un mélange de couardise et d'audace. Un exemple: accompagné de quelques amis musiciens, il donne la sérénade, la nuit, sous le balcon d'Hélisenne. L'époux n'apprécie pas et fait éclater sa colère. A la violence de l'accusation, Hélisenne va répondre par la violence de l'aveu:

> Ton appétit vénérien a envenimé ton cueur qui auparavant estoit pur et chaste; tu es si abusée de son amour, que tu as changé toutes tes complexions, façons, gestes, vouloirs et manières honnestes, en oposite sorte. Mais sois asseurée que je n'en souffriray plus, car ta vie désordonnée me cause tant d'ennuy et de passions, que contraincte me sera d'user de cruaulté et ignominie en ta personne, et quand il eust ce dit, il se teut.

> Et je me levay comme femme furieuse, et sans sçavoir prononcer la première parole pour luy respondre. Je commencay à dérompre mes cheveulx et à violer et ensanglanter ma face de mes ongles, et de mon trenchant cry féminin pénétrois les aureilles des escoutans. Quand je peuz parler comme femme du tout aliénée de raison, je luy dis: certes je croy que quelque esprit familier vous révèle le secret de mes pensées, ce que je pensois estre réservé à la divine prescience; et vraiment, je l'ayme effusément et cordialement et avecq si grande fermeté, qu'aultre chose que la mort ne me sçauroit séparer de son amour. Venez doncq avec votre espée, faictes transmigrer mon âme de ceste infélice prison corporelle.

(idem)

Le mari rétorque qu'il va LE tuer. Mais la tendresse va tout à coup submerger son désir de vengeance...

Je résumerai la suite du roman. Le mari se montre de plus en plus menaçant, empêche sa femme de sortir. Chez Hélisenne, la passion inassouvie la ronge de plus en plus et la rend malade. Des éléments extérieurs vont précipiter son malheur: calomnies, dénonciation d'une servante. Et le mari finit par enfermer son épouse dans la grosse tour d'un château...

Ce qui fait la richesse de ce roman, c'est d'abord l'analyse précise et subtile de ces variations psychologiques et sentimentales. Ces variations mènent le récit, en créent la trame. Hélisenne m'apparaît excellente psychologue. Elle maîtrise parfaitement tous les mouvements, connaît les dédales de la stratégie amoureuse (par exemple, l'épreuve de la fausse indifférence pour stimuler le désir).

Autre particularité : le ton apparemment calme (ton de compte rendu d'un journal intime) qui contraste avec le bouillonnement sentimental.

Autre atout : un certain réalisme. Le personnage de Guénélic constitue un bon exemple. Il n'a rien à voir avec les parfaits chevaliers. Il renouvelle le personnage masculin en littérature. Ce roman semble en prise directe sur la vie. Serait-il autobiographique ?

Le style, lui, ne brille pas particulièrement. Les latinismes alourdissent l'ensemble, les références à l'Antiquité pullulent. Hélisenne, dans sa conclusion, fait appel à l'indulgence du lecteur.

Enfin, Hélisenne est le premier écrivain à condamner l'amour sensuel et à défendre l'amour platonisant (avant Marguerite de Navarre). Elle met les femmes en garde, leur montre les conséquences désastreuses de la passion «illicite». Pure conviction d'Hélisenne? Ou morale qui découle d'une expérience vécue? Morale de dépit, de résignation? Morale de défense vis-à-vis de la passion extrême qui fait peur? Dans une de ses Epîtres, la romancière fait l'apologie de la femme et du mariage. Voilà qui clarifie ses idées.

Mais les «*Angoysses*» dépassent, à mon avis, la thèse moralisatrice. Précisons qu'il s'agit du premier journal féminin connu dans notre littérature. N'est-ce pas d'abord l'angoisse de se trouver soudain devant soi-même, d'éprouver le vertige devant la liberté? N'est-ce pas d'abord le désarroi d'une femme du XVIe qui entrevoit ce nouvel espace, à l'extérieur des carcans de la condition féminine?

3. MARGUERITE DE NAVARRE, L'EXIGEANTE, L'INDULGENTE (1492-1549)

Une femme qui échappe complètement à la condition féminine. Destin exceptionnel? Détermination exceptionnelle? Les deux, mais surtout le second facteur...

Les circonstances sont particulières. Marguerite naît à Angoulême, est fille de petits princes. Le milieu est cultivé. Marguerite dévore des livres. Un événement imprévu va l'entraîner dans une vie suprêmement active : l'avènement de François Ier, son frère. A partir de ce moment, Marguerite s'immerge dans la vie de cour, dans la politique, dans la vie culturelle... et la création. Sœur du roi, elle va exercer plus d'influence que la reine. Et la cour de François Ier devient un foyer intellectuel et culturel, le haut lieu de la Renaissance en France. Marguerite participe au gouvernement, voyage sans arrêt (elle vit et écrit « dans sa litière »), entreprend de longs pourparlers avec l'ennemi, c'est-à-dire Charles Quint. Par son deuxième mariage avec Henri d'Albret, elle devient reine de Navarre. Vie facile? Non. Marguerite connaît de nombreux deuils, dont le plus douloureux est celui de son frère adoré. Ses maris (elle en eut trois) ne lui offrent pas l'amour. Les catholiques la poursuivent et censurent une de ses œuvres, « *Le miroir de l'âme pécheresse* », dans la mesure où la poétesse ne cache pas une certaine sympathie pour les novateurs. Mais surtout, et tout au long de sa vie, Marguerite est en proie aux tourments religieux. Angoisses qui imprègnent profondément son œuvre et qui apportent un thème nouveau à la littérature. A travers ce destin unique, se profile une femme déterminée, qui s'engagea à fond dans de nombreux domaines (la politique, la religion, la création, la culture et l'accueil aux artistes, tels que Marot, Antoine Héroët, Bonaventure des Périers).

Mais l'élément qui me frappe le plus, c'est sa liberté par rapport aux systèmes. Marguerite a réussi à se dégager de nombreuses influences et à exprimer des idées, des opinions personnelles, audacieuses pour l'époque et surtout audacieuses de la part d'une femme.

Abordons son œuvre. Triptyque composé de poésie, prose, théâtre.

A. La poétesse

L'œuvre poétique est assez abondante. N'empêche que je ne la détaillerai pas parce que les emprunts et réminiscences l'envahissent trop. De même que le souci d'édification. Les sources sont évidentes : les textes saints et, occasionnellement, la mythologie païenne.

Sa poésie religieuse rassemble les idées chères à Marguerite. L'être humain n'est rien sans la toute-puissance, la bonté de Dieu. Seul salut possible : la confiance, la foi totale en Dieu, par la prière, la méditation, le mysticisme. Chemin difficile, tortueux, car l'esprit doit triompher de la chair, cette «vile géniture», cette «cendre». Tels sont les thèmes de «*Le miroir de l'âme pécheresse*», ses débuts poétiques.

Peu à peu, les textes de Marguerite vont s'affermir et s'alléger à la fois. Quelques titres : «*Le triomphe de l'Agneau*», «*La complainte pour un détenu prisonnier*», «*La fable du faux cuyder*». Marguerite lance un genre nouveau, la pastorale.

«*La fable du faux cuyder*» présente des aspects séduisants. Sens de la nature, de la narration, de la métamorphose. Dommage que la poétesse interrompe l'histoire par des discours moraux ! Le sujet : des satyres qui découvrent des nymphes joyeuses, inconscientes et coquettes. A l'instant où les satyres se jettent dessus, les nymphettes se transforment en saules... L'orgueil (cuyder) humain et la recherche du plaisir aboutissent à une impasse.

Mais les «*Chansons spirituelles*» émergent. L'angoisse et la souffrance qui les génèrent sont telles que Marguerite ne songe plus à des sources ou à des emprunts. Ses textes jaillissent avec force et simplicité.

> Sont mon parler et mes escritz
> Car je n'ay autre rhetorique...
>
> (Pierre Jourda, «Marguerite d'Angoulême)

Tout s'articule autour de la mort de François Ier. Le retour fiévreux de Marguerite vers Paris, les pires appréhensions, le supplice de ne pas savoir, l'annonce du deuil et le chagrin qui lui succède. Voici quelques vers qui traduisent ce voyage tourmenté vers Paris :

> Une heure me dure cent ans
> Et me semble que ma litière
> Ne bouge ou retourne en arrière...
> O qu'elle est longue la carrière
> Où à la fin gist mon plaisir !
>
> (*idem*)

La douleur immense :

> Navire loing du vray port assablée,
> Feuille agitée de l'impetueux vent,
> Ame qui es de douleur accablée,
> Tire toy hors de ce corps non sçavant...
>
> (*idem*)

Seule consolation pour elle: l'abandon à Dieu.

> Si Dieu m'a pour chef Christ donné
> Faut-il que je suive autre maître?
> S'il m'a le pain vif ordonné,
> Faut-il du pain de mort repaître?
> S'il me veut sauver par sa dextre,
> Faut-il en mon bras me fier?
> S'il est mon salut et mon être,
> Point n'en faut d'autre édifier.
>
> S'il est mon sûr et seul espoir,
> Faut-il avoir autre espérance?
> S'il est ma force et mon pouvoir,
> Faut-il prendre ailleurs assurance?
> Et s'il est ma persévérance,
> Faut-il louer ma fermeté?
> Et pour une belle apparence
> Faut-il laisser la sûreté? (...)

(Raoul Goût, «Le miroir des dames chrétiennes»)

Parallèlement à sa poésie religieuse, la poésie profane. Ici, nous retrouvons le goût des rimes qui fleurissait à la cour de François Ier et même dans toute la France. Marguerite fait partie du mouvement. Ainsi elle nous livre des textes inspirés par des événements de la cour. Mais surtout, elle utilise ce genre pour exposer ses idées sur l'amour. L'amour est hiérarchisé. Il passe du bestial à l'humain, de l'humain au divin. L'amour humain, tremplin vers le divin, tend donc vers la pureté, la beauté, l'abandon à Dieu, en renonçant bien sûr aux plaisirs charnels. L'influence néo-platonicienne est tangible.

Quelques titres: «*La coche*», les «*Epîtres des quatre dames*».

B. La conteuse

La conteuse est surprenante. Elle nous livre un ouvrage très controversé, au succès prodigieux dès sa parution, condamné par les uns pour bassesse, glorifié par d'autres pour la grandeur morale... C'est dire si l'ouvrage est riche. Son titre: «*L'Heptaméron*».

Marguerite le rédige vers la fin de sa vie. Après la mort de François Ier, Marguerite se retire, fatiguée et malade, dans le sud. C'est Boccace qui va déclencher cette aventure littéraire. Marguerite a lu avec passion le «*Décaméron*». Elle emprunte la forme à Boccace (Jeanne Flore l'avait déjà fait) et, à partir de là, elle va créer un univers à elle, pétri de profane et de sacré, nourri de son expérience de la vie. Mais la mort va interrompre cette longue création.

Marguerite n'avait pas encore choisi le titre de l'œuvre. C'est le premier éditeur qui trancha, en s'inspirant de Boccace. L'écrivaine avait atteint la huitième journée et en avait rédigé les deux premières nouvelles. Ce fut «*L'Heptaméron*».

L'ouvrage est, formellement déjà, passionnant et présente une construction d'une extraordinaire rigueur. Chaque journée comprend donc 10 nouvelles et est introduite par un bref prologue. Chaque nouvelle est suivie de commentaires, commentaires émis par les 10 devisants, 5 hommes et 5 femmes. La fin de chaque discussion oriente vers la nouvelle suivante. Enfin, Marguerite pratique brillamment l'alternance des nouvelles gaies, tragiques; brèves, longues. Elle fait même alterner les propos féminins et masculins! Quant aux 10 courts prologues, ils mêlent savamment répétition (sorte de rituel) et variété.

Mais quel en est donc le sujet? L'écrivaine a imaginé 10 personnes, obligées de séjourner dans une ville des Pyrénées bloquée par de fortes inondations. Que faire pour tuer l'ennui? Pour que ce séjour soit enrichissant? Raconter des histoires. Chaque après-midi sera délectable. Chacun va dévoiler une histoire au groupe, dans une prairie ombragée au bord d'une rivière. Images de bonheur, de haute curiosité, d'écoute. Et, par-dessus tout, l'amour des histoires... vraies! Voici une des grandes différences par rapport à Boccace. Pas de doute, Marguerite a observé toute sa vie, a été très attentive à toutes les classes sociales.

Les devisants ne constituent pas des prétextes aux débats. Ils possèdent chacun une personnalité fouillée et évoquent des personnes qui ont vécu dans l'entourage de Marguerite (le personnage de Parlamente est sans doute une projection de Marguerite). C'est une sorte de mini-société qui reflète des tendances philosophiques et religieuses variées, opposées même, mais soudée par le raffinement, la délicatesse, l'amour des histoires et des rencontres. En lisant ces pages, on éprouve vraiment l'envie de rejoindre ce groupe dans la prairie ombragée...

Mais les histoires? Les 72 nouvelles? Un festival hautement coloré! Un festival de duperies, de mensonges, de pièges, de vengeances, rouries, infidélités, tromperies, meurtres... et parfois fidélités. Une fresque de faits divers, d'histoires vraies à dormir debout, qui se succèdent sur un rythme endiablé. Bref, une «Comédie humaine» très pimentée. Le cirque humain, minable et glorieux. Et par-dessus tout cela, le sourire de Marguerite, grande connaisseuse de l'humanité.

Des exemples? Une femme qui réussit à cacher son amant à son vieux mari borgne. Un cordelier (= religieux) amoureux qu'on punit en mettant le feu à son monastère. Un curé qui engrosse sa sœurette. Une femme trompée par son mari qui, après avoir tenté la douceur, allume un feu de paille à côté du lit où son mari la trompe avec une sale chambrière... On voit que la conteuse n'a pas oublié, entre autres, les fabliaux du Moyen Age.

Plaisir très vif de raconter. Plaisir de mêler les tons: le pathétique, le drôle, le grave, le grotesque, le truculent. La narration est rapide, précise. En voici un exemple. C'est le début (et le sujet) de la 5ᵉ nouvelle de la première journée:

> Au port de Coullon, près de Nyort, y avoit une basteliere qui jour et nuict ne faisoit que passer ung chacun. Advint que deux Cordeliers du dict Nyort passerent la riviere tous seulz avecq elle. Et, pour ce que le passaige est ung des plus longs qui soit en France, pour la garder d'ennuyer, vindrent à la prier d'amours; à quoy elle leur feit la responce qu'elle devoit. Mais, eulx, qui pour le traveil du chemyn n'estoient lassez, ne pour froideur de l'eaue refroidiz, ne aussy pour le refuz de la femme honteux, se delibererent tous deux la prandre par force, ou, si elle se plaingnoit, la jecter dans la riviere. Elle, aussy saige et fine qu'ilz estoient folz et malitieux, leur dist: « Je ne suis pas si mal gratieuse que j'en faictz le semblant; mais je vous veulx prier de m'octroyer deux choses, et puis vous congnoistrez que j'ay meilleure envye de vous obeyr que vous n'avez de me prier. » Les Cordeliers luy jurerent, par leur bon sainct Françoys, qu'elle ne leur sçauroit demander chose qu'ils n'octroiassent pour avoir ce qu'ilz desiroient d'elle. « Je vous requiers premierement, dist-elle, que vous me jurez et promectez que jamais à homme vivant nul de vous ne declarera nostre affaire. » Ce que luy promisrent très voluntiers. Et aussy, elle leur dist: « Que l'un après l'autre veulle prandre son plaisir de moy, car j'aurois trop de honte que tous deux me veissent ensemble. Regardez lequel me vouldra avoir le premier. » Ilz trouverent sa requestre très juste, et accorda le jeune que le plus vieil commenceroit. Et, en approchant d'une petite isle, elle dist au jeune: « Beau pere, dictes là vos oraisons jusques ad ce que j'aye mené vostre compaignon icy devant en une autre isle; et si, à son retour, il s'estonne[16] de moy, nous le lerrons icy et nous en irons ensemble. »

> Le jeune saulta dedans l'isle, actendant le retour de son compaignon, lequel la bastelliere mena en une aultre. Et quant ilz furent au bort, faignant d'atacher son basteau à ung arbre, luy dist: « Mon amy, regardez en quel lieu nous nous mectrons. » Le beau pere entra en l'isle pour sercher l'endroict qui luy seroit plus à propos: mais, si tost qu'elle le veid à terre, donna ung coup de pied contre l'arbre et se retira avecq son basteau dedans la riviere, laissant ses deux bons peres aux desertz, ausquelz elle crya tant qu'elle peut: « Actendez, messieurs, que l'ange de Dieu vous vienne consoler, car de moy n'aurez aujourd'huy chose qui vous puisse plaire. »

(extrait des Classiques Garnier)

La passeuse ne s'en tient pas là. Elle retourne au village, alerte les gens de justice et tous les habitants qui s'empressent d'aller voir ces affreux cordeliers, presque morts de honte et de peur.

Les devisants interviennent et émettent divers avis. Les uns exaltent la vertu de la passeuse. D'autres considèrent son attitude comme peu religieuse!

A travers cette nouvelle, apparaissent deux éléments importants: l'honneur des femmes et la satire des religieux. Ceux-ci ne sont vraiment pas épargnés! Mais les mœurs dépravées du clergé prêtaient le flanc à la critique... du moins avant la Réforme.

Marguerite s'en prend aussi au catholicisme vermoulu: la religion figée dans des traditions hypocrites ou purement formelles. Mais ici la satire se fait fine et même ambiguë. Elle suscite donc les opinions très diverses des devisants. En témoigne cette nouvelle, la 65ᵉ de la 7ᵉ journée.

> En l'eglise Sainct-Jehan de Lyon, y a une chapelle fort obscure, et, dedans, ung Sepulcre faict de pierre à grans personnages eslevez, comme le vif; et sont à l'entour du sepulcre plusieurs hommes d'armes couchez. Ung jour, ung souldart se pourmenant dans l'eglise, au temps d'esté qui faict grand chault, luy print envye de dormyr. Et, regardant ceste chappelle obscure et fresche, pensa d'aller garder le Sepulcre, en dormant comme les aultres, auprès desquels il se coucha. Or advint-il que une bonne vielle fort devote arriva au plus fort de son sommeil, et, après qu'elle eut dict ses devotions, tenant une chandelle ardante en sa main, la voulut attacher au Sepulcre. Et, trouvant le plus près d'icelluy cest homme endormy, la luy voulut mectre au front, pensant qu'il fut de pierre. Mais la cire ne peut tenir contre la pierre; la bonne dame, qui pensoit que ce fust à cause de la froideure de l'ymage, luy vat mectre le feu contre le front, pour y faire tenir sa bougye. Mais l'ymage, qui n'estoit insensible, commencea à crier; dont la bonne femme eut si grand paour, que, comme toute hors du sens, se print à cryer miracle, tant que tous ceulx qui estoient dedans l'eglise coururent, les ungs à sonner les cloches, les aultres à veoir le miracle. Et la bonne femme les mena veoir l'ymaige qui estoit remuée; qui donna occasion à plusieurs de rire, mais les plusieurs ne s'en povoient contanter, car ilz avoient bien deliberé de faire valloir ce Sepulcre et en tirer autant d'argent que du crucifix qui est sur leur pupiltre, lequel on dict avoir parlé, mais la comedie print fin pour la congnoissance de la sottise d'une femme.
>
> *(idem)*

Sottise de cette femme! Côté gaffeur des femmes! disent les uns. Foi vivante, cœur généreux, s'exclament les autres. Mais il ne faut pas confondre simplicité et bêtise, rétorque un autre. Parlamente, elle, ne s'exprime pas sur le sujet.

Certains érudits ont affirmé que les commentaires des devisants étaient de loin plus importants que les nouvelles. Pourquoi vouloir établir une hiérarchie? Ces deux composantes me semblent, quant à moi, créer un tout indissociable. Soif de découvrir des histoires, soif de débattre à leur sujet.

Le mariage et l'amour constituent des thèmes majeurs. Voici une variation sur le mariage, traité de manière burlesque, dans la 71ᵉ nouvelle (8ᵉ journée). La femme d'un scellier tombe gravement malade. Son état est si alarmant que son vieux mari, un buveur au parler gras, appelle le confesseur. Pendant que sa femme se meurt dans un coin, lui se désespère dans un autre et confie son malheur à une «jeune chambrière assez belle»:

> La pauvre fille, qui en eut pitié, le reconforta, le priant de se vouloir desesperer, et que, si elle perdoit sa maistresse, elle ne perdist son bon maistre. Il luy respondist: «M'amye, il n'est possible, car je me meurs. Regarde comme j'ay le visaige froid, approche tes joues des myennes, pour les me rechaulfer.» Et, en ce faisant, il luy mist la main au tetin, dont elle cuyda faire quelque difficulté, mais la pria n'avoir poinct de craincte, car il fauldroit bien qu'ilz se veissent de plus près. Et, sur ces mots, la print entre ses bras, et la gecta sur le lict. Sa femme, qui n'avoit compaignye que de la croix et l'eau benoiste, et n'avoit parlé depuis deux jours, commencea, avecq sa faible voix, de crier le plus hault qu'elle peut: «Ha! ha! ha! je ne suis pas encore morte!» Et, en les menassant de la main, disoit: «Meschant, villain, je ne suis pas morte!» Le mary et la chamberiere, oyans sa voix, se leverent; mais elle estoit si despite contre eulx, que la collere consuma l'humidité du caterre¹⁷ qui la gardoit de parler, en sorte qu'elle leur dist toutes les injures dont elle se povoit adviser. Et, depuis ceste heure-là, commencea de guerir: qui ne fut, sans souvent reprocher à son mary le peu d'amour qu'il lui portoit.

(idem)

Les devisants enchaînent:

> «Vous voiez, mes dames, l'ypocrisye des hommes: comme pour ung peu de consolation ilz oblyent le regret de leurs femmes! — Que sçavez-vous, dist Hircan, s'il avoit oy dire que ce fut le meilleur remede que sa femme povoit avoir? Car, puisque par son bon traictement il ne la povoit guerir, il vouloit essaier si le contraire lui seroit meilleur: ce que très bien il experimenta. Et m'esbahys comme vous qui estes femmes, avez declairé la condition de vostre sexe, qui plus amende par despit que par doulceur. — Sans point de faulte, dist Longarine, cella me feroit bien, non seullement saillir du lict, mais d'un sepulcre tel que celluy-là. — Et quel tort luy faisoit-il, dist Saffredent, puisqu'il la pensoit morte, de se consoler? Car l'on sçaict bien que le lien de mariage ne peut durer sinon autant que la vie; et puis après, on est deslié. — Oui, deslié, dist Oisille, du serment et de l'obligation; mais ung bon cœur n'est jamais deslyé de l'amour. Et estoit bien tost oblié son deuil, de ne povoir actendre que sa femme eust poussé le dernier souspir. — Mais ce que je trouve le plus estrange, dist Nomerfide, c'est que, voiant la mort et la croix devant ses oeilz, il ne perdoit la volunté d'offenser Dieu. — Voylà une belle raison! dist Symontault; vous ne vous esbahiriez doncques pas de veoir faire une folie, mais que on soit loing de l'eglise et du cymetiere?

(idem)

«*L'Heptaméron*» rassemble les grands thèmes de Marguerite, religieux et profanes. L'écrivaine, on l'a dit, fait le procès d'un certain catholicisme romain et défend une religion plus profonde, fondée sur les textes sacrés. Fondée aussi sur le jugement du cœur et de la conscience: voici une idée tout à fait personnelle qu'elle ose exprimer au milieu du XVIᵉ siècle.

Autre conception nouvelle : la pensée que l'honneur des femmes est parfois synonyme d'impératif social. Et elle revendique le droit à l'amour pour les femmes.

Marguerite se révèle une prodigieuse analyste du sentiment amoureux. Elle explore, par exemple, la jalousie. Elle sait que parfois les vengeances conduisent à une plus grande entente...

Nous retrouvons ses idées platoniciennes. L'amour humain mène à l'amour divin. Enfin, la conteuse étudie la relation homme-femme et souhaite l'égalité dans le mariage.

« *L'Heptaméron* » : une œuvre puissante, riche, éternelle, qui conjugue admirablement profane et sacré. Une œuvre très colorée et inépuisable.

C. La dramaturge

La dramaturge est franchement méconnue. J'évoquerai brièvement son théâtre religieux. Il regroupe 4 pièces : « *Comédie de la Nativité de Jésus-Christ* », « *Comédie des Trois Rois* », « *Comédie des Innocents* », « *Comédie du Désert* ».

Ces pièces, inspirées des mystères du Moyen Age, me semblent lourdes, maladroites. Elles sont envahies par des références aux textes sacrés et par des tirades sans fin sur la ferveur religieuse. C'est lorsque Marguerite est concrète et exploite — fugitivement — le quotidien qu'elle décolle et qu'elle trouve un rythme théâtral. Visiblement, dans ces 4 pièces, l'intention religieuse prime sur le travail littéraire.

Mais il y a le théâtre profane. Quelle découverte ! Pourquoi donc celui-ci fut-il si longtemps oublié ? Ce ne fut qu'en 1946 que ces 7 pièces profanes furent regroupées et publiées par V.L. Saulnier[18]. En fait, l'appellation « profane » doit être précisée. Ces pièces, si elles s'enracinent dans le profane, sont presque toutes innervées par les thèmes religieux chers à Marguerite. Mais ici la dramaturge ne se laisse pas submerger par ces développements. Elle a l'intelligence, ou l'intuition, de les intégrer à l'ensemble. Le religieux est au service du théâtre. Comme quoi Marguerite a besoin du profane pour aller au bout d'elle-même et de sa création. C'est du moins mon avis.

Ses pièces furent-elles jouées ? Certaines d'entre elles, sûrement. Par exemple, la « *Comédie du Mont de Marsan* » (1548 ?) fut représentée le jour du mardi gras (en 1547 ou 1548). D'autres ont dû être jouées par l'entourage de Marguerite (ses femmes d'honneur par exemple).

D'emblée, j'ai été frappée par l'aspect théâtral. Découpage en scènes, sens des répliques percutantes, sens du rebondissement, sens de certains effets visuels et sonores. Langue concrète, nerveuse, vivante, imagée. Humour. Personnages véritables, même s'ils incarnent des idées ou flirtent avec l'allégorie. Quant à l'action dramatique, elle est restreinte. Le XVIe siècle ne se préoccupait guère de cet aspect.

J'ai pris le parti d'en éclairer 4. Celles qui me paraissent les plus remarquables.

Le malade, farce (1535)

Une courte pièce, délicieuse. Un malade, saturé des remèdes de bonne femme de son épouse, fait appeler un médecin. Qui le guérira ? Pas le médecin. Mais sa chambrière qui lui souffle enfin le seul moyen de guérir :

> « Se fier aux promesses
> De Celluy qui jamais ne ment »
> (V.L. Saulnier, « Marguerite de Navarre, Théâtre profane »)

Après des réticences, le malade s'abandonne à la foi... devant le scepticisme du médecin et la gaieté moqueuse de la chambrière :

> « Vrayement il a bien besongné
> De ressusciter ung vivant »
> (*idem*)

Pièce légère, apparemment naïve. Mais les 4 personnages incarnent 4 attitudes différentes vis-à-vis de la foi. Le malade, celle du mondain ; l'épouse, la superstition ; le médecin, le scientisme ; la chambrière, l'abandon fervent (cf. Saulnier). Et ce n'est pas le hasard si le personnage le plus humble s'avère le plus riche et profond.

La langue est très alerte. Elle ne dédaigne ni les proverbes, ni les expressions populaires. C'est vraiment du théâtre.

L'inquisiteur, farce (1536)

A mes yeux, une des meilleures pièces, pleine d'invention et de maîtrise.

En scène, un inquisiteur, personnage abominable bien entendu. Laid, irritable, hypocrite, cynique, rabat-joie. Pas de chance pour lui, car des « enfants » viennent jouer bruyamment sous ses fenêtres. En quelques vers, Marguerite croque les jeux des « enfants ». En voici un :

>CLEROT
>
>Thiénot, viens tout beau
>Nous prandrons l'oyseau
>Qui volle si hault.
>
>THIENOT
>
>Mon Dieu, qu'il est beau!
>Sa plume et sa peau
>Myeulx qu'un monde vault.
>
>CLEROT
>
>J'en ay ung qui volle
>Et passe en parolle
>Le verd papegault.
>
>THIENOT
>
>Le myen me consolle,
>Me baise et m'accolle :
>La voix m'en deffault.

Contraste entre le rire des « enfants » et l'aigreur de l'inquisiteur. Celui-ci désapprouve leurs jeux et leur conseille d'étudier. Les « enfants » ripostent brillamment et... insolemment. Chaque réplique fait mouche :

>L'INQUISITEUR
>
>Enfans, il vous seroit bien myeulx
>D'avoir de bien et mal science.
>
>THIERROT
>
>De mal, pour estre vicieulx?
>C'est bien pour perdre pascience.
>
>L'INQUISITEUR
>
>Vicieulx, je ne l'entendz pas,
>Mais c'est pour acquérir vertu.
>
>CLEROT
>
>On la quiert ainsi par compas
>Et par la reigle d'un festu?
>
>L'INQUISITEUR
>
>Enfance qui est obstinée
>Ne veult jamais nul bien apprandre.
>
>THIENOT
>
>Rabbi, celle qui est bien née
>Sçait tout ce qu'il luy fault entendre.

L'INQUISITEUR

Qui leur a apprins à respondre
Et dire chose si haultaine?

JACOT

Qui luy a appris à se tondre
Et à porter si grant mitaine?

(idem)

L'inquisiteur, quelque peu refroidi, décide d'interroger le petit «enfant»:

L'INQUISITEUR

Mon filz, comme appellez vous Dieu?

LE PETIT ENFANT

Pappa.

LE VARLET

C'est tresbien respondu,
Père il est de tous en tout lieu,
Mais il n'est pas bien entendu.

L'INQUISITEUR

Qu'espérez vous trouver en luy?

L'ENFANT

Dodo.

LE VARLET

C'est tresbien à propoz,
Car qui ne congnoist aujourd'huy
Que luy, vit en paix et repoz.

L'INQUISITEUR

Mais qui est ce Dieu là?

L'ENFANT

Bon, bon.

LE VARLET

Possible n'est de myeulx parler,
Car si grant est de Dieu le don
Qu'il ne se peult myeulx appeller.

L'INQUISITEUR

Des bonnes œuvres, des mérittes,
Qu'est ce?

L'ENFANT

Cza.

(idem)

Savoureux procès de l'Inquisition! Les «enfants» vont bientôt chanter leur bonheur et leur abandon à Dieu. L'inquisiteur suivra le même chemin, mais en résistant plus longuement... que son valet.

L'intention religieuse est limpide. Marguerite condamne toute forme de répression religieuse et prône l'abandon quiétiste. La thèse ne s'embourbe pas dans les développements mais engendre le rythme et les contrastes. Les «enfants» sont terriblement présents par leurs rires, leur intensité, leur lumière.

Trop, prou, peu, moins, farce (1544)

Etrange titre. Entrent en scène Trop et Prou (Prou = beaucoup). Deux personnages bouffis de prétention, de suffisance. Ils possèdent pouvoir et richesse:

TROP
J'ayme fort d'assembler thresor.

PROU
Et moy aussy, ou plus encor.

TROP
J'ayme les pierres precieuses.

PROU
Et les trouve delicieuses.

TROP
J'ayme draps d'or, d'argent, de soye.

PROU
Cela me donne au cœur grand' joye.

TROP
J'ayme à bastir, et acquerir.

PROU
C'est ce, que plus je veux querir.

TROP
Mais sur tout j'ayme la vengeance.

PROU
C'est à mon cœur grand' allegeance.

TROP
Je prens plaisir aux trahisons.

PROU
Et moy, pour bien grandes raisons.

TROP
J'honore un bon empoisonneur.
PROU
De mes biens je luy suis donneur.

(*idem*)

Mais richesse rime avec tristesse. Un détail — un fléau! — empoisonne la vie de ces deux nantis: ils sont affublés de très longues oreilles. C'est leur obsession, leur honte, leur enfer. Et c'est en vain qu'ils essaient de dissimuler cette difformité sous de grands chapeaux et une foule d'accessoires...

Mais des rires se font entendre. Arrivent Peu et Moins. Deux personnages très simples, qui ne possèdent rien. Sinon la gaieté, la sérénité, le bonheur. Peu est laboureur, Moins est berger. Ils sont si humbles, si pauvres qu'ils ne peuvent être victimes. «On ne peut tondre une brebis rase»! Mais ils portent un trésor caché: des cornes. Des cornes spirituelles, qui les rendent invulnérables... Toute la pièce tient dans la confrontation entre ces deux mondes. Confrontation aiguisée par les répliques vives, ironiques, pertinentes de Peu et de Moins.

On devine que ces entités adverbiales dissimulent des optiques religieuses. A cette époque-là, Marguerite a dû être très critiquée dans la mesure où elle se montra favorable à certaines idées nouvelles et réticente à la Réforme. Aussi s'exprima-t-elle de manière plus voilée. A travers Trop et Prou, elle condamne l'Inquisition, sa bêtise, ses limites. Les longues oreilles symboliseraient sans doute aussi l'espionnage. Même condamnation des rites figés de l'Eglise catholique (elle se moque des cornes de cerf et de licornes que portent Trop et Prou). Peu et Moins représentent les tendances nouvelles et incarnent, eux, le bonheur religieux, la sérénité. Des érudits se sont interrogés sur leurs cornes. Ce symbole échappe aux analyses. Cornes de bélier? Donc référence chrétienne? Mais laissons cette devinette aux spécialistes.

Le contenu philosophique est clair. D'une part, critique du matérialisme (Trop et Prou). D'autre part, mise en évidence de l'abandon évangéliste, quiétiste (Peu et Moins).

Ici encore, toute la richesse du contenu est bien théâtralisée. Rythme soutenu, sens des répliques, effets visuels, humour efficace.

La « Comédie de Mont de Marsan » (1548)

Cette pièce fut représentée à Mont de Marsan (dans les Landes), un mardi gras, peu de temps avant la mort de Marguerite. La pièce la plus lumineuse, la plus forte, la plus fraîche de l'auteur. Le début est presque sans surprise. Une mondaine n'aime que son corps. Une superstitieuse n'aime que son âme. Survient une sage qui réussit à convertir la mondaine, puis s'en prend à la bonne conscience de la superstitieuse.

Scène 4: coup de théâtre, avec l'arrivée chantante de la Ravie:

LA RAVIE DE DIEU, BERGERE, *chante:*

Helas! je languys d'amours...
Helas! je meurs tous les jours.

Puis dict elle:

Qui vit d'amour a bien le cueur joieulx,
Qui tient amour ne peult desirer mieulx,
Qui scet amour (n')ignore nul sçavoir,
Qui void amour a tousjours rians yeulx,
Qui baise amour il passe dans les cieulx,
Qui vainc amour il a parfaict pouvoir,
Qui ayme amour acomplyt son debvoir,
Qui est porté d'amour n'a nul(le) peine,
Qui peult amour embrasser prandre et veoir,
Il (est) remply de grace souveraine.

LA MONDAINNE

Oyez quel chant!

LA SUPERSTICIEUSE

Mais oyez sa parolle.

LA SAGE

Ha! ce n'est pas langage d'une folle?

LA BERGERE *chante:*

La, la, la, la, la, la, la, la,
Quelle bonne chere elle a
Quant son amy près d'elle est là,
Berger pour la bergere!

(idem)

Hiatus entre les trois premières femmes et cette bergère! Celle-ci appartient vraiment à une autre race, une race supérieure. D'ailleurs elle chante et ne connaît pas nos servitudes humaines (faim, soif...). Elle vit intensément et ne craint pas la mort. Elle est sûre d'elle:

« Plutost mourir que changer mon penser ». Le bonheur ? Elle le possède, mais :

> « Ha ! qui l'a tient la bouche close
> Et ceste odeur là ne s'esveritte »

La science ? « Je ne scay rien sinon aimer ». Elle incarne l'Amour. L'amour fou ! L'amour humain et mystique, qui la rend follement amoureuse de la vie.

Scepticisme, désapprobation sentencieuse (à l'aide de proverbes) des trois femmes devant cette créature qui se moque visiblement d'elles. Car la bergère s'amuse à leur répondre sans leur répondre, en leur lançant allègrement à la tête des bribes de chansons populaires... très profanes. En une seconde, elle dynamite les croyances des autres, notamment la lourde distinction corps-âme. Mais ces autres vont la condamner durement : cette bergère est une folle.

L'appellation « La Ravie » a intrigué des érudits. Pour moi, l'évidence saute aux yeux. La Ravie évoque le Ravi, un des sentons provençaux. La Ravie en est le calque parfait : joie, bonheur, simplicité, extase. Nul doute que Marguerite connaissait ces figures populaires. Ce personnage de la Ravie illumine vraiment la pièce. Présence irradiante, fascinante. Et très théâtrale : elle s'exprime par le chant et l'ironie insolente.

Enfin, la Ravie incarne sûrement l'idéal humain et religieux aux yeux de Marguerite : la ferveur nourrie de simplicité, d'abandon au monde et à Dieu. Une prodigieuse alliance du profane et du sacré. C'est à cet idéal que tend Marguerite, à la veille de sa mort. C'est peut-être cet idéal qu'elle aborde, elle qui intellectualisa trop la ferveur religieuse, elle qui fut trop « sage »...

Pour clôturer ce volet, je citerai les autres titres : la « *Comédie à dix personnages* » (1542), la « *Comédie sur le Trépas du Roy* » (1547), la « *Comédie du Parfait Amant* » (1549).

Théâtre profane fréquemment innervé par le religieux. Théâtre dont les figures de proue sont les purs. Le rire, l'humilité, le bonheur, l'ironie les caractérisent. Ce sont les « enfants » de l'Inquisiteur, Peu, Moins et la Ravie.

Un théâtre à redécouvrir.

4. LES POETESSES DE LA SECONDE MOITIE DU SEIZIEME : MYSTICISME, REVOLTE, SAGESSE

J'aurais envie d'écrire que tout le monde rimaillait au XVIe siècle ! La poésie, on le sait, était à l'honneur, était à la mode. On adorait la pratiquer à la cour et l'on rédigeait un texte sur le moindre petit événement. On affectionnait les imitations. Bref, on jouait beaucoup. Il n'empêche qu'il faut distinguer, je crois, le passe-temps de la création elle-même avec l'engagement qu'elle implique.

Parmi les femmes qui publièrent, je citerais Jeanne d'Albret (la fille de Marguerite de Navarre), Marie Stuart, Marguerite de Valois, Catherine d'Amboise, Anne de Marquets (appelée «La belle religieuse»). Je signalerais *Marie de Romieu* qui rédigea le *«Bref discours de l'excellence de la femme»*. Discours dans lequel elle démontre la supériorité de la femme sur l'homme à l'aide d'arguments religieux, mythologiques... et esthétiques. La femme est «chasse-mal, chasse-ennuy, chasse-dueil, chasse-peine». La femme ne serait-elle altérée par aucun défaut ? Seulement des «fautelettes» avoue Marie.

Mais je voudrais présenter, avec plus d'insistance, quelques poétesses qui me semblent émerger. Par ailleurs, elles illustrent les grands thèmes poétiques du XVIe : la ferveur religieuse (catholique ou protestante !), la ferveur amoureuse, les développements moraux et humanistes, les revendications féminines.

Gabrielle de Coignard (? - 1594)

Une Toulousaine, de noble origine, qui perdit son mari assez jeune. Elle clame sa foi avec élan et nous confie ses tourments religieux. Gabrielle, constamment alourdie par la chair, n'aspire qu'à une vie spirituelle, la plus intense possible. Cette rivalité chair-âme conduit parfois la poétesse à la révolte. Et quelle révolte contre la chair !

> Enflure d'un tombeau, cloaque de vermine,
> Pâture des serpents, tanière de la mort,
> Oses-tu déployer ton cauteleux effort
> Pour vouloir offenser celle qui te domine ? (...)
>
> (Jeanine Moulin, «La poésie féminine»)

Dieu est l'unique pôle de sa vie. L'intensité religieuse se teinte d'intensité amoureuse. C'est pour cet alliage et la vigueur des textes que j'ai retenu cette poétesse vraie :

> Perce-moi l'estomac d'une amoureuse flèche,
> Brûle tous mes désirs d'un feu étincelant,

Elève mon esprit d'un désir excellent,
Foudroie de ton bras l'obstacle qui l'empêche.
Si le divin brandon de ta flamme me sèche,
Fais sourdre de mes yeux un fleuve ruisselant :
Qu'au plus profond du cœur je porte recélant,
Des traits de ton amour la gracieuse brèche.

Puisque tu n'es qu'amour, ô douce charité,
Puisque pour trop aimer tu nous as mérité
Tant de biens infinis et d'admirables grâces,

Je te veux supplier par ce puissant effort
De l'amour infini qui t'a causé la mort,
Qu'en tes rêts amoureux mon âme tu enlaces.

(idem)

Marie de Brabant (vers 1540 - vers 1610)

Marie est la fille de Jean de Brabant. Elle traduit, en vers «*Le cantique des cantiques*» et nous livre ses «*Annonces de l'esprit et de l'âme fidèle*» (1602). Un des textes de cet ensemble surprend par la violence et le sens du détail. Il s'agit de l'«*Epître aux Bombancières*», ces femmes bourgeoises, coquettes, frivoles, que Marie fustige sans se gêner. Jugement indigné ? Désapprobation moralisatrice ? Pas tout à fait... Car Marie injecte une telle sensualité, un tel tempérament dans son Epître que l'intention me semble quelque peu virer de bord. Les sentiments de la poétesse doivent être plus complexes !

C'est par l'intermédiaire d'Isaïe que Marie profère sa virulente condamnation. En voici un extrait :

Voici que le Seigneur prononce de sa bouche :
La taigne rongera, dit-il, jusqu'à la souche
Les rameaux égarés de vos perruques d'or.
Et de votre poitrine allongeant l'ouverture,
Je mettrai tout à nu jusques à la ceinture
Votre honte au soleil, s'il vous en reste encor.

Le temps s'en va venir, changement bien étrange,
Qu'on vous verra trotter, deschaux[19] parmi la fange,
Pour ses grands échafauds de patins[20] haut montés.
Et lors, sous vos lassis à mille fenêtrages,
Raiseaux et points coupés et tous ces clairs ouvrages,
Ne se bouffiront plus sur vos seins éhontés.

(Jeanine Moulin, «Huit siècles de poésie féminine»)

Madeleine de l'Aubespine (1546-1596)

Elle fut dame d'honneur de Catherine de Médicis (qui elle-même écrivit des poèmes). Ses sonnets ont été publiés en... 1926 !

Elle nous prodigue un art léger, subtil, aérien, imprégné de fine ironie. Ses textes révèlent une évidente indépendance d'esprit. En voici un court échantillon, extrait de «*Les chansons de Callianthe*».

> VILLANELLE
> *(Réponse à celle de Desportes:*
> *Rosette pour un peu d'absence...)*
> Berger tant rempli de finesse,
> Contentez-vous d'être inconstant,
> Sans accuser votre maîtresse
> D'un péché que vous aimez tant.
> La nouveauté qui vous commande,
> Vous fait à toute heure changer:
> Mais ce n'est pas perte fort grande
> De perdre un ami si léger. (...)
>
> (Jeanine Moulin, «La poésie féminine»)

Nicole Estienne (vers 1544 - vers 1596)

«Pour chanter mes beautés ne faut point de trompettes» avoue-t-elle. Ces mots trahissent un minimum d'humour et de simplicité... Humour qu'elle conserve même dans son «*Apologie ou défense pour les femmes*», qui rassemble une série de reproches, de récriminations à l'égard des hommes. C'est l'épouse qui parle ici, et qui vilipende les hommes mariés. Une épouse déçue, probablement. Ces textes me frappent par le ton très vivant, par le sens du concret, par l'ironie efficace:

> ... Mais que lui peut servir d'avoir un homme riche,
> S'il ne laisse pourtant d'être vilain et chiche?
> S'elle ne peut avoir ce qui est de besoin
> Pour son petit ménage? Ou si, vaincu de honte,
> Il donne quelque argent, de lui en rendre compte,
> Comme une chambrière, il faut qu'elle ait le soin?
>
> Et cependant Monsieur, étant en compagnie,
> Assez prodiguement ces écus il manie
> Et, hors de son logis, se donne du bon temps;
> Puis, quand il s'en revient, fâché pour quelque affaire,
> Sur le seuil de son huis laisse la bonne chère.
> Sa femme a tous les cris, d'autres le passe-temps. (...)
>
> *(idem)*

Reproches éternels? En tout cas, le discours de la poétesse ne paraît pas tellement empoussiéré par le temps...

Les dames des Roches

Deux femmes respectables qui, à mon avis, marquèrent davantage la vie littéraire que la littérature elle-même.

Qui sont ces dames? La mère, Madeleine (1520?-1587) et sa fille Catherine (1542?-1587). Deux vies qui se mêlèrent intimement jusqu'à la mort. En effet, la fille désira vivre auprès de sa mère, devenue veuve. Elles s'épaulèrent, s'engagèrent dans les mêmes voies et moururent, le même jour, de la peste.

Mère et fille déplorent les contraintes de la condition féminine, dénoncent l'éducation étroite que l'on donne aux filles. Elles se battent pour que les femmes surmontent ces obstacles, se forgent une culture et se lancent même dans la création. Elles-mêmes d'ailleurs fournissent un bel exemple de femmes affirmées. Et c'est ici qu'elles laissent leur empreinte dans l'histoire : elles ouvrent un salon, à Poitiers. Le premier véritable salon littéraire, qui annonce la vogue du XVIIe siècle. Leur salon devient célèbre. Des écrivains, des savants le fréquentent.

Quant aux écrits de Madeleine et de Catherine, ils rencontrent les modes de l'époque et se résument souvent à des imitations. Leurs textes reflètent leur goût de la vertu, de la mesure, de la sagesse.

Catherine nous offre davantage de simplicité. Elle possède l'art d'évoquer le quotidien :

A MA QUENOUILLE

Quenouille, mon souci, je vous promets et jure
De vous aimer toujours et jamais ne changer
Votre honneur domestiqu(e) pour un bien étranger
Qui erre inconstamment et fort peu de temps dure.

Vous ayant au côté, je suis beaucoup plus sûre
Que si encre et papier se venaient arranger
Tout à l'entour de moi, car pour me revenger,
Vous pouvez bien plutôt repousser une injure.

Mais, quenouille, ma vie, il ne faut pas pourtant
Que, pour vous estimer et pour vous aimer tant,
Je délaisse du tout cette honnête coutume

D'écrire quelquefois, en écrivant ainsi
J'écris de vos valeurs, quenouille, mon souci,
Ayant dedans la main le fuseau et la plume.

(Jeanine Moulin, «Huit siècles de poésie féminine»)

NOTES

[1] Le droit romain est à nouveau en vigueur. Il n'accorde aucune liberté juridique aux femmes.
[2] Souloir: avoir coutume.
[3] Solas: soulagement.
[4] Escaichés: écrasés.
[5] Ord: sale.
[6] Hiulque: béant.
[7] Hispide: couvert de poils rudes et épars.
Resgrillée: ridée.
[8] Armoisi: sorte de taffetas très mince, peu lustré, souvent de couleur rouge.
[9] Traictifz: finement dessiné.
[10] Vuydure: galbe.
[11] In *Nouvelles françaises du XVIe siècle* par Gabriel A. Pérouse, Genève, Droz, 1977.
[12] Saye: manteau.
[13] Carmes: chants, vers.
[14] Saillie: élan.
[15] Dépendues: dépensées.
[16] Il s'estonne de moy: il se loue de moi.
[17] Caterre: rhume.
[18] V.L. Saulnier, *Marguerite de Navarre, théâtre profane*, Paris, Droz, 1946.
[19] Deschaux: découverts.
[20] Patins: souliers.

La littérature du dix-septième siècle

INTRODUCTION

Le XVIIᵉ siècle fut baptisé «le grand siècle». Immédiatement, il évoque la magnificence, Louis XIV, Versailles, le classicisme, la philosophie de l'honnête homme, les salons prestigieux, l'ordre et l'élégance.

Dans quelle mesure ces notions et ces images reflètent-elles la réalité du siècle? Ne constituent-elles pas une espèce de brillante façade? En tout cas, derrière cette façade, se cache la majorité du peuple. Des paysans, des paysannes qui durent affronter famines, pestes, misère.

Et les femmes? Leur condition diffère peu de celle du XVIᵉ siècle. Le droit romain les emprisonne toujours et ne leur confère aucun statut. Le mariage et la maternité les piègent, comme au XVIᵉ siècle. L'adultère féminin est sévèrement puni. Sur le plan économique, la situation s'obscurcit encore: la société les évince des corporations (sur 125 corporations, 5 sont mixtes et 4 féminines, nous apprend Claude Dulong[1]). Résultat: elles se rabattent sur les tout petits métiers. Quant à l'instruction, elle évolue lentement. Mais comme on estime que les filles n'ont pas besoin de s'instruire...

Et pourtant, un miracle s'est produit au XVIIᵉ siècle. Un miracle provoqué par les femmes elles-mêmes. Une chance qu'elles se sont offerte et forgée: la préciosité.

La préciosité

Bien sûr, ce phénomène a été suscité par une minorité de femmes — les aristocrates et les grandes bourgeoises — et n'a d'abord rejailli que sur elles. Mais ce phénomène, par sa profondeur et son étendue, a dû ébranler bien des préjugés, bien des habitudes. Il a contribué à modifier les mentalités et a imprégné tout le XVIIe siècle.

Avant toute chose, je voudrais préciser cette notion de préciosité, dans la mesure où ce terme recouvre deux réalités !

Au sens large (et positif), la préciosité désigne cet art de vivre que des femmes ont peu à peu créé et cultivé au cours du siècle.

Au sens étroit, la préciosité désigne une mode extrêmement passagère et négative : des bourgeoises ont caricaturé cette préciosité et sont tombées dans des excès... immortalisés par Molière.

Des femmes, au début du XVIIe siècle, ont voulu réagir contre la grossièreté du XVIe. Sous le règne d'Henri IV déjà, s'ouvre le salon de la marquise de Rambouillet. Le mouvement est lancé. D'autres salons vont naître. Le salon, ce lieu privé, devient social et culturel (le salon avec ses dépendances intimes : la chambre, le cabinet, le réduit, la ruelle, l'alcôve). Les femmes de l'élite s'inventent une liberté. Et un pouvoir certain. Pas de doute, leur rôle dépasse de loin les mondanités ! Mais quel fut-il, exactement ?

Les précieuses créent l'art de la conversation. Elles épurent la langue et imaginent une nouvelle manière de s'exprimer, plus subtile et raffinée. Elles s'imprègnent de culture, lisent, émettent leurs avis critiques, devenus indispensables. Elles prodiguent des conseils à des écrivains. Souvent, elles-même sont créatrices (Madeleine de Scudéry, Madeleine de Sablé, Henriette de La Suze). Leurs salons servent donc à la diffusion, au rayonnement de la culture.

Elles élaborent une autre conception de l'amour et des rapports amoureux, inspirée par «*L'Astrée*» d'Honoré d'Urfé. Elles rejettent la brutalité et prônent un amour mêlé d'amitié, de complicité : un amour plus intellectualisé, très raffiné. En un mot, elles instaurent la galanterie (sorte de réveil de la courtoisie du XIIe siècle). Les précieuses se lancent dans l'analyse du sentiment amoureux et se délectent des mille facettes qu'il peut offrir.

Par ailleurs, les précieuses s'intéressent à la politique. Certaines d'entre elles s'engagent activement et participent à des événements. Par exemple, à la Fronde.

Enfin, les précieuses réfléchissent à la condition féminine. Elles ont l'audace de remettre le mariage en question, revendiquent davantage de liberté et le droit à l'instruction. Certaines téméraires quittent même leur mari ou décident de ne pas se marier.

La préciosité bascule dans la caricature entre 1650 et 1660. Des bourgeoises peu cultivées désirent imiter les grandes précieuses... à leurs dépens. Elles tombent dans les excès: affectation des manières, esprit de coterie, langage tarabiscoté et refus de l'amour. Ninon de Lenclos les baptisa «les jansénistes de l'amour». C'est en 1659 que l'on créa «*Les précieuses ridicules*»: satire d'une minorité de précieuses.

Dans la seconde moitié du siècle, les salons ont tendance à se spécialiser. Certains deviennent très littéraires (celui de Madeleine de Scudéry, par exemple). D'autres s'orientent vers la philosophie ou les sciences, matières qui se développent et suscitent l'engouement. Les femmes en profitent pour tenter d'apprendre. Elles bravent les interdits et toute pudeur (la société trouvait honteux qu'une femme cherche à s'instruire!). Elles fréquentent les nouvelles académies, les conférences. Molière n'épargna pas ces femmes qui eurent l'ambition d'être savantes.

En conclusion, les femmes de l'élite jouèrent un rôle déterminant au XVIIe siècle. Elles forgèrent vraiment un art de vivre. Plus: un idéal de vie, bien proche de celui qu'on appela celui de «l'honnête homme»...

Les écrivaines

L'affirmation des précieuses favorisa-t-elle la littérature féminine? La réponse est ambivalente. Il est évident que les précieuses incitèrent des créatrices à se battre, à surmonter les obstacles, à secouer la condition féminine et à exploiter ce courant (l'analyse du sentiment amoureux, par exemple, chez Marie-Madeleine de La Fayette). Mais certaines écrivaines tombèrent dans le piège de la préciosité facile: leurs écrits obéirent trop aux modes, par exemple en poésie. D'autres écrivaines suivirent des chemins plus marginaux, telles des aventurières, fortes de leur tempérament et de leur anticonformisme. Malgré ce début d'émancipation féminine, le fait qu'une femme publie était toujours considéré comme honteux. Beaucoup choisirent l'anonymat ou un subterfuge quelconque. Madeleine de Scudéry, pourtant largement reconnue et admirée, avoua: «Ecrire, c'est perdre la moitié de sa noblesse».

On le voit, la société du XVIIᵉ, si elle accepta que des femmes s'arrogent un pouvoir certain au sein des salons, resta très réticente à la création féminine.

Comment appréhender cette production ? J'ai choisi de respecter la chronologie, tout en basant mes chapitres sur les genres littéraires. C'est d'ailleurs au XVIIᵉ que ceux-ci se définissent, se différencient clairement. Quant aux écrivaines très connues, j'ai complété leur portrait et leurs œuvres quand cela m'a semblé nécessaire.

Ouvrons le feu avec Marie de Gournay, dont je retiens les essais.

PLAN

1. Marie de Gournay, la farouche anti-précieuse
2. Les aventures du roman :
   Madeleine de Scudéry
   Hortense de Villedieu
   Marie-Madeleine de La Fayette
   Catherine Bernard
3. La poésie
4. Les maximes
5. Le genre épistolaire
6. Les mémoires
7. Les contes de fées

1. MARIE DE GOURNAY, LA FAROUCHE ANTI-PRECIEUSE (1565-1645?)

Sa longue vie relie le XVIe et le XVIIe siècle. Mais Marie appartient, en esprit, au XVIe. Une vie qu'elle s'est façonnée, grâce à son indépendance et à sa soif d'apprendre.

Marie naît dans un milieu simple et provincial. Rien ne la prépare à écrire. Mais elle est précoce, devient autodidacte. A 19 ans, c'est le coup de foudre... pour les «*Essais*» de Montaigne. Elle réussit à rencontrer le maître à Paris, en 1588. Entre l'homme mûr et la jeune Marie, se tisse une relation amicale et intellectuelle. Montaigne la baptise sa «fille d'alliance». Elle ose alors se lancer dans l'écriture et rédige «*Le promenoir de Montaigne*», une histoire trop romanesque.

Après la mort de Montaigne, elle décide de se rendre à Bordeaux et traverse donc la France en proie aux guerres de religion. Elle réalise une nouvelle édition des «*Essais*», remarquable. De retour à Paris, elle choisit de ne pas se marier, de se consacrer à l'écriture. Elle vit pauvrement. La préciosité, les mondanités, le langage épuré du XVIIe? Elle rejette tout ce nouveau monde, fidèle à l'esprit de Montaigne, fidèle à la langue du XVIe. La société du grand siècle se moque de cette vieille fille et lui joue des tours assez cruels. On lui commande, par exemple, une autobiographie. Mais cette commande est faussement officielle!

Marie de Gournay défend les valeurs auxquelles elle croit: l'honnêteté, la sincérité, l'intégrité, la simplicité. Bref, elle détonne. Elle fustige les courtisans, l'hypocrisie mondaine, l'inconsistance camouflée sous le vernis: «Le seul assaisonnement est un léger fard de langage sur des matieres desrobées: glaire d'œufs battuë».

Mais sa véritable originalité, c'est d'avoir échafaudé une pensée féministe rigoureuse et cohérente. Grande nouveauté: Marie parle en terme d'égalité entre les hommes et les femmes. Alors que ce vieux débat s'articulait depuis toujours autour des notions de supériorité ou d'infériorité...

Sa prise de position est nette, en 1622, dans son texte «*Egalité des hommes et des femmes*»:

La pluspart de ceux qui prennent la cause, des femmes, contre cette orgueilleuse preferance que les hommes s'attribuent, leur rendent le change entier: r'envoyans la preferance vers elles. Moy qui fuys toutes extremitez, je me contente de les esgaler aux hommes: la nature s'opposant pour ce regard autant à la superiorité qu'à l'inferiorité. Que dis-je, il ne suffit pas à quelques gens de leur preferer le sexe masculin, s'ils ne les confinoient encores d'un arrest irrefragable et necessaire à la quenouille, ouy mesme à la quenouille seule.

(Mario Schiff, «La fille d'alliance de Montaigne»)

Dans «*Le grief des dames*» (1626), Marie dénonce l'abus de pouvoir masculin :

Bien-heureux es-tu, lecteur, si tu n'es point de ce sexe, qu'on interdict de tous les biens, l'interdisant de la liberté : ouy qu'on interdict encore à peu pres, de toutes les vertus, luy soustrayant le pouvoir, en la moderation duquel la pluspart, d'elles se forment; afin de luy constituer pour seule felicité, pour vertus souveraines et seules, ignorer, faire le sot et servir. Bienheureux derechef, qui peux estre sage sans crime : ta qualité d'homme te concedant, autant qu'on les defend aux femmes, toute action, tout jugement, et toute parole juste, et le credit d'en estre creu, ou pour le moins escouté.

(*idem*)

Ici, le ton est plus vivant. L'écrivaine, blessée par la société du XVIIe siècle, ne peut masquer ses rancœurs.

Sa farouche autonomie, son indépendance d'esprit et son principe d'égalité méritent, à mon avis, qu'on arrache Marie de l'oubli.

2. LES AVENTURES DU ROMAN: MADELEINE DE SCUDERY, HORTENSE DE VILLEDIEU, MARIE-MADELEINE DE LA FAYETTE, CATHERINE BERNARD

Rappelons-nous Hélisenne de Crenne qui, au XVIe, inaugura le roman sentimental. Que devient-il, le roman, au siècle suivant?

Une pastorale va rencontrer un énorme succès et imprégner tout le XVIIe: «*L'Astrée*». Mais c'est Madeleine de Scudéry qui renouvelle le genre, à partir de 1649. Elle lance le roman héroïque. Douze ans après, Marie-Madeleine de La Fayette publie une nouvelle historique (roman et nouvelle ne sont pas très distincts au XVIIe) et dessine ainsi une nouvelle orientation. Mais c'est surtout Hortense de Villedieu qui donne l'impulsion décisive, en creusant la veine galante, puis historique. Enfin, en 1678, Marie-Madeleine de La Fayette choisit la voie psychologique, avec la célèbre «*Princesse de Clèves*». Catherine Bernard approfondit cette voie, par un travail plus sensible et intérieur.

Les écrivaines jouent un rôle déterminant dans l'essor et les trajectoires du roman au XVIIe. Ce genre paraît, décidément, leur convenir.

Madeleine de Scudéry, la moraliste (1607-1701)

L'histoire littéraire ne s'est pas permis de jeter Madeleine de Scudéry aux oubliettes mais elle a sans doute schématisé la femme et l'œuvre. Madeleine, connue et méconnue à la fois! Il est significatif qu'on ne lui ait consacré pratiquement aucun ouvrage.

L'histoire nous offre une image plutôt pauvre et caricaturale: la vieille fille laide, surnommée Sapho, entourée de perroquets et de caméléons, auteur de romans fastidieux et de la célèbre (et ridicule) Carte du Tendre...

Qu'en est-il? Rappelons que Madeleine, d'origine normande, «monte» à Paris avec son frère, déjà connu comme poète. C'est l'hôtel de Rambouillet qui va lui servir de tremplin. Madeleine se lance dans un roman de 10 volumes, «*Artamène ou le Grand Cyrus*», signé par son frère! (1649-1653). Elle a du souffle et de l'opiniâtreté. «*Cyrus*» constitue en fait un roman pseudo-héroïque. Le récit des aventures de Cyrus, amoureux de Mandane, est coloré, romanesque, rocambolesque. Ecoutons Cyrus, quelques secondes:

«Mais ô rigueur de mon sort! Cette mer inexorable ne me veut pas seulement rendre ma Princesse morte: et elle se contente de sauver la vie à son Ravisseur et à mon Rival».

Mais que se cache-t-il derrière ces péripéties dignes de la tradition chevaleresque? Une description précise de la haute société parisienne, à peine déguisée sous des noms antiques. Le Grand Cyrus n'est autre que Condé. Et que se cache-t-il derrière cette description fouillée? «Les anatomies du cœur». Cette fois, nous sommes au cœur de l'œuvre et au cœur de la préciosité! Car en fait ce qui passionne Madeleine, c'est la dissection sentimentale et les mille principes, préceptes de la galanterie. Voici un échantillon des réflexions de Cyrus:

Mais, Madame, est-il bien vrai que ma perte vous touche? Mais peut-il être vrai que je vous doive perdre pour toujours et que ce soit ici la dernière fois que je vous verrai? Non, non, Madame, je ne puis m'imaginer cela, poursuit-il. Vous me reverrez sans doute et je vous reverrai, car, quand même je pourrais vouloir vous obéir, je sens bien que je ne vous obéirai pas. Je reviendrai, Madame, assurément, *malgré vous et malgré moi*, s'il faut ainsi dire.

(Claude Aragonnes, «Madeleine de Scudéry, Reine du Tendre»)

Le thème de Bérénice! Le public français se rue sur ces 10 volumes. Madeleine a réussi manifestement à rencontrer son époque. Elle récidive avec «*Clélie, histoire romaine*»... en 10 volumes! (1654-1660). Ici l'analyse l'emporte sur le romanesque. L'écrivaine met en scène des personnages raffinés qui se livrent à de passionnants échanges d'idées sur l'oisiveté, sur l'ingratitude («on n'avoue jamais qu'on est ingrat»), sur le mensonge, sur l'éducation:

Le plus grand secret [de les rendre sages] est d'accoutumer les jeunes personnes à tous les plaisirs innocents, de peur qu'ils ne leur soient un jour dangereux. Car il en est assurément des plaisirs comme des parfums qu'on ne sent presque plus quand on en a toujours... Si j'ai jamais une fille, elle dansera dès le berceau, le premier mot qu'on lui apprendra sera galant, elle saura le nom même de l'Amour devant que de savoir le sien et, avec tout cela, elle sera peut-être plus propre à être vestale que coquette.

(*idem*)

Et bien sûr sur l'amour. Que de débats il fait naître! Débat sur la stratégie masculine, par exemple:

Pour pouvoir découvrir les secrets des femmes et entrer dans leur esprit malgré elles, il faut seulement savoir un certain art de bagatelles, s'il est permis de parler ainsi, que j'ai étudié toute ma vie et que je sais admirablement... Il faut presque autant d'esprit pour savoir toutes les diverses manières dont on doit agir avec les femmes, les enjouées, les belles, les laides, les douces, les fières, les faibles, et les opiniâtres, que pour bien conduire divers peuples de divers tempéraments... Il y en a avec qui il faut être soumis comme un esclave, il y en a qu'il faut presque mépriser pour en être aimé, il y en a même qu'on conduit au vice en leur parlant toujours de la vertu, il y en a au contraire qui sont toujours vertueuses en disant souvent d'agréables folies, il y en a aussi dont on ne voit les secrets importants qu'en leur racontant des bagatelles; il y en a d'autres qu'il faut gagner en leur faisant des présents, d'autres qu'il faut engager en les obligeant à en faire, et il y en a enfin de tant de sortes différentes, qu'à moins que de s'être fait un grand usage de la connaissance des femmes il est bien aisé d'en être trompé.

(*idem*)

La célèbre « Carte du Tendre » appartient à Clélie. « Une bagatelle », déclarait Madeleine. L'histoire a, me semble-t-il, pris cette géographie amoureuse trop au sérieux ou trop à la légère... Ces subtiles analyses passionnaient et divertissaient en même temps (dans les salons, dans les livres). Et justement Madeleine excelle dans cet alliage du sérieux et du ludique. N'a-t-on pas mal lu ses romans? Ne les a-t-on pas étiquetés d'une manière définitive? Certes, leur longueur rebute. N'empêche qu'ils sont délicieux à picorer. D'une part, parce que l'écrivaine jongle avec le romanesque et le pousse au second degré avec beaucoup d'humour. D'autre part, parce qu'elle se révèle une moraliste souvent ironique et piquante.

Mais le vent tourne pour Madeleine. Les excès d'une certaine préciosité rejaillissent sur elle, malencontreusement. Boileau la ridiculise. Ses « Samedis » (son salon) en prennent un coup. Marie-Madeleine de La Fayette commence à faire parler d'elle. Sans doute *« Le Grand Cyrus »* et *« Clélie »* ont-ils trop rencontré les modes. Après un long silence, Madeleine riposte. Elle a l'intelligence de se reconvertir dans un autre genre et publie, en 1680, *« Conversations sur divers sujets »*. La romancière se mue en moraliste et nous livre probablement son ouvrage le plus intéressant.

Quelle forme choisit-elle? L'échange d'idées qui démarre d'une situation à peine ébauchée, entre des personnages individualisés. Personnages raffinés, friands de discussions. Madeleine semble les écouter, attentive, souriante, nourrie d'une longue vie d'observation et de réflexion. L'atmosphère rappelle quelque peu les conversations des devisants dans *« L'Heptaméron »*. En fait, l'écrivaine a extrait de ses romans analyses, réflexions, développements moraux. Elle les a revus et gonflés de nouvelles idées. Et ici, enfin, elle campe des personnages qui vivent dans son époque.

Les sujets sont diversifiés: la douceur (comment la définir?), la fierté, l'inclination, la mélancolie, la gloire, l'épicurisme, le libertinage, l'envie, la médisance. Un chapitre s'intitule « De parler trop ou trop peu et comment il faut parler ». Le début est légèrement anecdotique et prépare le terrain, de façon ironique et enjouée:

Amilcar voyant quatre rivaux tout à la fois à l'entour de sa Maîtresse, ne fut pas sans occupation. Il se démesla pourtant bien mieux qu'un autre de cet embarras, qui contribua à rendre la conversation encore beaucoup plus agreable qu'à l'ordinaire. Car un des

Amants de Plotine, qui se nommoit Acrise, étoit un Homme qui parloit plus que nul autre n'a jamais parlé. Sicinius ne parloit presque point, Telane parloit agreablement de tout, & Damon aimoit fort à parler de la secte dont il étoit. De sorte que quand Amilcar trouvoit tous ses Rivaux auprés de Plotine, il n'y en avoit pas un de qui la conversation ne fût divertissante, de la maniere dont Amilcar la tournoit: & quand ils n'y étoient pas, il s'en divertissoit encore admirablement; tantost en contrefaisant le silence de l'un; tantost en voulant parler trop comme l'autre; & tantost en examinant plaisamment toutes les opinions de la nouvelle Secte de Pythagore. Si bien que par là il nuisoit à ses Rivaux, il divertissoit sa Maîtresse, & ne s'ennuyoit jamais.

(Philippe J. Wolfe, « Choix de conversations de M. de Scudéry »)

Ou encore les conséquences de l'absence dans l'amour. Un personnage déclare que, éclairé par sa longue expérience, il préférerait redevenir ambitieux plutôt qu'amoureux. Un autre personnage ne partage pas son avis :

... mais l'ambition ne meurt qu'avec l'ambitieux; il faut qu'il en couste la vie pour la perdre, & la fortune quand elle est contraire à un ambitieux, est une Maîtresse mille fois plus capricieuse & plus cruelle que la plus rigoureuse beauté ne le peut être. Quelques-fois même comme les Coquettes, elle fait esperer mille faveurs sans en accorder aucune; en d'autres occasions comme une belle vertueuse & severe, elle ne vous regarde pas, quelques soins que vous aportiez pour en être regardé; il arrive aussi que comme quelques Maîtresses inegales, elle accorde quelques graces, mais c'est pour les ôter aussi-tôt, & pour en rendre la privation plus rude que la joüissance n'en a esté douce; & comme elle est aveugle, elle choisit pour l'ordinaire aussi mal que beaucoup de Dames, & le pauvre ambitieux qu'elle mal-traitte, enrage de voir passer devant luy cent Rivaux qu'elle choisit à son prejudice. Et comme elle a beaucoup plus de faveurs à faire esperer qu'une belle Dame qui n'a que son cœur à donner, l'esperance qui meurt d'un côté renaît d'un autre; de sorte que l'ambitieux passe toute sa vie entre l'esperance & la crainte;

(« Conversations nouvelles sur divers sujets »)

Toutes ces « *Conversations* » sont imprégnées de finesse, de subtilité, de charme, d'esprit. Rien de moralisateur. Elles dépassent les modes, puisqu'elles s'enracinent dans la nature humaine. Madeleine distille une sagesse vivante, ouverte et même progressiste. Ne défend-elle pas fermement l'émancipation féminine ? Incontestablement, elle a réussi sa reconversion et nous donne une œuvre riche, à siroter.

Hortense de Villedieu, la galante (1632-1683)

Laissons-la se présenter elle-même :

« J'ai la physionomie heureuse et spirituelle, les yeux noirs et petits, mais pleins de feu; la bouche grande, mais d'assez belles dents; le teint aussi beau que peut l'être un reste de petite vérole maligne; le tour du visage ovale, mais j'ose dire que j'aurais bien plus d'avantage à montrer mon âme que mon corps ».

(Alphonse Séché, « Les muses françaises »)

Assurément elle montra les deux au cours de sa vie tumultueuse et insolite. A 19 ans, elle est fille-mère. Elle se jette dans des voyages, des rencontres, des intrigues. Réussit par deux fois à épouser... un homme marié. Rencontre Molière. Adore les excès. Parachève sa vie par une sorte de boucle en épousant son premier amant. Fécond anticonformisme qui engendre une écrivaine affirmée, à la plume légère et piquante.

Très tôt, Hortense choisit sa voie romanesque : l'intrigue galante, sur fond historique. Même si elle entrelace brillamment les éléments historiques et sentimentaux, on devine que la description de l'amour la passionne avant toute chose. Cette amoureuse de l'amour campe des personnages et s'amuse à les rendre victimes de la passion... avec une certaine distanciation ironique. Les «anatomies du cœur» font donc place à la peinture très sensuelle de la passion, assortie de fines réflexions générales.

Les intérêts politiques et sentimentaux se conjuguent rarement dans ses romans. En témoigne «*Le Prince de Condé*». Celui-ci tombe amoureux de Mademoiselle de Saint-André, maîtresse du roi François II. Hortense manœuvre personnages et coïncidences avec un plaisir évident et n'hésite pas à créer des scènes très galantes. Un exemple? Le Prince de Condé qui, grâce à un billet trouvé, s'est caché sous un lit, dans un appartement du Louvre, et s'apprête à assister aux ébats amoureux du roi et de sa maîtresse...

Formellement, tous ses romans appartiennent aussi à la veine galante. En effet, le développement narratif est truffé de chansons, fables, élégies, madrigaux (liés au récit).

Que retenir de cette abondante production? L'amour de l'amour, baigné d'une forte sensualité, de volupté, de passion pour la beauté et les plaisirs. Débauche de repas, de parures, de jardins, de cabinets de verdure, de feux d'artifice, de bals. Bref, tous les fastes de la cour. L'amour de l'amour, mais également la connaissance de l'amour. Hortense s'avère une excellente psychologue, une spécialiste des arcanes sentimentaux. Mais elle ne s'embarrasse pas d'intentions moralisatrices.

Voici un bref échantillon de ses commentaires :

> Quand la jalousie se mêle d'être dissimulée, elle ne l'est pas à demi. C'est une évaporée dont les premiers mouvements sont difficiles à surmonter; mais quand elle a tant fait que de se vaincre soi-même, elle vient facilement à bout de la défiance des autres.

Il n'est rien tel qu'un vieux seigneur, pour apprivoiser une jeune âme. L'air de probité impose scrupules de la Pudeur, et la confiance est toujours la Dupe de la moindre apparence de sagesse.

(«Le journal amoureux»)

Une production qui s'inscrit donc dans la tradition galante. Qui s'y inscrit trop, sans doute. C'est la richesse et les limites de la romancière.

Marie-Madeleine de La Fayette, la psychologue analytique (1634-1693)

Marie-Madeleine, grâce à «*La Princesse de Clèves*», est entrée dans l'histoire littéraire par la grande porte. Son célèbre ouvrage inaugure officiellement le roman psychologique. Elle fait partie des classiques. Je ne présenterai donc pas «*La Princesse de Clèves*». Par contre, l'histoire a oublié le reste de son œuvre, principalement «*La Princesse de Montpensier*».

Marie-Madeleine eut la chance d'épouser un homme peu envahissant... Elle se forge une solide culture, une belle autonomie et pénètre dans le milieu de la cour. Là, elle observe, participe à des intrigues et noue de grandes amitiés avec Marie de Sévigné, La Rochefoucauld, Bossuet, etc. Son insertion dans ce milieu n'entame pas sa lucidité, son indépendance d'esprit. Marie-Madeleine s'affirme, en femme équilibrée, intègre, exigeante vis-à-vis des autres et d'elle-même.

En 1662, elle publie «*La Princesse de Montpensier*». Entreprise triplement audacieuse. D'abord elle offre au public un récit très court et homogène, ce qui représente une cassure brutale avec la tradition. Ensuite elle greffe l'intrigue sentimentale à l'histoire des Valois, au XVIe: il s'agit donc de la première nouvelle historique. Enfin, elle s'éloigne de la galanterie et s'attaque à l'amour-passion aveugle. Ajoutons que son écriture brille par son élégance et... sa sobriété.

La narration est simple et démarre immédiatement. La princesse est mariée au prince de Montpensier, qu'elle estime. Peu de temps après le mariage, elle avoue à Chabannes, le fidèle ami du couple, qu'elle fut amoureuse du duc de Guise. Aveu douloureux pour Chabannes, qui s'est épris de la princesse. Marie-Madeleine tisse sa toile romanesque: rencontre fortuite entre le duc de Guise et la princesse, réveil de la passion (réciproque), intrusion du duc d'Anjou qui tombe amoureux de la princesse. La passion monte. La princesse découvre la jalousie. Chabannes, le confident, souffre de plus en plus. Une méprise provoque vengeances et mensonges. Puis, à la fin, tout se précipite, tout se resserre dramatiquement, quand la princesse accepte, une nuit, de recevoir le duc de Guise dans son appartement. Dénouement rapide et funeste. La princesse « a perdu l'estime de son mari, le cœur de son amant et le plus parfait ami qui fut jamais ». Et la romancière conclut sèchement : « elle aurait été la plus heureuse si la vertu et la prudence eussent conduit toutes ses actions ».

La princesse ne possède pas la grandeur de la princesse de Clèves. Ses résistances (relatives !) à la passion ne sont dictées que par les conventions. Si elle illumine le récit, c'est par sa beauté. C'est du côté de Chabannes que se trouve la grandeur : cet ami généreux, honnête, discret. En lui se niche la profonde souffrance :

> Ce fut le dernier coup pour le comte de Chabannes de voir que sa maîtresse voulait qu'elle servît son rival, et qu'elle lui en faisait la proposition comme d'une chose naturelle, sans envisager le supplice où elle l'exposait. Il était si absolument maître de lui-même qu'il lui cacha tous ses sentiments et lui témoigna seulement la surprise où il était de voir en elle un si grand changement. Il espéra d'abord que ce changement, qui lui ôtait toute espérance, lui ôterait infailliblement son amour. Mais il trouva cette Princesse si belle, et sa grâce naturelle si augmentée par celle que lui avait donné l'air de la cour qu'il sentit qu'il l'aimait plus que jamais. Toutes les confidences qu'elle lui faisait sur la tendresse et sur la délicatesse de ses sentiments pour le duc de Guise lui faisaient voir le prix du cœur de cette Princesse et lui donnaient un violent désir de le posséder. Comme sa passion était la plus extraordinaire du monde, elle produisit l'effet du monde le plus extraordinaire aussi, car elle le fit résoudre de porter à sa maîtresse les lettres de son rival.
>
> (« Histoire de la Princesse de Montpensier, Histoire de la Comtesse de Tende »)

Son supplice ne s'arrête pas là. A la demande de la princesse, Chabannes organise un rendez-vous entre elle et le duc de Guise, à minuit. Il lui suggère de faire baisser le pont-levis qui relie l'appartement au jardin. Puis il va lui-même chercher le duc de Guise :

> Enfin ils arrivèrent au parc de Champigny et laissèrent leurs chevaux à l'écuyer du duc de Guise et, passant par des brèches qui étaient aux murailles, ils vinrent dans le parterre. Le comte de Chabannes, au milieu de son désespoir, avait conservé quelque rayon d'espérance que la Princesse de Montpensier aurait fait revenir sa raison et qu'elle se serait résolue à ne point voir le duc de Guise. Quand il vit le petit pont abaissé, ce fut alors qu'il ne put douter de rien, et ce fut aussi alors qu'il fut tout prêt à se porter aux dernières extrémités. Mais venant à penser que s'il faisait du bruit, il serait ouï apparemment du Prince de Montpensier dont l'appartement donnait sur le même parterre, et que tout ce désordre tomberait ensuite sur la Princesse de Montpensier, sa rage se calma à l'heure même, et il acheva de conduire le duc de Guise aux pieds de sa Princesse, et il ne put se résoudre à être témoin de leur conversation quoique la Princesse lui témoignât le souhaiter, et qu'il l'eût bien souhaité lui-même. Il se retira dans un petit passage qui regardait du côté de l'appartement du Prince de Montpensier, ayant dans l'esprit les plus tristes pensées qui aient jamais occupé l'esprit d'un amant.
>
> (*idem*)

Généreux Chabannes qui décide de se sacrifier et prend la place du duc de Guise, lorsque le mari, alerté par un bruit, pénètre dans l'appartement de sa femme...

Petit chef-d'œuvre d'équilibre, de fluidité et de maîtrise. Si la romancière réussit l'alliage des éléments historiques et romanesques, c'est parce qu'elle met l'histoire au service du romanesque. Elle a soin de pétrir celui-ci d'action et de sentiments. Elle jongle avec les nuances psychologiques et sentimentales, tout en posant sur son œuvre un regard lucide, aigu, assez impitoyable.

Œuvre digne de préparer le terrain de «*La Princesse de Clèves*», même si, entre les deux, Marie-Madeleine tenta de revenir à la veine héroïque dans «*Zaïre*» (1669-1671).

En 1678 paraît «*La princesse de Clèves*». Dans ce roman, Marie-Madeleine de La Fayette atteint la grandeur et même l'absolu. Dernier détail: ses œuvres sont anonymes. Elle s'ingénia à brouiller les pistes pour garder l'anonymat...

Catherine Bernard, la psychologue sensible (1662-1712)

Un talent riche... et une place quasi nulle dans l'histoire littéraire !

Catherine Bernard est originaire de Rouen. Certains biographes prétendent qu'elle fut la nièce de Corneille. La petite Catherine a de l'ambition. A 17 ans, elle débarque à Paris, pénètre dans les milieux littéraires, apprivoise l'univers de la cour. Elle publie un premier récit, approfondit son métier d'écrivaine. Sort ensuite des nouvelles, des romans, deux pièces de théâtre (jouées). Elle ne se marie pas. Voilà tout ce que l'on sait de sa vie.

En 1687, paraît «*Les malheurs de l'amour, première nouvelle, Eléonor d'Yvrée*». Catherine a 25 ans. Pourquoi «première nouvelle»? Sans doute parce qu'elle renie le récit précoce qu'elle écrivit à 17 ans. Ce roman est incontestablement une grande œuvre et peut-être sa meilleure œuvre. Catherine s'inscrit dans la voie romanesque entamée par Marie-Madeleine de La Fayette tout en la renouvelant. Elle conserve une toile de fond historique et travaille à l'économie: 3 personnages, une intrigue resserrée, fermement dirigée. 3 personnages qu'elle implique dans une aventure intense de l'amitié et de l'amour. Plus que l'analyse du sentiment, c'est la souffrance qu'elle décrit, qu'elle suggère. Sans aucun jugement moral. Ainsi prend-elle ses distances vis-à-vis de Marie-Madeleine.

Catherine poursuit cependant un but précis. Dans son avertissement, elle déclare: «Je conçois tant de dérèglement dans l'amour même plus raisonnable que j'ai pensé qu'il valait mieux présenter au Public un

Tableau des Malheurs de cette passion, que de faire voir les amants vertueux... heureux »[2].

Au départ, une solide amitié entre Eléonor et Mathilde. Une amitié d'enfance, « qui ayant plus d'innocence et plus de sincérité que les autres amitiés, a aussi plus de durée ». Ce sentiment tendre et puissant est envahi, bouleversé par l'amour, l'amour entre Eléonor et le duc de Misnie. Les malheurs pointent déjà pour les amants, puisque la mère d'Eléonor choisit un autre mari pour sa fille. Et comme Eléonor a un sens aigu du devoir... Mais c'est elle qui fait progresser le récit, au nom de l'amitié. Elle est prête à céder son amant et invite Mathilde à aimer le duc (Mathilde qui éprouvait déjà un penchant pour lui). Catherine suggère toutes les nuances du sentiment avec infiniment de délicatesse et de psychologie :

> Mathilde avait des manières tendres et flatteuses. Eléonor et le duc l'avaient comme associée à leur passion, et il n'y avait qu'un pas à faire pour l'aimer. D'abord il la cherchait pour se plaindre, ensuite il la chercha pour se consoler. Elle avait beaucoup de complaisance et de douceur; elle prenait part à ses maux, il en avait de la reconnaissance; quoiqu'il parlait toujours d'Eléonor, il en parlait avec Mathilde, et il se trouva, pour ainsi dire, dans une seconde passion, sans être sorti de la première.
>
> («Les malheurs de l'amour, première nouvelle, Eléonor d'Yvrée»)

Ainsi commence la souffrance à trois. Eléonor qui doit renoncer à sa passion, le duc qui essaie d'étouffer la sienne, Mathilde qui réalise peu à peu l'horreur de la situation :

> Il est donc vrai, reprit Eléonor, que le Duc de Misnie m'oublie, et que c'est pour vous? Ne me reprochez rien, lui dit Mathilde, vous m'avez engagée à l'aimer; et je vous ai sacrifié mes sentiments tant que j'ai cru que vous l'aimiez. Je vous y ai engagée? Moi ! reprit Eléonor. Oui, continua Mathilde, vous me faisiez incessamment remarquer son mérite; et pouvoit-on l'admirer tranquillement? Hé! que ne m'avertissiez-vous de vos sentimens? lui dit Eléonor. Je vous faisois part de tous les miens, et vous gardiez les vôtres. Hélas! lui dit Mathilde, je ne les connoissois point. J'aimois déjà le Duc de Misnie, et je croyois seulement le trouver aimable. Je m'imaginois que tous les mouvemens de mon cœur n'étoient que de l'estime; et ce qui m'empêchoit le plus de soupçonner que je l'aimois, c'est que je vous aimois aussi. Je n'avois point pour vous des sentimens de Rivale: je vous aimois, vous et votre Amant, ensemble. J'ai eu lieu de penser que vous l'abandonniez pour le Baron d'Hilmont; il a pensé comme moi. Ainsi, lui dit tristement Eléonor, votre passion est à présent mutuelle? Il croit m'aimer, reprit Mathilde; mais il ne le croira pas long-tems. Hélas! ajouta-t-elle en regardant Eléonore, qui avoit le visage couvert de larmes, ce n'est point à vous de pleurer. Quand il vous croyoit infidèle, peut-être avoit-il plus de plaisir à vous regretter avec moi, qu'avec une autre; mais, s'il vous retrouve, il me souffrira bien moins qu'une personne indifférente.
>
> (*idem*)

Mathilde atteint la lucidité totale. « On ne m'aime pas » avoue-t-elle. « Vous perdez un homme qui vous aime, je le perds parce qu'il ne m'aime pas». Et plus loin : «C'est à moi de mourir, puisque je ne suis point aimée». Ce qu'il advient. Mathilde tombe malade, meurt de douleur et d'impuissance. Eléonor, dans un dernier geste généreux, a précipité son mariage pour soulager Mathilde. Mais c'est trop tard.

«*Eléonor d'Yvrée*» : un huis clos douloureux, imprégné de grandeur et même d'absolu. Un roman révélateur de réelles qualités, comme la puissance, le sens de la nuance, la subtilité, la sobriété, la richesse psychologique, l'élégance de l'écriture. Mais la caractéristique la plus étonnante, c'est peut-être la fraîcheur qu'il prodigue, tout en étant pétri de réalisme, de lucidité et même de pessimisme...

Je signalerais un autre ouvrage de Catherine, «*Le Comte d'Amboise*», où l'on retrouve cette même consistance psychologique et sentimentale. Ici, il s'agit d'un comte qui a la générosité de céder la femme qu'il aime à son rival.

Catherine Bernard: une grande romancière du XVIIe. Sans doute celle qui est la plus proche de notre sensibilité du XXe.

Madeleine, Hortense, Marie-Madeleine et Catherine: quatre femmes qui réfléchirent au genre romanesque et qui l'orientèrent chacune à leur manière. Quatre femmes qui marquent de leur empreinte l'histoire littéraire.

3. LA POESIE

La préciosité engendra une poésie mondaine, facile, brillante, galante. Poésie plus proche du divertissement de salon que de la création véritable. Tous les mondains, toutes les mondaines rimaient allègrement, raffolant des madrigaux, épigrammes et autres jeux à la mode. Résultat: une énorme production médiocre.

Seuls les poète dotés d'un puissant tempérament et d'un fameux recul échappèrent à cette marée. Parmi les femmes, j'en épinglerais deux. La première, nous la connaissons déjà, c'est Hortense de Villedieu. Cette émancipée sut, grâce à sa profonde liberté, exploiter la galanterie sans s'y noyer. La seconde, Jeanne-Marie Guyon (1648-1717), choisit un autre milieu et surtout un autre engagement: le quiétisme.

Hortense de Villedieu flirta avec la galanterie, versa dans des formes à la mode. Par exemple, dans ce madrigal:

> Quand on voit deux amants d'esprit assez vulgaire,
> Trouver dans leurs discours de quoi se satisfaire,
>   Et se parler incessamment,
> Les beaux esprits, de langue bien disante,
>   Disent avec étonnement:
>   Que peut dire cette innocente?
>   Et que répond ce sot amant?
> Taisez-vous, beaux esprits, votre erreur est extrême;
> Ils se disent cent fois tour à tour: Je vous aime.
> En amour, c'est parler assez élégamment.
>
>   (Alphonse Séché, «Les muses françaises»)

Elle n'y succombe pas, du moins en poésie. Car elle réinvente, à sa manière, les préceptes de la galanterie, dictés par une philosophie, une morale toute personnelle:

> Bien qu'on ait cru toujours l'affreuse jalousie
>   Le partage des vrais amants,
>   Je blâme ces dérèglements
> Qui, d'une passion, font une frénésie.
> Pour moi je veux aimer sans soins et sans envie,
>   Sans crainte et sans précaution;
> Rien ne peut sur ce point troubler ma fantaisie:
>   J'ai mes attraits pour caution.
>
> Je ne puis approuver les maximes des belles
>   Qui recommandent le secret;
>   Un amant est assez discret
> Quand on veut s'en tenir aux simples bagatelles.
> Et puis, fût-il d'humeur à conter des nouvelles,

> Il faudrait bien s'en consoler,
> Car vouloir retenir les langues infidèles
> C'est les contraindre de parler.
> Quand on voudra changer d'amant ou de maîtresse
> Pendant un mois on le dira
> Et puis après on changera
> Sans qu'on soit accusé d'erreur ou de faiblesse.
> Mais on conservera toujours de la tendresse,
> On se rendra de petits soins,
> Car, entre deux amants, quand un grand amour cesse
> Il faut être amis tout au moins.
>
> *(idem)*

L'amour, à ses yeux, n'est pas «chaste inclination» ou prétexte à rimer et disserter. L'amour constitue sa passion première, sa liberté à elle. Elle le vit de l'intérieur et proclame son empire: «Si l'amour est un vice, c'est un vice plus beau que toutes les vertus[3].» Elle ose intituler un de ses poèmes «Jouissance» et n'a pas peur d'évoquer la plénitude amoureuse.

Cette aventurière, cette marginale est lucide et connaît la vie. Elle a appris les limites de la vie mondaine, ce royaume doré qui éclipse l'amour. Ainsi s'adresse-t-elle à Clidamis, amant qui la délaisse au profit de l'ambition et de la vie de cour:

> Le désir des grandeurs étouffe votre flamme;
> La cour et ses appas me chassent de votre âme,
> Ma cabane n'est plus digne de vous loger:
> Vous êtes courtisan et n'êtes plus berger.
>
> *(idem)*

Et de proclamer que l'amour a besoin d'ombre, de solitude et de simplicité. Voilà qui tranche sur l'époque.

Ferveur et indépendance d'esprit qui nous offrent une poésie élégante, sensuelle, au charme piquant.

Marie-Jeanne Guyon choisit une autre ferveur. Opposée? Non, malgré les apparences. Après bien des déceptions, Marie-Jeanne se tourne vers le quiétisme. Elle s'y engage à fond, donne des conférences, signe des publications. Ce prosélytisme va lui attirer de nombreux ennuis. On la poursuit, on l'emprisonne à plusieurs reprises. Ces perturbations ne l'empêchent pas de nouer une solide amitié avec Fénelon. Marie-Jeanne l'influence et provoque, malgré elle, un drame idéologique entre Fénelon et Bossuet.

Elle nous laisse 40 volumes: poésies, cantiques, traités. Qu'en retenir? Son adhésion totale au quiétisme engendre souvent des textes puissants, dépouillés où seule règne la ferveur absolue. Thème fascinant dans la mesure où la poétesse plonge dans les abîmes de l'abandon, là où brûle la vraie lumière. Inversion du clair-obscur! Toute sa poésie est basée sur ces oppositions fondamentales: «O nuit, ô torrent de lumière». Poésie tendue par le désir de s'abandonner plus encore, en se débarrassant de toute science, toute doctrine, tout bien matériel.

Cette plongée vertigineuse est à la fois aride et brûlante. Brûlante de passion presque amoureuse vis-à-vis du «cher petit Maître», du «petit amant». Nous voici bien proches du mysticisme passionnel.

ABIME DE L'AMOUR
Air: *La jeune Iris; ou, Les Folies d'Espagne.*

Depuis longtems j'ai perdu connoissance;
Dans un gouffre je me vis abîmer;
Je ne puis plus supporter la science;
Heureux mon cœur, si tu sais bien aimer.

Perdu, plongé dans des eaux ténébreuses,
Je ne vois rien, et je ne veux rien voir;
Mes ténèbres sont des nuits amoureuses;
Je ne connois mon bien ni mon espoir.

Dans ce profond d'amour inexplicable,
On m'élève bien au-dessus de moi;
C'est un nuage obscur, invariable,
Où l'ame ne voit qu'une sombre foi.

C'est un brouillard plus clair que la lumiere;
Je ne puis exprimer sa sombre nuit:
On ne dessille jamais la paupiere;
Dedans ce lieu l'on n'entend aucun bruit.

Ces ténèbres où règne le silence,
Font le bonheur de ce cœur amoureux;
Tout consiste dedans la patience,
Qu'exerce ici cet amant généreux.

(Jean Rousset, «Anthologie de la poésie baroque française»)

C'est donc par leur ferveur et leur liberté que ces deux poétesses émergent de leur époque.

Les débuts d'une autre poétesse étaient prometteurs. *Jacqueline Pascal* (1625-1661), la sœur de Blaise Pascal, rédige des textes dès l'âge de 13 ans. Comme son frère, elle se convertit au jansénisme et entre, comme religieuse, à Port-Royal. Là, elle cesse d'écrire. Elle nous laisse, entre autres, un long poème «sur le miracle de la sainte épine». Texte maîtrisé, imprégné d'émerveillement devant la guérison étonnante d'une aveugle.

Je me contenterai, pour clôturer ce chapitre, de signaler quelques autres noms: *Antoinette Deshoulières* (1638?-1694), *Henriette de La Suze* (1618-1673), *Elisabeth-Sophie Chéron* (1648-1711). L'inspiration amoureuse et religieuse prédominent nettement au XVIIe siècle.

4. LES MAXIMES

La Rochefoucauld ne fut pas le seul représentant du genre au XVIIe. *Madeleine de Sablé* (1599-1678) l'illustre également.

Pour oublier sans doute les échecs de sa vie privée, Madeleine se tourne vers le monde. Elle fréquente l'hôtel de Rambouillet, puis les «Samedis» de Madeleine de Scudéry. Elle-même ouvre un salon qui deviendra brillant. On y discute de morale, science, philosophie, pédagogie. Et théologie. Madeleine se révèle une femme très cultivée. Elle se passionne, par exemple, pour la littérature espagnole et la fait connaître en France. Mais elle se révèle aussi une femme engagée. Sur le plan politique, elle participe à des intrigues lors de la Fronde. Sur le plan religieux, elle se convertit au jansénisme et sert de médiatrice entre ce courant et l'Eglise. Madeleine a davantage le culte de l'amitié que de l'amour. Elle a fortement défendu l'idée d'une relation différente entre l'homme et la femme, relation nourrie d'amitié tendre, de connivence intellectuelle. Elle est l'intime de Pascal, de Marie-Madeleine de La Fayette, de La Rochefoucauld. Complicité intense avec celui-ci, soudée par un même pessimisme et... l'amour de la bonne cuisine. D'ailleurs les deux écrivains travaillent ensemble, se consultent au sujet de leurs maximes. Leurs œuvres portent chacune l'empreinte de l'autre. N'empêche que leurs optiques diffèrent quelque peu. Madeleine rejette la misanthropie de François. François rejette le jansénisme de Madeleine...

Ses «*Maximes*», qui furent publiées après sa mort, recèlent une sagesse qu'aiguise parfois l'ironie. Madeleine, en profonde précieuse, dénonce les impasses morales, telles l'hypocrisie, la fausseté, l'intérêt, la superficialité, l'orgueil, l'excessif amour-propre. Elle défend l'authenticité, l'exigence. Affirme la nécessité de connaître ses limites et ses défauts. Vante les mérites de l'instruction. En voici un bref échantillonnage :

62. Il y a une certaine maniere de s'écouter en parlant, qui rend toûjours désagréable : car c'est une aussi grande folie de s'écouter soi-même quand on s'entretient avec les autres, que de parler tout seul.

52. On aime beaucoup mieux ceux qui tendent à nous imiter, que ceux qui tâchent à nous égaler. Car l'imitation est une marque d'estime, & le desir d'être égal aux autres est une marque d'envie.

70. La honte qu'on a de se voir louer sans fondement, donne souvent sujet de faire des choses qu'on n'auroit jamais faites sans cela.

67. C'est un défaut bien commun de n'être jamais content de sa fortune, ni mécontent de son esprit.

(in «Réflexions ou Sentences et maximes morales de Monsieur de La Rochefoucauld qui renferme de plus les Maximes de Madame la Marquise de Sablé»)

5. LE GENRE EPISTOLAIRE

Un genre confiné dans l'intimité de la correspondance? Au XVIIe siècle, l'art épistolaire possède une double fonction. Une fonction privée, bien sûr, mais aussi une fonction publique. Ces lettres étaient souvent lues dans les salons. Elles servaient de point de départ à des discussions, des débats. Bref, elles alimentaient l'art de la conversation. De plus, leurs auteurs espéraient ainsi s'attirer une chance d'être publiés. Enfin, faut-il préciser que l'on consacrait jadis davantage de temps à la correspondance? Celle-ci rassemblait non seulement des informations, mais aussi des réflexions, des développements philosophiques et moraux ou des commentaires sur divers événements. Précieux témoignages sur la vie de l'époque!

Des écrivaines ont élu ce genre pour s'exprimer. Peut-être parce que celui-ci leur était plus accessible... ou moins monopolisé par les hommes. L'une d'elles occupe une place de choix et est largement reconnue. Il s'agit bien sûr de *Marie de Sévigné*. Inutile de l'évoquer dans le cadre de cet ouvrage.

Par contre, je voudrais mettre en évidence une épistolière qui, à mes yeux, lui est égale sinon supérieure: *Ninon de Lenclos* (1620-1705). Cas particulier que celui de Ninon! L'histoire l'a amputée: on a gardé la brillante libertine, la spirituelle séductrice, mais on a enfoui l'écrivaine... Encore faut-il nuancer son portrait.

« On a chargé notre sexe de ce qu'il y a de plus frivole, et les hommes se sont réservé le droit aux qualités essentielles: dès ce moment, je me fais homme[4]. »

Ninon, femme jusqu'au bout des ongles, a donc choisi l'indépendance, l'autonomie masculine. Ce qui lui a réussi.

Ses origines sont hybrides: une mère bigote, un père marginal, libertin, plus ou moins artiste. Ninon s'émancipe très vite, se cultive, devient courtisane, grimpe les échelons de la notoriété... et apprend à gérer ses quelques biens. Son intelligence, sa causticité, son ironie et sa beauté ont rapidement conquis Paris. Il faut dire que Ninon aime une certaine provocation. On l'a vu, elle baptise les précieuses « jansénistes de l'amour ». Elle adore railler les ecclésiastiques. Son petit hôtel, rue des Tournelles, ne tarde pas à drainer le beau monde: Condé, Boileau, Molière, La Rochefoucauld, Henriette de La Suze, etc.

Les repas, les soirées sont pimentés par les mots de Ninon. Beaucoup sont devenus célèbres. En voici quelques-uns :

Il n'y a rien de si varié dans la nature que les plaisirs de l'amour, quoiqu'ils soient toujours les mêmes.

Il est plaisant qu'on ait fait une loi de la pudeur aux femmes qui n'estiment dans les hommes que l'effronterie.

(« Correspondance authentique de Ninon de Lenclos »)

Ninon, la grande séductrice, parvient à gagner l'estime... quasi générale. A la fin de sa vie, elle adresse ces lignes à Fontenelle : « Vous savez le parti que j'aurais pu tirer de mon corps. Je pourrais encore mieux vendre mon âme : les jésuites et les jansénistes se la disputent[5]. »

Fait piquant, au terme de sa longue vie : elle lègue une certaine somme au neveu de son notaire, pour qu'il puisse s'acheter des livres. Ce bénéficiaire s'appelle Voltaire !

Avant de présenter ses lettres, je voudrais signaler « *La coquette vengée* », une historiette qui révèle bien la personnalité de Ninon.

Félix de Juvenel a eu le malheur de ne pas apprécier le salon de Ninon et de commettre un texte intitulé « *Portrait de la coquette* ». Ninon riposte, à sa manière. « *La coquette vengée* » fustige toutes les catégories de philosophes et, particulièrement, celle à laquelle appartient sans doute Félix :

Quand je dis donc que vous devez éviter les philosophes, je n'entends point parler ni d'un docteur, ni d'un solitaire, ni d'un libertin dont la profession est ouverte et déclarée. J'entends certains pédans déguisés, pédans de robe courte, des philosophes de chambre qui ont le teint un peu plus frais que les autres, parce qu'ils se nourrissent à l'ombre, et qu'ils ne s'exposent jamais à la poussière et au soleil; des philosophes de ruelles qui dogmatisent dans des fauteuils; des philosophes galans qui raisonnent sans cesse sur l'amour, et qui n'ont rien de raisonnable pour se faire aimer. Vous ne sauriez croire combien ces gens-là sont incommodes.

(« Correspondance authentique de Ninon de Lenclos »)

Mais elle va plus loin dans la vengeance : elle ridiculise le pédant dans une fiction rapide et acide. Petit chef-d'œuvre d'ironie. Brillante mise en pièces. Ninon se montre intransigeante vis-à-vis des « gens qui portent la censure, la médisance et le désordre » dans les agréables compagnies.

Mais c'est dans ses lettres que son talent se déploie. Parmi ses destinataires importants, relevons Saint Evremont, le maréchal d'Albret, le chevalier de Méré, Françoise de Maintenon, le marquis de Sévigné. L'écriture séduit par son élégance, sa fluidité, sa netteté, sa merveilleuse liberté. Ninon manie tous les tons avec aisance. Elle joue avec l'ironie, l'humour, la fausse gravité, la tendre moquerie. Voici, par exemple, le début enjoué de sa première lettre au marquis de Sévigné :

> Moi, marquis, me charger de votre éducation, vous guider dans la carrière où vous allez entrer? C'est trop exiger de mon amitié pour vous. Vous le savez, quand une femme qui n'est plus de la première jeunesse paraît prendre un intérêt particulier à un jeune homme, on dit qu'elle veut le mettre dans le monde; et vous n'ignorez pas la malignité avec laquelle on se sert de cette expression. Je ne veux donc point m'exposer à l'application qu'un pourrait m'en faire. Tout ce que je puis pour votre service, c'est d'être votre confidente.

(« Lettres de Ninon de Lenclos »)

Point de départ d'une correspondance passionnante, riche et savoureuse. Car leurs optiques diffèrent. Le jeune marquis rêve de s'engager dans une relation amoureuse solide. Ninon le met en garde et livre sa conception de l'amour. L'amour-caprice, vu par les femmes :

> (...) et je n'ai pas tort de comparer l'amour à un appétit qu'on se sent quelquefois pour un mets plutôt que pour un autre, sans en pouvoir rendre la raison.

(*idem*)

Elle parle en femme expérimentée, en femme qui maîtrise les élans du cœur.

> On l'a dit il y a longtemps: vouloir détruire les passions, ce serait entreprendre de nous anéantir: il ne faut que les régler. Elles sont entre nos mains ce que sont les poisons dans la pharmacie; préparés par un chimiste habile, ils deviennent des remèdes bienfaisants.

(*idem*)

Elle frôle parfois le cynisme : « Pour un personnage de sang-froid, est-il un spectacle plus amusant que les convulsions d'un homme amoureux ?[6] ». Mais, surtout, elle approfondit la psychologie amoureuse féminine, quitte à démystifier les grands sentiments !

> Vous êtes flatté de l'amour d'une femme, parce que vous croyez qu'il suppose le mérite dans l'objet aimé; vous lui faites trop d'honneur; disons mieux, vous avez trop bonne opinion de vous. Croyez que ce n'est point pour vous-même que nous vous aimons: il faut être sincère, en amour nous ne cherchons que notre propre félicité. Le caprice, l'intérêt, la vanité, le tempérament, la suite du *mésaise* qui nous inquiète quand notre cœur est sans affaire : voilà la source de ces grands sentiments que nous voulons diviniser.
> Mais que voulez-vous? nous avons besoin d'un adorateur qui nous entretienne dans l'idée de notre excellence; il nous faut un complaisant qui essuie nos caprices; nous avons besoin d'un homme. Le hasard nous présente l'un plutôt que l'autre; on l'accepte, mais on ne le choisit pas. En un mot, vous croyez être les objets d'affections désintéressées; je le répète, vous croyez que les femmes vous aiment pour vous-mêmes. Pauvres dupes! vous n'êtes que les instruments de leurs plaisirs, ou les jouets de leurs caprices.

(*idem*)

Vision réaliste ou désabusée ? Il est évident que Ninon bouscule de nombreux discours... Elle connaît à fond les recoins de la psychologie amoureuse, les facettes de l'amour-propre. Son argumentation est souple et pertinente (impertinente aussi). Elle explore les régions floues de nos mobiles secrets, inavoués et les projette en plein jour. Avec un esprit toujours pétillant.

Mais la libertine n'a pas misé sur l'amour. Voici ce qu'elle avoue au marquis de Sévigné :

> J'ai eu des amants. Mais jamais ils ne m'ont fait illusion. Je savais à merveille les pénétrer. J'étais très-persuadée que si ce que je pouvais valoir du côté de l'esprit et du caractère entrait pour quelque chose dans les raisons qui les déterminaient à m'aimer, ce n'était que parce que ces qualités piquaient leur vanité. Ils étaient amoureux de moi, parce que j'avais de la figure, et qu'ils avaient des désirs. Aussi n'ont-ils jamais obtenu que la seconde place dans mon cœur. Mes amis y ont toujours tenu la première.

(idem)

Délectable épistolière qui mériterait, je crois, une petite place dans notre littérature. Au moins à l'ombre de Marie de Sévigné, même si celle-ci n'appréciait guère la philosophie amoureuse de Ninon...

6. LES MEMOIRES

Les *« Mémoires »* de *Catherine Meurdrac* (1613 ?- ?) étonnent et détonnent. 130 pages menées à la cravache, dans un style presque contemporain ! Dès la première page, Catherine déclare la singularité de son entreprise : les mémoires féminins ne foisonnent pas.

Elle nous apprend qu'elle est née en Brie, qu'elle a eu la chance de recevoir une éducation soignée. On lui donna des cours de chant, de luth, mais aussi d'équitation et... d'escrime. Très jeune, elle tourne le dos à la condition féminine en se mariant contre le gré de son père. Elle épouse, de surcroît, un homme qui ne possède ni noblesse ni fortune, monsieur de La Guette. Comble de l'insolite pour l'époque, elle s'engage dans une union qui sera très heureuse. Catherine n'a guère de points communs avec la gent féminine :

> Je me trouvais fort contente chez mon mari. Nous nous divertissions agréablement ; nous montions à cheval tous les jours pour aller à la chasse ou pour voir la noblesse du voisinage, qui me recevait de la manière du monde la plus obligeante. Toutes ces douceurs ne durèrent pas longtemps, parce que mon mari fut obligé de s'en retourner à l'armée. C'était la campagne du siège de Spire en Allemagne. Notre séparation fut rude : car je puis dire qu'il m'aimait d'une façon tout extraordinaire et que j'en étais idolâtre. J'eus le temps pour cette première fois de verser des larmes à mon aise, et de faire la femme au préjudice de ces nobles inclinations, et de cette fermeté d'âme qui m'était si naturelle et qui me fait même avoir de l'aversion pour celles de mon sexe qui ont trop de mollesse. En effet, j'ai toujours été d'une humeur plus portée à la guerre qu'aux exercices tranquilles de mettre les poules à couver et de filer la quenouille, quoique l'on dise qu'une femme ne doit savoir que cela.

(« Mémoires »)

Les époux surmontent bien leurs séparations obligatoires, liés par une complicité qui franchit les distances... Catherine nous raconte qu'elle fit porter son portrait à son mari occupé à guerroyer :

> Il ne fut pas plus tôt arrivé dans sa tente qu'il ouvrit le paquet et y trouva ma figure en petit, qui n'était pas des plus laides, à ce que l'on disait en ce temps-là. Il fit voir ce portrait à ses amis particuliers et les régala sur-le-champ. Il fut bu plusieurs santés, et je m'assure que la mienne ne fut pas oubliée. On tournait le visage de ma peinture du côté de la ville aussitôt que les ennemis mettaient le feu au canon. Ils avaient raison d'en user ainsi, car l'original n'a jamais tourné le dos aux occasions périlleuses. Et mon mari s'imaginait que c'était moi-même et qu'il fallait que je visse tout ce qui se passait. La ville rendue, il obtint son congé. Je crois qu'il aurait bien voulu que son cheval eût eu des ailes ; mais comme il avait des gens avec lui, il lui fallut aller le pas. Il arriva enfin, et ce ne furent que caresses de part et d'autre.

(*idem*)

Catherine possède un fameux humour et une solide philosophie. Un exemple ? Son adorable mari est doté d'un caractère très violent et colérique. Le jour où le couple décide de se réconcilier avec le père de Catherine, des amis essaient d'intervenir pour amadouer l'époux. La seule phrase qu'ils prononcent va le faire sortir de lui-même :

Mon mari était d'un autre côté qui pestait à son aise; car tous ces messieurs lui dirent : « Gouvernez bien votre beau-père; mais ne le voyez pas. » Cela le mit dans le dernier emportement, puisque tout son dessein était de le voir, de l'honorer et de le servir, comme il devait; si bien que comme c'était le plus violent de tous les hommes, il dit dans son transport à son laquais : « Va dire à ta maîtresse qu'elle vienne promptement, que je lui veux donner un coup de pistolet. » Ce pauvre garçon, qui était allemand, accourut au plus vite me trouver, pour me dire en présence de mon père et de ses amis : « Madame, venez vite; monsieur veut vous donner un coup de pistolet. » Je dis : « Vraiment, la nouvelle est agréable. Allons le recevoir. » Je pars gaiement, quoi que l'on fît tout ce que l'on put pour m'en empêcher; il vint quelques-uns de ces messieurs avec moi; je trouvai M. d'Angoulême dans un passage, qui me dit : « Par la corbleu (c'était son jurement), voilà votre mari qui fait le fou; où allez-vous ? » Je lui repartis : « Monsieur, je vais quérir un coup de pistolet, qu'il me veut donner. » — « Par la corbleu, n'y allez pas, me dit-il; les voilà un cent qui ne sauraient le mettre à la raison. » Je lui dis : « Monseigneur, j'ai un secret pour l'y mettre », et passai outre. Je trouvai mon mari à cheval, entouré de gens qui faisaient tous leurs efforts pour l'adoucir; mais ils n'avançaient guère. Aussitôt que je l'eus approché, je lui dis : « Mon cavalier, pied à terre; j'ai un mot à vous dire; pour le coup de pistolet, nous en parlerons une autre fois. » Il sauta à l'heure même de son cheval pour me parler; je l'entretins un moment, puis il se remit en selle le plus agréablement du monde, pour retourner chez lui.

(idem)

Cette femme de tête ne se contente pas de gérer parfaitement la maisonnée (ils eurent 10 enfants!) pendant les absences de son mari. Elle s'engage à fond dans les événements de la Fronde. Se déguise en homme, parcourt la France à cheval, se rend en mission à Bordeaux. Elle assiste aux pillages des soldats, évoque viols, incendies et violences de tout genre. Elle apaise les habitants de sa ville sans jamais perdre son sang-froid. C'est vraiment une intrépide. Plus tard, elle connaît la mort de son mari, celle de plusieurs de ses fils. Elle surmonte ses malheurs grâce à sa foi, son équilibre, sa confiance dans le destin. Tout cela dans un style vif, alerte, efficace, qui n'a rien à voir avec l'écriture du XVIIe. Tout cela avec une sorte de détachement vis-à-vis d'elle-même, vis-à-vis des biens matériels et vis-à-vis des événements narrés. Voici peut-être l'aspect qui m'a le plus frappée chez cette femme insolite et engagée.

Ajoutons que ces « *Mémoires* » constituent un document littéraire mais aussi historique. Beau témoignage de la vie quotidienne et des révoltes politiques du grand siècle. Dernier détail : les « *Mémoires* » de Catherine Meurdrac furent publiés en 1681 et réédités en... 1982.

Une autre écrivaine se distingue dans ce genre particulier et surprend par son audace, son humour et sa liberté de ton. Il s'agit de la ***Princesse Palatine*** (Elisabeth-Charlotte, duchesse d'Orléans, 1652-1722). Personnalité hautement officielle, puisque cette Allemande épousa le frère de Louis XIV. Ses «*Mémoires*» sont un régal: une vision crue, impitoyable de la fastueuse vie de cour. Quel humour dévastateur! Hélas pour nous, cette écrivaine rédigea en allemand. Je tenais cependant à mentionner cette princesse subversive, au style lapidaire. Avis aux curieux, aux curieuses.

7. LES CONTES DE FEES

Les contes de fées en France ? Charles Perrault ! Mais encore ? Il faut reconnaître que l'histoire littéraire a offert à Perrault la première (et l'unique) place. De plus, elle lui a attribué, faussement, de nombreux contes ! Il serait temps de revoir l'histoire et de nuancer les jugements.

La fin du XVIIe siècle voit monter puis déferler une marée de contes de fées. C'est la grande folie, l'engouement frénétique. Marie-Catherine d'Aulnoy, la première, ose en publier un. Elle l'insère dans son roman «*Histoire d'Hypolite*» en 1690. Perrault en fournit plusieurs en 1693 et 1694, en vers. Enfin, Marie-Jeanne L'héritier de Villandon se lance dans la publication d'une série de contes, tous en prose. La voie est ouverte. Suivront Catherine Bernard (en 1696), Marie-Catherine d'Aulnoy et Charles Perrault en 1697. D'autres conteuses prendront le relais.

D'emblée, on constate une majorité de femmes. Pourquoi ? Peut-être parce qu'elles se sentaient plus proches de la tradition orale transmise par les nourrices et gouvernantes ? Ou parce que les écrivains leur concédèrent du terrain dans ce domaine considéré comme frivole ? Mais comment expliquer cette fureur ? Les raisons sont multiples. Elles s'enracinent dans l'histoire littéraire, dans la préciosité, dans la vie de cour et, enfin, dans la marginalité des conteuses... A la fin du siècle, les romans historiques foisonnent et se caractérisent par leur longueur et... leur ennui. Le public souhaiterait un genre plus court et plus attrayant. Le conte de fées répond à ce besoin. De plus, celui-ci va facilement faire son entrée dans les salons. Sa brièveté, son charme, sa finesse, sa féerie vont plaire aux mondains et aux précieux. Par ailleurs, son merveilleux ne s'harmonise-t-il pas avec la magnificence de la vie de cour ? Et, lorsque celle-ci versera peu à peu dans le déclin, le conte prodiguera tout son pouvoir d'évasion. Enfin, les conteuses sont pour la plupart des femmes très libres que la société punit vertement en les envoyant au couvent. Que faire, dans cette existence cloîtrée ? S'offrir une compensation, un défoulement grâce au conte.

Défoulement pour tous les écrivains d'ailleurs. Car le conte ne représente en aucun cas un genre sérieux, un engagement littéraire important. Il n'est qu'une bagatelle ! Souvent, un texte écrit trop hâtivement. Si Charles Perrault apprenait qu'il doit l'immortalité à ses contes, il serait ahuri.

D'où vient la matière de ces contes ? Principalement de la tradition orale et populaire. Ironique revanche de cette veine (méprisée par l'élite mondaine) qui tout à coup force la porte des salons et de la littérature ! Matière riche, ancestrale, aux éléments fréquemment universels, transmise par les nourrices et les gouvernantes. En un mot, la tradition de «la mère l'oye». Les conteurs vont puiser dans ce fonds fabuleux et amalgamer les éléments chacun à leur manière, selon leur personnalité.

Des sources écrites ont été également exploitées, mais dans une moindre mesure. Rappelons les lais de Marie de France, les romans chevaleresques du Moyen Age. Toute cette littérature restait bien vivante au XVIIe grâce notamment à la célèbre Bibliothèque Bleue qui publia de nombreux volumes regroupant des vies de saints, des almanachs, facéties, romans chevaleresques. Ces éditions peu coûteuses étaient très lues dans les classes populaires. Nouvelle ironie du sort qui voulut que l'élite s'inspirât de ce fonds... tout en le méprisant ! Enfin, la sorcellerie et la magie de « *L'Astrée* » nourrirent l'imagination de certains conteurs.

Mais la question subsiste : pourquoi donc Perrault fut-il le seul grand conteur retenu par l'histoire ? Parce qu'il voulut respecter fidèlement et simplement la matière des contes oraux. Parce qu'il voulut s'adresser davantage aux enfants. Bien. Mais ceci explique-t-il l'injustice littéraire ? Pourquoi lui a-t-on allègrement attribué tant de contes qui furent écrits par d'autres ? Y aurait-il ici, encore une fois, phénomène d'occultation de la littérature féminine ? Car il faut bien reconnaître que la majorité des conteurs furent des femmes.

Marie-Catherine d'Aulnoy, la baroque (1650 ?-1705)

Commençons par la plus grande, la plus talentueuse.

Sa biographie nous met déjà dans l'ambiance. Marie-Catherine est née dans les environs d'Honfleur, en Normandie. Région riche en légendes ! On la marie, à 16 ans, à un homme débauché. Premier scandale : Marie-Catherine et sa mère se liguent contre lui et le piègent dans un crime de lèse-majesté. Le mari s'en tire, mais deux complices sont condamnés à mort. Second scandale, mais ici il s'agit de présomption : Marie-Catherine aurait tenté d'empoisonner le mari de madame Ticquet. Vie mouvementée donc, agrémentée de voyages, d'exils et de séjours forcés au couvent. L'écrivaine se tailla, rapidement, une belle notoriété.

Perrault choisit la sobriété. Marie-Catherine d'Aulnoy choisit, elle, le baroquisme. Parmi ses très nombreux contes, citons ceux-ci : « *Gracieuse et Percinet* », « *La belle aux cheveux d'or* », « *L'oiseau bleu* », « *Le rameau d'or* », « *La bonne petite souris* », « *Le mouton* », « *Finette cendron* », « *Fortunée* », « *Babiole* », « *Le nain jaune* », « *Serpentin Vert* », « *La biche au bois* », « *La chatte blanche* ».

Le thème central, c'est l'amour. Non pas l'amour galant, mais l'amour-passion. Deux êtres, le plus souvent très beaux, sont frappés par l'amour. Aussitôt se dressent obstacles et dangers : malédictions, vengeances de personnages jaloux et envieux, ou encore épreuves infligées par l'amoureuse à l'amoureux pour tester sa passion. Mais l'amour triomphe. Les unions heureuses couronnent les récits. Les héros appartiennent à l'élite. Il s'agit de rois, reines, princes, princesses. Si d'aventure Marie-Catherine met en scène une fille pauvre (Fortunée par exemple), elle nous dévoile par la suite sa « grande naissance ».

Univers tranché, contrasté que celui de Marie-Catherine, où tout se joue, tout se déchire entre ces deux pôles : la beauté et la laideur. Ces deux notions symbolisent bien sûr le bien et le mal, qui sous-tendent l'œuvre entière dans un incessant combat. Marie-Catherine célèbre, à chaque fois, la victoire du bien, mais à quel prix ! Avec quelle cruauté ne châtie-t-elle pas les méchants !

On le voit, l'auteure respecte les lois du genre mais transfigure la matière populaire par sa fulgurante personnalité. Une vraie alchimie. Les grands traits de cette personnalité : le goût du romanesque, de l'excessif, de l'exagération. L'amour fou de la beauté, la fascination de la laideur. L'imagination délirante, foisonnante, explosive. La jouissance de raconter. L'inspiration sans garde-fou, qui fonce dans l'étrange, le visionnaire, le fantastique. La cruauté et la tendresse. L'humour. Bref, un tempérament coloré, puissant, baroque, servi par une écriture brillante, efficace et dompté par une architecture rigoureuse... Mais voyons tout cela de plus près.

Marie-Catherine est une amoureuse de la beauté sous toutes ses formes. Visages, corps, vêtements, parures, demeures, bijoux, pierres précieuses. Chaque conte est un hymne à la beauté. Celle-ci bascule en une seconde dans le merveilleux : châteaux en cristal de roche, livres superbes dont les illustrations se mettent à vivre, par exemple. Fascination pour le raffinement et le luxe, fraîcheur d'invention, comme en témoigne cet extrait :

> En faisant ces réflexions, elle s'avançait vers le lieu où elle entendait bêler; mais quelle fut sa surprise en arrivant dans un endroit assez spacieux, tout entouré d'arbres, de voir un gros mouton plus blanc que la neige, dont les cornes étaient dorées, qui avait une guirlande de fleurs autour du cou, les jambes entourées de fils de perles d'une grosseur prodigieuse, quelques chaînes de diamants sur lui, et qui était couché sur des fleurs d'orangers? Un pavillon de drap d'or, suspendu en l'air, empêchait le soleil de l'incommoder; une centaine de moutons parés étaient autour de lui, qui ne paissaient point l'herbe; mais les uns prenaient du café, du sorbet, des glaces, de la limonade; les autres des fraises, de la crème et des confitures; les uns jouaient à la bassette, d'autres au lansquenet; plusieurs avaient des colliers d'or enrichis de devises galantes, les oreilles percées, des rubans et des fleurs en mille endroits.
>
> («Le mouton»)

Jolie découverte que celle de Merveilleuse. Apparaît ici une autre caractéristique de Marie-Catherine: son amour des animaux. Son univers grouille d'animaux divers, «beaux» et «laids». Oiseaux, souris, moutons, singes, serpents, biches, chats, grenouilles, rats, écrevisses, dragons, etc. Une vraie ménagerie. Ces animaux sont dotés d'un comportement humain dans la mesure où il y a métamorphoses, animalisations. Et c'est grâce à l'amour (ou à une bonne fée) que l'animal recouvre son humanité. Marie-Catherine déploie tout un vocabulaire animalier et... nouveau. Ses néologismes l'amusent manifestement (souriquois, miaulard, grenouillique). Et quelle tendresse pour tous ces animaux, même «laids»!

Fascination de la beauté. Fascination de la laideur. La conteuse manie à plaisir les contrastes et s'en délecte. Elle adore décrire des personnages ou des animaux affreux, repoussants, avec un luxe de détails. Certains noms annoncent la couleur: Grognon, Truitonne. Sans doute le sadisme pointe-t-il dans certains passages. De même que l'ironie. Un exemple? Le nain jaune (et hideux) dépeint à la reine l'avenir qu'il propose à sa fille, Toute-Belle:

> La reine était si troublée, qu'elle ne voyait pas une porte ménagée dans cet arbre; enfin elle l'aperçut et l'ouvrit; elle donnait dans un champ d'orties et de chardons. Il était entouré d'un fossé bourbeux, et un peu plus loin une maisonnette fort basse, couverte de paille. Le Nain jaune en sortit d'un air enjoué; il avait des sabots, une jaquette de bure jaune, point de cheveux, de grandes oreilles, et tout l'air d'un petit scélérat.
>
> «Je suis ravi, dit-il à la reine, madame ma belle-mère, que vous voyiez le petit château où votre Toute-Belle vivra avec moi; elle pourra nourrir, de ces orties et de ces chardons, un âne qui la portera à la promenade; elle se garantira sous ce rustique toit de l'injure des saisons; elle boira de cette eau et mangera quelques grenouilles qui s'y nourrissent grassement; enfin, elle m'aura jour et nuit auprès d'elle, beau, dispos et gaillard comme vous me voyez; car je serais bien fâché que son ombre l'accompagnât mieux que moi.»
>
> («Le nain jaune»)

Mais Marie-Catherine, si elle aime les oppositions, aime aussi l'ambiguïté. En fait, rien n'est simple et sûr. La beauté risque à chaque seconde de se muer en laideur, le bien en mal. Univers inquiétant. A la naissance de Désirée, par exemple, la reine convoque les fées :

> Chacune avait son chariot de différente manière : l'un était d'ébène, tiré par des pigeons blancs; d'autres d'ivoire, que de petits corbeaux traînaient; d'autres encore de cèdre et de canambou. C'était là leur équipage d'alliance et de paix; car, lorsqu'elles étaient fâchées, ce n'étaient que des dragons volants, que des couleuvres, qui jetaient le feu par la gueule et par les yeux; que lions, que léopards, que panthères, sur lesquels elles se transportaient d'un bout du monde à l'autre en moins de temps qu'il n'en faudrait pour dire bonjour ou bonsoir; mais, cette fois-ci, elles étaient dans la meilleure humeur possible.

(« La biche au bois »)

Il arrive aussi que certains personnages soient très laids, extérieurement. Ces malheureux sont victimes d'un mauvais sort. Il faut l'intervention d'une fée bénéfique (au terme de folles péripéties) pour les libérer de leur sordide apparence. Dans « *Le rameau d'or* », Torticolis deviendra Sans-Pair. Et Trognon deviendra Brillante. La conteuse prend un malin plaisir à jouer avec cette constante précarité, ces constantes menaces.

Autre grande caractéristique de Marie-Catherine : la cruauté. Cruauté qu'elle assaisonne d'ironie, d'humour, de malice, de sadisme, de cynisme. Et quelle délectation dans l'invention des châtiments, des épreuves, des punitions. Un exemple de cruauté malicieuse, servie par une vive imagination et le sens du détail :

> Elle entra dans une salle où le jour ne venait que par un petit trou : elle était tapissée d'ailes de chauves-souris. Il y avait douze chats, pendus au plancher, qui servaient de lustres et qui faisaient un miaulis à faire perdre patience; et, sur une longue table, douze grosses souris attachées par la queue, qui avaient toutes devant elles un morceau de lard où elles ne pouvaient atteindre; de sorte que les chats voyaient les souris sans les pouvoir manger, les souris craignaient les chats et désespéraient de faim auprès d'un bon morceau de lard.

(« Le rameau d'or »)

Cruauté raffinée, vengeance choisie et humour, dans « *La bonne petite souris* ». Remarquons, au passage, la souplesse de l'écriture, le rythme et l'emploi des temps parfaitement maîtrisés :

> Comme le méchant roi allait se coucher, la fée se met en petite souris et se fourre sous le chevet du lit : dès qu'il voulut dormir, elle lui mordit l'oreille; le voilà bien fâché. Il se tourne de l'autre côté, elle lui mord l'autre oreille; il crie au meurtre, il appelle pour qu'on vienne; on vient, on lui trouve les deux oreilles mordues, qui saignent si fort qu'on ne pouvait arrêter le sang. Pendant qu'on cherchait partout la souris, elle en fut faire autant au fils du méchant roi; il fait venir ses gens, et leur montre ses oreilles qui étaient tout écorchées; on lui met des emplâtres dessus. La petite souris retourna dans

la chambre du méchant roi qui était un peu assoupi; elle mord son nez et s'attacha à le ronger; il y porte les mains, et elle le mord et l'égratigne. Il crie: «Miséricorde, je suis perdu!» Elle entre dans sa bouche et lui grignotte la langue, les lèvres, les joues. L'on entre, on le voit épouvantable, qui ne pouvait presque plus parler, tant il avait mal à la langue; il fit signe que c'était une souris; on cherche dans la paillasse, dans le chevet, dans les petits coins, elle n'y était déjà plus; elle courut faire pis au fils, et lui mangea son bon œil (car il était déjà borgne).

Cruauté imprégnée de cynisme dans «*L'oiseau bleu*». Le bel oiseau est victime du piège tendu par la reine:

Mais elle l'appela toute la nuit inutilement, il ne parut point; car la méchante reine avait fait attacher aux cyprès des épées, des couteaux, des rasoirs, des poignards; et lorsqu'il vint à tire d'aile s'abattre dessus, ces armes meurtrières lui coupèrent les pieds; il tomba sur d'autres, qui lui coupèrent les ailes; et enfin, tout percé, il se sauva avec mille peines jusqu'à son arbre, laissant une longue trace de sang.

Belle diversité dans les épreuves qu'infligent les méchants aux innocents: retrouver une bague dans une rivière, ne pas voir le jour pendant 15 ans, trier des tonnes de plumes d'oiseaux différents (et semblables!). Ces épreuves se rapprochent des rites initiatiques. Autre facette de la cruauté: l'intransigeance. La morale de l'écrivaine s'avère implacable. Elle condamne impitoyablement les fourbes, les envieux, les égoïstes, les jaloux. Défend bien sûr la bonté, la générosité, l'honnêteté. Elle semble se montrer plus sévère encore vis-à-vis des femmes et de certains défauts soi-disant féminins, tels la curiosité, l'impatience, le caprice, la vanité.

La conteuse se permet quelques coups de griffes à l'égard de son époque et de certaines catégories de gens. Les femmes laides, par exemple, qui cherchent à tout prix à séduire! Ces malheureuses sont d'ailleurs transformées en guenons. Marie-Catherine condamne aussi les mariages arrangés. Ou certains travers répandus, comme celui-ci:

Elle les remercia fort, et ne manqua pas de les changer de présents; car, encore que les fées fussent bien riches, elles voulaient toujours qu'on leur donnât quelque chose; et cette coutume a passé depuis chez tous les peuples de la terre, sans que le temps l'ait détruite.

(«Serpentin-Vert»)

Chaque conte se termine par une brève morale en vers, très conventionnels. Amusant, ce contraste avec la prose délirante. Amusante, cette morale froide et sévère de la part d'une femme dont la vie ne fut pas angélique.

Dernier aspect, assez insolite dans la littérature du XVIIe: le fantastique. Marie-Catherine écrit sans barrières, sans garde-fou et, à certains moments, plonge dans l'étrange, le fantastique ou le visionnaire.

Le soleil, par exemple, dans «*Le nain jaune*», qui rougit subitement puis s'obscurcit. Ou les mains (sans corps) qui accueillent le jeune prince dans un château («*La chatte blanche*»). Ou encore cette très belle composition en abîme (la conteuse les affectionne) dans «*Le rameau d'or*». Torticolis vient de découvrir un tire-bourre, dans le mur d'un donjon:

> Enfin il vit un petit trou, et soupçonnant que le tire-bourre lui serait utile, il l'y mit; puis, tirant avec force, il ouvrit l'armoire. Mais autant qu'elle était vieille et laide par dehors, autant était-elle belle et merveilleuse par dedans; tout les tiroirs étaient de cristal de roche gravé, ou d'ambre, ou de pierres précieuses; quand on en avait tiré un, l'on en trouvait de plus petits aux côtés, dessus, dessous et au fond, qui étaient séparés par de la nacre de perle. On tirait cette nacre, et les tiroirs ensuite; chacun était rempli des plus belles armes du monde, de riches couronnes, de portraits admirables. Le prince Torticolis était charmé; il tirait toujours sans se lasser. Enfin il trouva une petite clef, faite d'une seule émeraude, avec laquelle il ouvrit un guichet d'or qui était dans le fond; il fut ébloui d'une brillante escarboucle qui formait une grande boîte. Il la tira promptement du guichet; mais que devint-il lorsqu'il la trouva toute pleine de sang, et la main d'un homme qui était coupée laquelle tenait encore une boîte de portrait.

Voici donc quelques grandes caractéristiques de l'univers de Marie-Catherine d'Aulnoy. Mais l'essentiel — faut-il le dire? — résiste à l'analyse et aux commentaires. Je veux parler du charme tout-puissant, du don d'envoûtement. Elles sont à lire, à relire, à déguster, ces «bagatelles».

Catherine Bernard, la subtile (1662-1712)

Catherine Bernard, la brillante romancière, est également conteuse.

En 1696, elle publie «*Inès de Cordoue, nouvelle espagnole*». Il s'agit d'une intrigue romanesque sur fond historique, mais qui sert surtout à présenter deux contes, «*Le Prince Rosier*» et «*Riquet à la Houppe*». Ces contes sont racontés par deux dames de la cour, en fait deux rivales. Chacune essaie de surpasser l'autre par la qualité de son récit. Conclusion: «*Le Prince Rosier*» est supérieur à «*Riquet à la Houppe*»! N'empêche que tous deux sont des réussites et justifient la place de Catherine Bernard dans ce chapitre.

Celle-ci fut probablement la première à exploiter l'histoire de Riquet, ce monstre intelligent qui rencontre une belle fille stupide. «Je suis par le corps ce que vous êtes par l'esprit». Le récit pétille grâce à l'ironie, l'humour, la malice, la souplesse du style. Mais Catherine nous surprend par l'orientation du conte. Chez elle, pas de merveilleux béat, pas de fin automatiquement heureuse, mais le réalisme et l'amertume nimbés de fraîcheur ! Voici les dernières lignes de «Riquet»:

> Elle se vit deux maris au lieu d'un, et ne sut jamais à qui adresser ses plaintes, de peur de prendre l'objet de sa haine pour l'objet de son amour; mais peut-être qu'elle n'y perdit guère. Les Amans à la longue deviennent des maris.

(«Inès de Cordoue, nouvelle espagnole»)

«*Le Prince Rosier*» est un des contes les plus exquis du XVIIe. Il annonce le raffinement poétique de Gabrielle de Villeneuve. Le merveilleux naît naturellement, spontanément, lorsque Florinde se balade un jour dans un parc:

> Un jour qu'elle s'y promenait dans un parterre, elle aperçut un rosier plus vert et plus fleuri que les autres, qui courbant ses petites branches à son approche, semblait lui donner de l'approbation à sa manière...

(*idem*)

Phénomène qui provoque en Florinde tout un mélange de sentiments. Il faut préciser qu'une fée a lancé auparavant un avertissement étrange: «Mais son malheur sera extrême, s'il faut qu'un jour elle aime l'Amant qu'elle ne verra pas». La résistance de Florinde se laisse fléchir par le sentiment:

> Peu de jours après, le voyant trop exposé aux injures de l'air, elle lui fit bâtir un petit cabinet de marbre, soutenu par des pilastres, où elle l'allait visiter souvent; insensiblement elle s'accoutumait à lui donner dans son esprit une figure humaine, et même une figure aimable; peu à peu elle souffrit qu'il lui parla d'amour. Il lui semblait que les discours d'un arbre ne pouvaient être dangereux. Le rosier sut se prévaloir de cette disposition favorable; il en disait beaucoup, mais il faisait entendre qu'en supprimait encore davantage; et par un désordre au-dessus de l'éloquence, il la persuadait qu'elle était très tendrement aimée.

(*idem*)

Quelques larmes versées sur les feuilles métamorphosent le rosier en prince charmant. Happy end? Nullement. Après le bonheur fulgurant, voici les nuages réalistes: l'inconstance du prince, la souffrance de Florinde. «Le mariage, selon la coutume, finit tous les agréments de leur vie». Et Catherine termine sur une note à la fois poétique, ironique et mélancolique:

> De son côté, Florinde jalouse, avait la tête si faible, qu'elle ne pouvait souffrir l'odeur d'une fleur qui la faisait ressouvenir de son amour; c'est depuis ce temps-là que les roses ont toujours donné des vapeurs.

(*idem*)

Henriette-Julie de Murat, la végétale (1670-1716)

Une Bretonne, à présent. Une aristocrate (imprégnée de légendes) qui débarque à Paris et fait ses débuts à la cour... habillée en bretonne! La comtesse de Murat entame alors une courte carrière, vite compromise, dans la vie galante et mondaine. Celle-ci est interrompue par un exil à Loches, jusqu'en 1715. Dans cette province, la séductrice fait connaissance avec la solitude et la maladie. Les contes de fées lui fournissent l'évasion et le divertissement. Sa vie? Une rencontre entre l'hédonisme et la souffrance...

Quel merveilleux a-t-elle forgé? Henriette-Julie rejette toute tradition populaire, tout le clan des «vieilles fées». Elle se tourne résolument vers les mythologies et glane, à sa guise, lutins, gnomes, nayades, salamandres, silphes, tritons, sirènes. Elle rassemble tous ces éléments disparates en les annexant à la préciosité et à la galanterie!

Autre surprise: sa féerie limitée. Même si les fées, chez elle, sont naturellement présentes et familières, elles ne possèdent qu'un pouvoir restreint. L'amour n'est pas de leur ressort. «Le pouvoir des fées ne peut s'étendre sur les qualités du cœur». Résultat: un certain réalisme dans le domaine amoureux. Ainsi, on rencontre, dans ses contes, un prince qui se suicide, un autre qui se révèle volage et infidèle, une princesse qui possède tout... et s'ennuie. Henriette-Julie ne craint pas d'évoquer les dangers de l'amour-passion et l'usure du bonheur.

Mais ce réalisme est compensé, contrebalancé par la qualité dominante de l'écrivaine: l'ivresse végétale. Sa vraie féerie est végétale. Tous ces contes sont imprégnés de plantes, d'arbres, de fleurs, de parfums, de nuances, de camaïeux. Une fête sensorielle, qui jaillit avec une fraîcheur vraiment séduisante. Voici un extrait de «*L'heureuse peine*»:

> La reine arriva dans une vaste campagne, & apperçut de fort loin une grande tour; mais quoiqu'on la vît de loin, il y avoit bien des détours pour y arriver: elle étoit de marbre blanc, elle n'avoit point de porte; les fenêtres, faites en arcades, étoient de crystal; une belle rivière, dont les ondes paroissoient d'argent, battoit le pied de la tour; elle tournoit neuf fois à l'entour. La reine avec toute sa cour arriva au bord de l'eau qui commençoit là le premier cercle qu'elle faisoit autour de la demeure de la fée. La reine la passa sur un pont de pavots blancs, que le pouvoir de Lumineuse avoit rendu aussi sûr & aussi durable, que s'il eût été bâti d'airain.

(in «Le Cabinet des fées»)

Ce pont de pavots blancs livre un «labyrinthe charmant, tout de jasmin et de lauriers roses». Le second pont est tissé d'anémones blanches. Il livrera «une forêt d'acacias toujours fleuris». D'autres ponts offriront leurs enchantements respectifs.

Dommage que la conteuse aime tellement broder. Elle s'amuse, c'est évident, mais au détriment de la maîtrise narrative. Son réalisme amoureux et sa féerie végétale méritent cependant qu'on lui accorde un peu d'attention. Je citerais, pour clôturer, quelques-uns de ses contes: «*Le parfait amour*», «*Anguillette*», «*Le prince des feuilles*», «*Jeune et Belle*».

Marie-Jeanne Lhéritier de Villandon (1664-1734) *et les autres*

La plus sage des conteuses! Cette parente de Perrault est cultivée et tient salon. C'est la première, je le rappelle, qui publia un recueil de contes en prose. Elle fit plus: elle défendit ce genre avec acharnement et le lança dans les salons.

Son meilleur conte s'intitule «*L'adroite princesse ou les aventures de Finette*». Pendant un siècle et demi, on l'attribua à Perrault... «*Finette*» occupe une place à part parmi les contes. Marie-Jeanne ne puise ni dans la tradition orale, ni dans la mythologie, ni dans la préciosité. Elle plonge en elle-même et dans ses idées! Finette atteint le bonheur par elle-même. Elle est sa propre fée. Un des personnages féminins les plus actifs, les plus autonomes que j'ai rencontré dans ce genre. Histoire bien construite, servie par une écriture élégante et maîtrisée. Seul regret: l'intention trop explicitement morale. Mais nous sommes au XVIIe.

Pour boucler ce panorama, je signalerais encore Charlotte-Rose de La Force, Louise d'Auneuil et Catherine Bédacier qui, toutes trois, choisirent le conte précieux. Trop précieux, hélas.

Je tenais à consacrer ce nombre de pages au conte de fées. Tout d'abord parce que ce genre littéraire a été (et est encore) méprisé par de nombreux érudits. Vieille hiérarchie des genres! Ensuite parce que je crois qu'il est indispensable de relativiser l'importance de Charles Perrault. Celui-ci s'est engagé dans une voie précise et l'a exploitée avec bonheur. Mais il faut aujourd'hui mettre en lumière la création de plusieurs conteuses, avec leur singularité, leur originalité. Marie-Catherine d'Aulnoy la première qui, à mes yeux, est égale à Perrault tout en se situant aux antipodes du conteur. Il s'agit aussi de restituer à chaque auteur(e) ce qui lui est dû. Je parle bien sûr des œuvres et non des thèmes puisque ceux-ci proviennent souvent de sources communes et orales.

NOTES

[1] Claude Dulong, *La vie quotidienne des femmes au grand siècle*, Paris, Hachette, 1984.
[2] Catherine Bernard, *Les malheurs de l'amour, Première nouvelle, Eléonore d'Yvrée*, Genève, Slatkine Reprints, 1979.
[3] Alphonse Séché, *Les muses françaises*, Paris, Louis Michaud éd., 1908.
[4] In *Correspondance authentique de Ninon de Lenclos* par Emile Colombey, Genève, Slatkine Reprints, 1968.
[5] *Idem*.
[6] In *Lettres de Ninon de Lenclos* par A. Bret, Paris, Garnier, s.d.

La littérature du dix-huitième siècle

INTRODUCTION

Les femmes

Le XVIIIe : un siècle qui fait craquer la vieille écorce absolutiste. Un siècle de défoulements, de tensions, de soulèvements au nom de la liberté, de l'esprit critique, du sens social. Un siècle effervescent, sous-tendu par le désir de progrès, de connaissance, de bonheur.

Et les femmes ? Quels furent leur rôle, leur place, leur implication ? La réponse est laconique, si l'on s'en tient aux constats d'ordre juridique. Absence de statut, dépendance vis-à-vis du mari, aucun droit de propriété. L'instruction féminine alimente bien des débats. Mais les possibilités de s'instruire restent très limitées dans la mesure où les préjugés freinent l'évolution. Sur le plan économique, guère de changements non plus. Si l'industrie a remplacé la fabrique, le salaire des ouvrières demeure nettement inférieur à celui des ouvriers. Les femmes constituent une sorte de sous-sous-prolétariat... De plus, les patrons n'apprécient pas leur présence qui entraîne, selon eux, un climat de débauche. Des révoltes féminines explosent çà et là, malheureusement trop ponctuelles.

Pourtant quelque chose change, au XVIIIe siècle, au niveau de l'esprit et des mentalités. Une légère libération ? Disons une rigidité moindre.

Un air moins étouffant pour les femmes. Les défoulements de la Régence, le libertinage admis (et même encouragé!), l'idée omniprésente de liberté, le sens social, les idéaux humanitaires, tout cela concourt à assouplir les carcans. La notion de mariage évolue quelque peu : l'union des intérêts tolère, de temps en temps, la prise en considération du sentiment... Et les filles sont parfois mariées un peu moins jeunes. Nul doute que des femmes aient participé à l'éclosion de ce climat de tolérance et qu'elles l'aient gagné à force de luttes déjà séculaires.

Grâce à ce relatif assouplissement, des femmes décident de prendre un certain pouvoir. Des femmes de l'élite pour la plupart, mais aussi quelques-unes de «basse extraction». Des femmes partent donc à l'assaut du pouvoir politique, se lancent et excellent dans le réseau complexe des intrigues. Certaines choisissent le pouvoir culturel par le biais des salons et perpétuent ainsi la tradition du XVIIe. Les salons ont tendance à se spécialiser mais tous intensifient le bouillonnement culturel et intellectuel. Parmi les plus connus, celui de Marie-Thérèse Geoffrin, de Marie du Deffand, de Julie de Lespinasse. Enfin, certaines osent affronter le domaine de la création.

Pourrait-on dès lors proclamer, comme de nombreux érudits, que le XVIIIe fut le règne de la femme? Non! Des femmes sont présentes, en coulisse et sur scène, mais ne jouissent d'aucun statut. Et ce climat de permissivité (ou de prise de pouvoir des femmes!) sera anéanti à la fin du siècle. Les femmes n'auront pas réussi leur Révolution française. Le Code civil les jettera dans un enfermement quasi carcéral.

Les écrivaines

Ne nous leurrons pas. Si ce siècle accepte un certain libertinage féminin, il ne tolère toujours pas que des femmes s'engagent dans la création. N'empêche que de multiples audacieuses exploitent les ébullitions du siècle pour s'affirmer dans l'écriture.

Elles s'essaient à tous les genres, brillent particulièrement dans l'art épistolaire. Elles s'emparent d'un thème nouveau, celui de l'éducation. Elles s'aventurent dans diverses voies romanesques.

Le bilan: une production abondante, attachante, méconnue. Parfois avant-gardiste: certains ouvrages jettent, par exemple, les bases du préromantisme. Une production qui trouve son apogée dans l'œuvre d'Isabelle de Charrière. Presque un siècle pour rencontrer une création extrêmement puissante et originale? Peut-être. J'ai le sentiment que de nombreuses écrivaines ont cumulé leurs actions au cours du siècle et se sont quelquefois dissipées dans leur tourbillon. Mais qui pourrait les blâmer d'avoir cherché à agir sur différents plans à la fois? Ou d'avoir, de temps en temps, sacrifié l'écriture au profit du libertinage et des mondanités? Les femmes du XVIIIe avaient grand besoin de respirer... et elles respirèrent.

Le plan adopté est simple. Il est basé sur la distinction des genres. J'ai décidé par ailleurs de consacrer un chapitre à l'éducation, thème majeur. Et de mettre en évidence Isabelle de Charrière. Chaque chapitre obéit bien sûr à un ordre chronologique.

Commençons par le conte de fées. Celui-ci assurera un lien avec le XVIIe siècle.

PLAN

1. Les contes de fées
2. Le genre épistolaire
3. L'éducation, thème majeur
4. Les mémoires
5. Le roman : du romanesque au psychologique
6. Isabelle de Charrière ou l'indépendance d'esprit
7. Les écrits révolutionnaires

1. LE CONTE DE FEES

C'est dans ce genre que l'on découvre la véritable poésie du XVIIIe. C'est dans le merveilleux qu'elle jaillit, spontanément. Rien à voir avec ce fatras de poèmes conventionnels, mondains, que le XVIIIe nous déverse.

Rappelons-nous la vogue du conte de fées à la fin du XVIIe, cette espèce de feu d'artifice littéraire. Le public du XVIIIe reste friand du genre, d'autant plus que le conte évolue et rencontre les changements de mentalités. Le merveilleux se met au service de la philosophie, de la morale ou de l'éducation. De nombreuses écrivaines élisent ce genre, avec plus ou moins de bonheur. J'en épingle deux.

Gabrielle de Villeneuve (1695-1755)

Une des grandes conteuses du XVIIIe... spoliée pendant deux siècles! En effet, son œuvre culminante, «*La Belle et la Bête*», fut faussement attribuée à Marie Leprince de Beaumont.

Gabrielle de Villeneuve publie, en 1740, «*Les Contes marins ou la jeune Américaine*». Eut-elle peur de faire éditer des contes, ces «bagatelles» comme certains les appelaient? Toujours est-il qu'elle les introduisit par une intrigue romanesque. Une jeune Américaine s'ennuie pendant la traversée de l'Atlantique et demande à sa gouvernante de lui raconter des contes. Les lecteurs sont invités à monter à bord...

Premier conte: «*La Belle et la Bête*». D'emblée, Gabrielle enracine la narration dans le réalisme. Une famille ruinée est obligée de travailler durement à la campagne. Désenchantement pour les six filles, brutalement délaissées par leurs prétendants! Mais le merveilleux surgit au détour d'un chemin. Un merveilleux extrêmement sensoriel, raffiné, exquis, très esthétique. Et concentré dans le château de la Bête. Qu'on en juge: climat tout à coup très doux, orangers, porte en cristal de roche, mets servis magiquement, vêtements d'apparat, volières, animaux qui offrent des spectacles, musiques envoûtantes. Pendule qui sonne et clame à chaque coup le nom de Belle. Les féeries du château se livrent progressivement à l'héroïne:

> La Belle porta ses pas dans un grand salon qu'elle n'avait vu qu'une fois. Cette pièce était percée de quatre fenêtres de chaque côté: deux étaient seulement ouvertes et n'y donnaient qu'un jour sombre. La Belle voulut lui donner plus de clarté. Mais au lieu du jour qu'elle croyait y faire entrer, elle ne trouva qu'une ouverture qui donnait sur un endroit fermé. Ce lieu, quoique spacieux, lui parut obscur et ses yeux ne purent apercevoir qu'une lueur éloignée qui ne semblait venir à elle qu'au travers d'un crêpe extrêmement épais. En rêvant à quoi ce lieu pouvait être destiné, une vive clarté vint

tout à coup l'éblouir. On leva la toile et la Belle découvrit un théâtre des mieux illuminé. Sur les gradins et dans les loges elle vit tout ce que l'on peut voir de mieux fait et de plus beau dans l'un et l'autre sexe.

(«Contes de Madame de Villeneuve»)

Féeries parfois surprenantes pour nous, lecteurs du XXe:

La dernière fenêtre n'étoit pas la moins agréable : elle lui fournissoit un moyen sûr pour apprendre tout ce qui se faisoit dans le monde. La scène étoit amusante & diversifiée de toutes sortes de façons. C'étoit quelquefois une fameuse ambassade qu'elle voyoit, un mariage illustre ou quelques révolutions intéressantes. Elle étoit à cette fenêtre dans le temps de la dernière révolte des janissaires, elle en fut témoin jusqu'à la fin.

(idem)

L'imaginaire de Gabrielle a découvert notre télévision! Ajoutons que la conteuse possède manifestement des notions scientifiques et qu'elle n'hésite pas, parfois, à fournir une explication rationnelle au merveilleux. Ce qui n'enlève rien à celui-ci :

Curieuse de voir de quelle étoffe était le tapis de la loge voisine de la sienne, elle en fut empêchée par une glace qui les séparait ce qui lui fit connaître que ce qu'elle avait cru réel n'était qu'un artifice qui, par le moyen de ce cristal, réfléchissait les objets et les lui renvoyait de dessus le théâtre de la plus belle ville du monde. C'est le chef-d'œuvre de l'optique de faire réverbérer de si loin.

(idem)

On devine que ce merveilleux s'adresse à des êtres raffinés, racés, supérieurs, comme la Bête et Belle. Il s'agit d'un merveilleux lié à de hautes valeurs morales.

Qu'est-ce qui fait le charme et la perfection de ce conte? Son déploiement agréable et maîtrisé, son écriture calme et élégante, sa richesse psychologique, l'humour et l'ironie légère. Un régal.

Un second volet complète le conte, «*Histoire de la Bête*», au cours duquel Gabrielle nous dévoile la profondeur psychologique et morale du monstre. Ce volet renouvelle ainsi l'éclairage de la première partie.

Autre conte: «*Les Nayades*». Un roi et sa fille sont chassés du royaume par le prince l'Ambitieux et échouent chez deux méchantes femmes. Mais les Nayades viennent secourir ces malheureux. Gabrielle nous offre à nouveau des féeries extrêmement fraîches et poétiques. Par exemple, la coiffure de Lisimène, œuvre des Nayades: des fleurs qui, au brossage, tombent puis repoussent sur la tête, plus voluptueusement. Contraste avec la coiffure infligée à Pigrièche, l'une des méchantes femmes: une forêt marécageuse, composée de boue, de limon, à l'odeur immonde!

Si Gabrielle s'amuse à fabriquer des contrastes, elle cisèle aussi des scènes délicates et harmonieuses. Un exemple? Les deux horribles créatures cherchent à éliminer Lisimène. Elles lui ordonnent de cueillir les poires d'un arbre immense, aux branches inaccessibles. Lisimène, sur le conseil d'une Nayade, joue du luth devant le poirier :

> ... cet arbre, qui avait plus de quinze pieds de circonférence, et qui paraissait assez dur pour soutenir sans danger la chute d'une maison, devint si souple qu'il fit toucher sa touffe à terre, et qu'elle fut maîtresse de choisir les plus belles poires. Il semblait même que l'arbre craignant de n'être pas assez étalé, l'invitait à passer sans crainte sur ses branches: car elles se glissaient adroitement sous les pieds de Lisimène, comme si elles lui avaient voulu indiquer les poires qui méritaient le mieux d'être cueillies; tandis que de son côté elle observait poliment de ne point marcher dessus, de peur de les froisser ou même de les rompre.

(idem)

Ici encore le merveilleux est lié aux valeurs morales. Le roi et sa fille, ces être purs, sont sauvés par les Nayades, êtres supérieurs. Mais jamais, dans l'œuvre de Gabrielle de Villeneuve, la morale ne vient alourdir le merveilleux. La fusion des deux est légère, éminemment poétique.

Marie Leprince de Beaumont (1711-1780)

Marie consacra sa vie à l'éducation en tant que préceptrice (notamment à Londres) et en tant qu'écrivaine. Son œuvre compte 70 volumes.

Elle utilisa le conte de fées à des fins morales. Strictement morales. Ce qui explique la brièveté des contes, l'absence de détails, le ton à la limite de la sécheresse. Nous sommes loin de Gabrielle de Villeneuve. Sa version de *« La Belle et la Bête »* (sans référence à Gabrielle !) obtient un gros succès dès sa publication, en 1757. Et pourtant, quel appauvrissement! Marie gomme toute la richesse psychologique, morale, esthétique, au profit de l'action, porteuse de morale. Le récit, linéaire, n'est qu'un squelette narratif pressé d'aboutir à la conclusion. Heureusement que la conteuse manie parfois l'humour et qu'elle possède le sens du dialogue. Ces qualités compensent la sèche rapidité du récit. En témoigne *« Mignonne et le prince Désir »*. Parce que son père a désobéi, le prince naît avec un très long nez. Mais il n'est absolument pas conscient de sa difformité, puisque l'on n'a réuni autour de lui que de longs nez. Une rencontre avec une fée va-t-elle le dessiller ?

> ... Le prince et la fée (car c'en était une) firent chacun un éclat de rire en se regardant et s'écrièrent tous deux en même temps: Ah! quel drôle de nez! — Pas si drôle que le vôtre, dit Désir à la fée: mais, madame, laissons nos nez pour ce qu'ils sont, et soyez assez bonne pour me donner quelque chose à manger, car je meurs de faim, aussi bien que mon pauvre cheval. — De tout mon cœur, lui dit la fée. Quoique votre nez soit

ridicule, vous n'en êtes pas moins le fils du meilleur de mes amis; j'aimais le roi votre père comme mon frère : il avait le nez fort bien fait, ce prince. — Et que manque-t-il au mien ? dit Désir. — Oh ! il n'y manque rien, reprit la fée; au contraire, il n'y a que trop d'étoffe : mais qu'importe, on peut être fort honnête homme et avoir le nez trop long.

(« Contes de fées »)

    Non. Il faudra attendre que Désir veuille embrasser Mignonne et qu'il échoue à cause de son handicap. La conteuse conclut en ces termes : « C'est ainsi que l'amour-propre nous cache les difformités de notre âme et de notre corps : la raison a beau chercher à nous les dévoiler, nous n'en convenons qu'au moment où ce même amour-propre les trouve contraire à ses intérêts ».

2. LE GENRE EPISTOLAIRE

Le XVIIIe, plus encore que le XVIIe, se nourrit d'échanges de lettres. Ce siècle plus social renforce le désir de communiquer. Une journée sans lettre (écrite ou reçue) est presque inconcevable pour l'élite cultivée. Cette intense correspondance brasse de multiples thèmes et sentiments. Commentaires sur l'actualité, éducation, intrigues politiques, amour, amitié, amitié amoureuse, etc.

De nombreuses femmes s'y engagent passionnément. Moyen assez facile pour elles de s'exprimer et de communiquer. Bref, d'élargir leur espace. Moyen aussi d'affûter leur plume. Résultat: elles nous offrent des milliers de pages brillantes, dignes de la littérature.

J'ai choisi quatre épistolières. Quatre tempéraments très différents.

Aïssé (vers 1695-1733)

Destin insolite que celui d'Aïssé, d'origine circassienne. A l'âge de 3 ou 4 ans, elle fut vendue par un marchand d'esclaves à un ambassadeur français. Elle grandit en France, bénéficia d'une éducation soignée, acquit une solide culture, tout en restant dépendante de son «aga». Distorsion entre sa basse naissance et sa formation. Elle s'éprit, à 27 ans, du chevalier d'Aydie et en eut une fille. Mais elle refusa farouchement de l'épouser, se sentant de condition trop indigne.

Sa correspondance nous livre donc cette vraie passion, tout à fait incongrue en ces temps de libertinage. Cette correspondance s'adresse à une rigide Suissesse, madame Calandrini, qui réussit à convaincre Aïssé d'éteindre sa passion coupable. Ce qui rend ces lettres attachantes, c'est d'abord le regard critique d'Aïssé sur la société du XVIIIe. Aïssé a conscience d'être marginale, extérieure, même si elle participe à la vie mondaine. Sa nature ingénue, sa simplicité, son humour, son sens de l'ironie, son écriture alerte renforcent ce recul:

> Le Roi est à Marly, où il tient table le soir; la Reine le matin. C'est une chose nouvelle; cela n'étoit point encore arrivé que la Reine eût mangé en public avec les dames. On parle de guerre; nos cavaliers la souhaitent beaucoup, et nos dames s'en affligent médiocrement: il y a long-temps qu'elles n'ont goûté l'assaisonnement des craintes et des plaisirs des campagnes; elles désirent de voir comme elles seront affligées de l'absence de leurs amans.
>
> («Lettres de Mademoiselle Aïssé à Madame Calandrini»)

Mais à côté des anecdotes frivoles et drôles, se joue un véritable drame. Aïssé subit de plus en plus l'influence, l'amitié moralisatrices de la Suissesse. Elle consacre toutes ses forces à l'étouffement de sa passion:

Hélas! que l'on est heureuse quand on a assez de vertu pour surmonter de pareilles foiblesses: car, enfin, il en faut infiniment pour résister à quelqu'un que l'on trouve aimable, et quand on a eu le malheur de n'y pouvoir résister. Couper au vif une passion violente, une amitié la plus tendre et la mieux fondée! Joignez à tout cela de la reconnoissance; c'est effroyable! la mort n'est pas pire.

(*idem*)

Et plus loin: «Je ne puis vous dire combien me coûte le sacrifice que je fais; il me tue.» Ceci n'est pas une image. Madame Calandrini réussit sa tentative d'assassinat. Aïssé décline, puis meurt à l'âge de 38 ans. Et nous, lecteurs, nous assistons à cette rapide consomption qui s'opère au cœur des fêtes libertines de la Régence.

Marie du Deffand (1697-1780)

Autre ton, autre plume. Voici une des femmes les plus caustiques, les plus mordantes du XVIIIe. Elle mena une vie très galante, tint un salon fréquenté, souffrit de l'ennui (la grande maladie du siècle), s'aigrit et finit ses jours en étant... aveugle et amoureuse.

Elle vilipende son siècle, exprime son amertume dans un style vif, net, incisif: «Je ne le suis guère (curieuse) de tous les écrits qui paraissent aujourd'hui. On en est inondé; à quoi cela servira-t-il? A faire des papillottes[1].» Ses traits furent célèbres. Un exemple: «L'homme a quatre fins à remplir: la première est de bien souper. J'ai oublié les trois autres[2].»

Sa volumineuse correspondance constitue un précieux témoignage sur la vie sociale, politique et morale du XVIIIe. Les lecteurs qui affectionnent les plumes acerbes savoureront sa prose. En voici un bref échantillon. Un portrait d'Emilie du Châtelet, la brillante femme de sciences:

Représentez-vous une femme grande et sèche, sans cul, sans hanches, la poitrine étroite, deux petits tétons arrivant de fort loin, de gros bras, de grosses jambes, des pieds énormes, une très-petite tête, le visage aigu, le nez pointu, deux petits yeux vert-de-mer, le teint noir, rouge, échauffé, la bouche plate, les dents clair-semées et extrêmement gâtées. Voilà la figure de la belle Émilie, figure dont elle est si contente qu'elle n'épargne rien pour la faire valoir: frisure, pompons, pierreries, verreries, tout est à profusion; mais, comme elle veut être belle en dépit de la nature, et qu'elle veut être magnifique en dépit de la fortune, elle est souvent obligée de se passer de bas, de chemises, de mouchoirs et autres bagatelles.

(«Correspondance complète»)

Julie de Lespinasse (1732-1776)

Peut-être la correspondance la plus passionnée du siècle. Et un des sommets du genre.

Julie est une fille naturelle. Elle découvre, tardivement, que son beau-frère est également son père! Elle débarque à Paris, en 1754. Grâce à son intelligence, sa beauté et sa culture, elle ne tarde pas à être connue et estimée des grands de l'époque. Elle tombe follement amoureuse du marquis de Mora, malade et souvent éloigné. Elle tente de se consoler dans l'amitié qu'elle porte à Monsieur de Guibert... Surimpression de sentiments, tourments passionnels qui la mèneront à la mort.

Julie se démarque par rapport à un certain XVIIIe sceptique et mondain. Voici quelques lignes inspirées par sa rencontre avec Diderot :

> C'est un homme extraordinaire : il n'est pas à sa place dans la société : il devait être chef de secte, un philosophe grec, instruisant, enseignant la jeunesse. Il me plaît fort ; mais rien de toute sa manière ne vient à mon âme ; sa sensibilité est à fleur de peau : il ne va pas plus loin que l'émotion. Je n'aime rien de ce qui est à demi, de ce qui est indécis, de ce qui n'est qu'un peu. Je n'entends pas la langue des gens du monde : ils s'amusent et ils bâillent ; ils ont des amis, et ils n'aiment rien. Tout cela me paraît déplorable. Oui, j'aime mieux le tourment qui consume ma vie, que le plaisir qui engourdit la leur...
>
> («Lettres de Mademoiselle de Lespinasse»)

Ce qui frappe chez Julie, c'est qu'elle allie l'analyse au sentiment. Lucidité et passion sont intenses, quasi absolues. L'épistolière se retrouve dans une impasse, ou plutôt un enfer : le marquis de Mora est mort et Monsieur de Guibert préfère l'ambition à l'amour. Cette souffrance, cette incandescence l'anéantiront.

Ce brûlant vécu se coule dans une écriture souple, très élégante. Julie maîtrise parfaitement l'architecture des phrases, les ruptures de ton. Avec un total naturel... et du métier. Quelques fragments de cette incandescence :

> Il faut que notre amitié soit grande, forte et entière ; que notre liaison soit tendre, solide et intime, ou il faut qu'elle ne soit rien du tout.
>
> Vous me pardonnerez de vous aimer moins lorsque je vous prouverai qu'on vous admirera davantage.
>
> Ah! mon Dieu, que l'esprit s'amoindrit en aimant! il est vrai que l'âme n'y perd rien ; mais que fait-on d'une âme?
>
> Vous m'arrachiez mon sentiment, et je voyais que vous n'étiez pas à moi : comprenez-vous toute l'horreur de la situation?

Mes lettres vous manquent, et ma présence ne vous est pas nécessaire.
Mon ami, je le sens, ma vie tient à ma folie : si je devenais calme, si j'étais rendue à la raison, je ne pourrais pas vivre vingt-quatre heures.

(idem)

Françoise-Eléonore de Sabran (1750-1827)

Françoise-Eléonore ou la tendresse. Cette épistolière nous livre, à la fin du XVIIIe, l'image d'un couple très équilibré, très proche de notre mentalité du XXe.

Françoise-Eléonore rencontra le chevalier de Boufflers à l'âge de 27 ans. Celui-ci refusa de l'épouser avant de s'être forgé une situation solide. Si bien qu'ils se marièrent 13 ans après! Et à la suite de très longues séparations puisque le chevalier séjourna notamment au Sénégal.

Ces amants s'écrivirent presque tous les jours. Leur correspondance nous dévoile une relation empreinte d'une grande connaissance réciproque, d'une intense complicité, de tendre ironie et d'humour :

(...) car ce n'est surement pas l'effet de mes charmes, qui n'existaient plus lorsque tu m'as connue, qui t'a fixé auprès de moi; ce n'est pas non plus tes manières de Huron, ton air distrait et bourru, tes saillies piquantes et vraies, ton grand appétit et ton profond sommeil quand on veut causer avec toi, qui m'ont fait t'aimer à la folie; c'est un certain je ne sais quoi qui met nos âmes à l'unisson, une certaine sympathie qui me fait penser et sentir comme toi. Car sous cette enveloppe sauvage tu caches l'esprit d'un ange et le cœur d'une femme.

(« Lettres de Madame de Sabran au chevalier de Boufflers »)

Le chevalier a un penchant pour le sommeil : « Ce n'est pas la peine d'avoir de l'esprit pour en faire litière; c'est un crime de lèse-spiritualité » le taquine-t-elle.

Mais, plus profondément, les amants sont soudés par la confiance, la passion, la franchise, l'authenticité et le respect de leur autonomie respective :

Ne me hais pas, mon enfant, parce que je t'aime trop. Aie pitié de ma faiblesse, ris de ma folie, et qu'elle ne trouble jamais la paix de ton cœur. Je suis aujourd'hui accablée de ma honte et de mes remords; je pense à toutes les marques d'intérêt, d'amitié et d'amour que tu m'as données depuis que je te connais, et que tu me donnes chaque jour, et je me trouve un monstre d'ingratitude. Je sens que tu ne te plains pas assez, et que les noms de *Mégère*, d'*Alecton*, etc., que tu me donnais hier dans *ta colère*, sont encore trop doux pour moi; mais prends patience, mon enfant; je veux, à force de t'aimer, effacer tous mes torts : ma jalousie et mon humeur ne tiendront point à l'idée qu'elles peuvent altérer un instant ton bonheur. Va, sois libre comme l'air, abuse si tu veux de ta liberté, et je l'aimerai encore mieux que de te faire sentir le poids d'une chaîne trop pesante. Je veux que ta volonté seule te guide vers moi, et que nul égard, nulle complaisance ne t'y porte; je ne peux pas être heureuse à tes dépens.

(*idem*)

Bel exemple de passion et de compagnonnage, illuminés par la tendresse. Une tendresse omniprésente, rayonnante. «Mon ami, mon amant, mon enfant». Ou encore, en parlant de ses enfants: «Ma petite sauvage, mes deux petits amants». Voilà un sentiment très rare au XVIIIe.

3. L'EDUCATION, THEME MAJEUR

Une des grandes découvertes du XVIIIe! La société réalise progressivement que l'enfant existe et qu'il n'est pas tout à fait un adulte en miniature. Trois facteurs ont favorisé cette prise de conscience : le développement du sens social, la référence à la nature (la physiocratie), et l'esprit plus pragmatique.

Insensiblement la pédagogie prend le pas sur la morale. Rousseau ne fut pas le seul à énoncer de nouveaux préceptes. De nombreuses écrivaines se sont passionnées pour le sujet, riches de leur expérience personnelle.

Anne-Thérèse de Lambert (1647-1733)

Elle chevauche le XVIIe et le XVIIIe. A la folle époque de la Régence, elle sauvegarde les vieilles valeurs morales dans son célèbre salon. C'est une femme équilibrée, cultivée, sage, pleine de bon sens et de clairvoyance. Trop sage? Trop attachée aux convenances? Probablement. N'empêche qu'elle lança des «*Réflexions sur les femmes*» qui révélèrent un esprit très ouvert et progressiste.

Commençons par la sagesse. Elle publia, en 1726, son «*Avis sur la véritable éducation*», comprenant d'abord le volet «*A son fils*». Rien de surprenant dans ses conseils, qui reposent sur la notion de gloire: la valeur, le mérite, le devoir envers l'Etre Suprême, envers ses supérieurs, envers soi-même. Bref, une morale assez conventionnelle et... aristocratique: «C'est le mérite qui doit nous séparer du peuple, et non la dignité, ni l'orgueil»!

Dans son volet «*A sa fille*», la marquise nous étonne, dès les premières lignes. Un ton plus ferme, presque véhément et, surtout, la mise en lumière d'un paradoxe fondamental:

On a dans tous les tems négligé l'éducation des Filles; l'on n'a d'attention que pour les Hommes, & comme si les Femmes étoient une espéce à part, on les abandonne à elles-mêmes sans secours, sans penser qu'elles composent la moitié du Monde: qu'on est uni à elles nécessairement par les alliances: qu'elles font le bonheur ou le malheur des hommes, qui toûjours sentent le besoin de les avoir raisonnables: que c'est par elles que les Maisons s'élèvent ou se détruisent: que l'éducation des enfans leur est confiée dans la premiere jeunesse, tems où les impressions se font plus vives & plus profondes. Que veut-on qu'elles leur inspirent, puisque dès l'enfance on les abandonne elles-mêmes à des gouvernantes, qui étans prises ordinairement dans le peuple leur inspirent des sentimens bas, qui réveillent toutes les passions timides, & qui mettent la superstition à la place de la Religion? Il falloit bien plûtôt penser à rendre héréditaires certaines vertus, en les faisant passer de la mere aux enfans; qu'à y conserver les biens par des substitutions. Rien n'est donc si mal entendu que l'éducation qu'on donne aux jeunes personnes; on les destine à plaire; on ne leur donne des leçons que pour les agrémens; on fortifie leur amour propre: on les livre à la molesse, au Monde & aux fausses opinions; on ne leur donne jamais de leçons de vertu ni de force. Il y a une injustice, ou plûtôt une folie à croire qu'une pareille éducation ne tourne pas contre elles.

(« Avis sur la véritable éducation »)

Comment réagir? En s'armant, en développant toute une force personnelle, grâce à la religion, au devoir, à la vertu, au mérite: « Vous n'êtes pas née sans agrémens, mais vous n'êtes pas une beauté; cela vous oblige à faire provision de mérite ». Echafaudage qui se fonde sur la valeur essentielle pour les femmes: la pudeur. Anne-Thérèse prône l'instruction mais émet quelques réserves quant à la lecture des romans et l'apprentissage des langues (l'italien, par exemple, la langue de l'amour...). Morale dont la mesure déçoit quelque peu après cette introduction lucide et engagée. Pourtant l'écrivaine distille certains conseils qui s'inscrivent dans une sagesse sans doute éternelle:

Donnez-vous une veritable idée des choses: ne jugez point comme le peuple: ne cedez point à l'opinion: rélevez-vous des préjugez de l'enfance. Quand il vous arrive quelque chagrin, tenez la methode suivante, je m'en suis bien trouvée. Examinez ce qui fait vôtre peine, écartez tout le faux qui l'entoure, & tous les ajoûtez de l'imagination: vous verrez que souvent ce n'est rien, & qu'il y a bien à rabattre. N'estimez les choses que ce qu'elles valent. Nous avons bien plus à nous plaindre des fausses opinions que de la fortune: ce ne sont pas souvent les choses qui nous blessent, c'est l'opinion que nous en avons.

(*idem*)

Venons-en au volet plus progressiste, ses *« Réflexions sur les femmes »*. La marquise s'étonna d'ailleurs, rétrospectivement, de sa propre audace et voulut racheter une part de l'édition...

C'est vrai que dans ses *« Réflexions »* la marquise sort de ses gonds et s'élance dans un fervent plaidoyer en faveur des femmes. En fait, elle développe l'introduction de « A sa fille », avec plus de force encore. Elle éclaire plus violemment le faux paradoxe et dénonce une série de contradictions masculines:

Il faudrait prendre parti; si nous ne les destinons qu'à plaire, ne leur défendons pas l'usage de leurs agrémens; si vous les voulez raisonnables et spirituelles, ne les abandonnez pas quand elles n'ont que cette sorte de mérite. Mais nous leur demandons un mélange et un ménagement de ces qualités, qu'il est difficile d'attraper et de réduire à une mesure juste. Nous leur voulons de l'esprit, mais pour le cacher, l'arrêter et l'empêcher de rien produire. Il ne saurait prendre l'essor, qu'il ne soit aussitôt rappelé par ce qu'on appelle bienséance. La gloire, qui est l'âme et le soutien de toutes les productions de l'esprit, leur est refusée. On ôte à leur esprit tout objet, toute espérance; on l'abaisse, et, si j'ose me servir des termes de Platon, on lui coupe les ailes. Il est bien étonnant qu'il leur en reste encore.

(« Réflexions sur les femmes »)

De toute façon, ajoute Anne-Thérèse, les femmes se voient condamnées. Pour leurs vices ou pour leur savoir. « Elles ont mis la débauche à la place du savoir » explique-t-elle, en évoquant le libertinage de la Régence. Etonnante indulgence de la part de la moraliste... Enfin celle-ci attire l'attention sur une attitude masculine particulièrement pernicieuse : la ridiculisation. Des femmes s'engagent-elles dans une création? Elles sont la cible des moqueries. « Si l'on passe aux hommes l'amour des lettres, on ne le passe pas aux femmes ». Les femmes sont donc dans une impasse mais doivent réagir. En revendiquant, par exemple, le droit à l'instruction.

Ces *« Réflexions sur les femmes »* ont dû scandaliser bien des gens, à l'époque! Je pense qu'elles illustrent bien le glissement de la morale vers la pédagogie. Et qu'elles méritent une place pour la lucidité, la fine ironie et l'écriture racée de leur auteure.

Louise d'Epinay (1726-1783)

Louise d'Epinay, connue et méconnue. Connue par ses démêlés avec Rousseau. Effacée en tant qu'écrivaine. Une personnalité riche, curieuse de tout, sensible, émotive, candide. A la plume d'une extraordinaire vivacité. L'amie de Duclos, Voltaire, Rousseau, Grimm, Diderot rédigea ses Mémoires (j'en reparlerai) dans lesquels elle inséra déjà ses idées pédagogiques. Pas de doute que Rousseau l'ait influencée avec l'« *Emile* » (1762).

N'empêche que Louise s'écarta peu à peu de Jean-Jacques (elle aurait déclaré qu'« il n'était qu'un nain moral monté sur des échasses »![3]) et de ses optiques. A 43 ans, elle décida d'assumer l'éducation de sa petite fille Emilie et d'enraciner ses idées dans une expérience concrète. Et en 1774, elle publia les *« Conversations d'Emilie »*.

Grand succès et prix de l'Académie française. Une œuvre féminine pareillement couronnée, voilà qui fut révolutionnaire.

Le titre choisi par Louise recèle sans doute une pointe d'ironie à l'égard de Rousseau. Rappelons-nous l'éducation bien pauvre accordée à Sophie... Dans sa lettre à l'éditeur, l'écrivaine précise qu'il ne s'agit pas d'un plan sérieux d'éducation, mais d'un « traité de remplissage » : une manière de bien exploiter les loisirs de l'enfant. C'est peut-être cette absence de prétention qui engendra une œuvre légère et si peu marquée par le temps.

Louise projeta de composer trois parties, basées sur les tranches d'âge. Mais elle n'eut que le temps de rédiger la première partie, qui s'adresse aux enfants en dessous de 10 ans. Louise adopta la forme dialoguée (dialogues entre la mère et sa fille) et construisit 12 conversations.

La méthode est simple: exploiter n'importe quel élément du quotidien et amener l'enfant à réfléchir, à prendre conscience de certaines valeurs morales, sociales, intellectuelles. Tout cela avec un naturel surprenant, une fraîcheur étonnante. Voici le début de la troisième conversation:

Emilie — Maman, j'ai attrapé une mouche!... Ah qu'elle est brillante!

La Mère — Oui, elle est belle.

Emilie — Je m'en vais lui ôter les ailes pour qu'elle ne s'en aille pas, et je la nourrirai.

La Mère — Doucement, attendez! Vous a-t-elle mordue? Vous a-t-elle blessée?

Emilie — Non, Maman.

La Mère — Et pourquoi donc lui faire du mal?

Emilie — Mais cela ne lui en fait pas.

La Mère — Cela lui en fait autant que si l'on vous coupait un pied ou une main. Parce que vous ne l'entendez pas crier, vous supposez qu'elle ne souffre pas, vous vous trompez. C'est une créature tout comme vous, elle souffre donc tout comme vous, et il ne vous est pas permis de lui faire du mal.

(«Conversations d'Emilie»)

A partir de là, la mère dénonce le danger de la force physique qui peut opprimer les êtres faibles. Et parle de respect des autres et de la nature. Aucune lourdeur didactique ou moralisatrice. Simplement la grâce du hasard et de la conversation, assaisonnée d'ironie, de discrète tendresse.

Emilie — Maman, suis-je jolie?

La Mère — Jusqu'à présent, vous ne l'êtes pas.

(*idem*)

Et pourtant, une foule de gens déclarent à Emilie qu'elle est charmante. Elle comprendra alors la différence entre le compliment sincère et le faux éloge.

Pédagogie souple, active, naturelle, basée sur la notion de liberté et de complicité. «La confiance est libre et ne peut s'exiger» dit la mère. Pédagogie basée aussi sur la grande disponibilité de la mère: une mère patiente, ouverte, exigeante, ferme, attentive, amusante. Pédagogie qui vise à forger l'individu, à le rendre responsable. Au loin, l'apprentissage livresque, «science de perroquet»!

Si les optiques sont au départ rousseauistes, Louise s'en éloigne en insistant sur l'importance de l'éducation et de l'instruction féminines. Mais elle va plus loin et se démarque alors totalement du maître: elle prône l'autonomie des femmes. En parlant de l'étude, elle affirme: «C'est le plus sûr moyen de se suffire à soi-même, d'être libre et indépendante, de se consoler des injustices du sort et des hommes; on n'est jamais plus chérie, plus considérée d'eux, que lorsqu'on n'en a pas besoin[4].»

Les «*Conversations d'Emilie*» constituent un livre savoureux, léger, séduisant, qui renferme une grande richesse pédagogique... parce qu'il n'a pas de prétentions pédagogiques!

D'autres écrivaines n'ont pas pu éviter l'écueil de la lourdeur morale et didactique. Tel est le cas de **Marie Leprince de Beaumont** dont l'œuvre éducative rencontra néanmoins beaucoup de succès au XVIIIe avec ses «*Magasin des enfants*» et «*Magasin des adolescents*». Tel est le cas également de **Stéphanie-Félicité de Genlis** (1746-1830) qui s'adressa directement aux enfants. Elle choisit la forme théâtrale («*Théâtre à l'usage des jeunes personnes*») et les histoires racontées («*Les veillées de la chaumière*», «*Les veillées du château*»). Formes passionnantes, fond indigeste!

4. LES MEMOIRES

Le XVIIIe nous offre davantage de mémoires féminins. Signe que des femmes prennent conscience d'un destin individuel... même si elles ne jouissent d'aucun statut.

J'ai choisi trois destinées variées. La première incarne un drame social. La seconde, l'affirmation progressive d'une personnalité. La troisième, l'engagement politique et social vécu jusqu'à la mort.

Rose de Staal-Delaunay (1683-1750)

D'emblée, Rose nous prévient. Son destin est un anti-conte de fées! Rose, d'origine modeste, a la chance d'acquérir une excellente formation. Chance qui va se retourner contre elle, puisqu'elle sera femme de chambre toute sa vie. Distorsion invivable entre sa culture et sa fonction subalterne. Et objet de mépris. On n'accepte guère qu'une bourgeoise soit savante. A fortiori, une femme de chambre.

Mais pas n'importe quelle femme de chambre: celle de la duchesse du Maine. Celle-ci règne, avec son mari, sur le «second Versailles», la cour de Sceaux. Les débuts professionnels de Rose s'avèrent parfois pénibles. Et drôles. Car Rose connaît également une distorsion entre son intelligence théorique et pratique...

> Je dirai encore quelques-unes de mes bévues plus singulières, et qui semblaient tenir de l'imbécillité. Madame la duchesse du Maine, étant à sa toilette, me demanda de la poudre; je pris la boîte par le couvercle: elle tomba, comme de raison, et toute la poudre se répandit sur la toilette et sur la princesse, qui me dit fort doucement: «Quand vous prenez quelque chose, il faut que ce soit par en bas.» Je retins si bien cette leçon, qu'à quelques jours de là m'ayant demandé sa bourse, je la pris par le fond, et je fus fort étonnée de voir une centaine de louis, qui étaient dedans, couvrir le parquet: je ne savais plus par où rien prendre.
>
> («Mémoires de madame de Staal-Delaunay»)

Autre problème: sa relation avec ses collègues qui ne supportent pas cette femme trop raffinée:

> Les deux femmes de chambre avec lesquelles je logeais alternativement étaient mal ensemble: on ne pouvait se concilier l'une sans aliéner l'autre. Pour éviter la guerre civile, je m'exposais à la guerre étrangère, et je changeais mes traités avec une inconstance réglée sur le cours des saisons. J'aurais voulu tout accorder; mais le plus habile politique y eût échoué. On peut prendre quelque ascendant sur des gens qui ont des vues saines, des intérêts connus, des passions ordinaires: il n'en est pas de même de ces sortes d'esprits dont les idées sont à l'envers, les mouvements à contre-sens, et les bas intérêts cachés dans la poussière.
>
> (*idem*)

Le destin de Rose se singularise davantage dans la mesure où la duchesse exige d'elle des services plus... intellectuels. Ainsi Rose participe-t-elle activement à l'organisation des fêtes fastueuses de Sceaux. Elle invente des thèmes, compose des textes, prépare des spectacles, etc. Mais le vent tourne pour le duc et la duchesse. Louis XIV refuse que le duc soit nommé Régent, le duc et la duchesse conspirent et se retrouvent à la Bastille en 1718. Et Rose aussi! Ici commence l'épisode, le seul épisode radieux de sa vie, puisqu'elle tombe amoureuse d'un voisin de prison. Mais le beau chevalier s'avère inconstant et inconsistant. Rose sera libérée, reprendra son service auprès de la duchesse, épousera quelqu'un qu'elle n'aime pas. Voilà donc les mémoires d'une femme de chambre. Ces «*Mémoires*» ne furent publiés qu'après la mort de Rose... et celle de la duchesse. «La duchesse du Maine est morte! Voici le moment d'imprimer les Mémoires de Madame de Staal» s'écria d'Alembert. Sujétion posthume de Rose...

Des «*Mémoires*» très agréables à lire, qui distillent un léger humour, une certaine distanciation. Ils présentent un double intérêt: le drame social et l'éclairage politique des deux premières décennies du siècle.

Louise d'Epinay

Louise, la pédagogue. Louise, la mémorialiste. Un mot, d'abord, sur les avatars de ce manuscrit. En fait, Louise rédigea une longue autobiographie («*Histoire de Madame de Montbrillant*») qu'elle masqua légèrement avec des noms d'emprunt. Le manuscrit fut légué à Grimm, se perdit dans des archives, fut retrouvé par des amis de l'écrivaine. Ceux-ci s'empressèrent de faire apparaître les noms réels, notamment pour accabler Rousseau (rappelons-nous encore les démêlés entre Louise et Jean-Jacques). Et ils baptisèrent le manuscrit «*Mémoires et Correspondance de Madame d'Epinay*».

Mais l'essentiel est ailleurs. Louise nous livre, en 1 500 pages, la trajectoire de sa vie. Effet de son style primesautier? Sens intense de la narration? Toujours est-il que je me suis laissée embarquer dans ce long «roman» et que je l'ai vécu avec elle, par-delà deux siècles. Ces mémoires constituent la lente mais sûre affirmation d'une personnalité. Une femme spontanée, émotive, vulnérable, passionnée, curieuse de tout, naïve, profondément honnête. Grâce à une certaine exigence envers elle-même, elle va se libérer d'influences culpabilisantes (mari, mère), va choisir ses amitiés, ses amours, ses centres d'intérêts, va se passionner de plus en plus pour la pédagogie et la littérature. En abandonnant une once de naïveté. Sans jamais perdre sa belle fraîcheur. Bref, une personnalité qui se met au monde et prend sa place dans les sphères culturelles du XVIIIe. Cette libération se reflète dans la forme très souple de cette «*Histoire de Madame de Montbrillant*»: des lettres (d'elle et d'amis), des fragments de journal, des dialogues, des passages censés être rédigés par son tuteur. Un exemple de cette indépendance formelle? Une scène qui a lieu après que Louise ait accouché. Elle demande à une complice d'adresser une lettre à son tuteur:

> Je vous écris, Monsieur, auprès du lit de notre accouchée. Elle m'a persécutée pour prendre la plume; elle avoit, disoit-elle, cent choses à vous dire. J'ai cru aller écrire sous sa dictée; mais apparemment que l'abondance de ses idées la suffoque, car depuis un quart-d'heure que je suis devant cette table, l'oreille en l'air, et attentive à ce que sa jolie bouche va prononcer, elle me regarde, se met à rire et ne dit mot. Je prends donc le parti de griffonner, toute seule, en attendant qu'elle prononce. Vous saurez qu'elle se porte à merveille, et... Attendez; la voici qui parle. (...)
>
> *Elle.* En vérité, mon cher tuteur, je m'impatiente tous les jours davantage de ne vous point voir. Vous me manquez beaucoup dans un moment où ma situation exige que je sois renfermée.
>
> *Moi.* Ah! quels lieux communs et froids... Remarquez ceci: le style s'échauffe...
>
> *Elle.* Je ne sais si c'est parce que c'est vous que je voudrois voir; mais il y a certains momens où tous ceux qui m'entourent me sont insupportables.
>
> *Moi.* Phrase obligeante pour le secrétaire... insup... portables. Après, Madame.
>
> *Elle.* Je me porte beaucoup mieux que je n'espérois.
>
> *Moi.* Je lui ai déjà dit: passez à autre chose, ma cousine...
>
> («Mémoires et Correspondance de Madame d'Epinay»)

Qu'elle travestisse ou non la réalité, Louise a le don de créer la vie avec les mots et de piéger le lecteur. Un autre extrait, qui nous livre l'image de l'écrivaine, saisie par Voltaire:

> Nous arrivons de chez Voltaire. Il était plus aimable, plus gai, plus extravagant qu'à quinze ans. Il a reçu M. de Lisieux à merveille; il m'a fait tout plein de déclarations les plus plaisantes du monde. «Votre pupille, disait-il à M. de Lisieux, est vraiment philosophe. Vous avez fait là une belle éducation. Elle a trouvé le grand secret de tirer de sa manière d'être le meilleur parti possible. Je voudrais être son disciple; mais le pli est pris; je suis vieux. Nous sommes ici une troupe de fous qui avons, au contraire, tiré de notre manière d'être le plus mauvais parti possible. Qui diable y faire? Ah! ma philosophe! C'est un aigle dans une cage de gaze... Ah! si je n'étais pas mourant, je vous aurais dit tout cela en vers!»
>
> («Histoire de Madame de Montbrillant»)

Faut-il ajouter que ces «Pseudo-Mémoires» nous fournissent un passionnant éclairage sur la vie quotidienne, sociale et culturelle du XVIIIe?

Marie-Jeanne Roland (1754-1793)

A 20 ans, elle écrit « La vocation de l'homme, ce me semble, est la sociabilité[5]. » A 39 ans, le 19 novembre 1793, elle s'habille en blanc, brosse sa longue chevelure noire, monte à l'échafaud et lance une phrase qui ne nous est pas inconnue : « O liberté, que de crimes on commet en ton nom ! »[6]. Voici un destin cohérent et totalement engagé.

Marie-Jeanne est dotée d'une nature volontaire, indépendante, active. Elle choisit son mari, Roland de la Platière. Avec celui-ci, elle se lance dans la bataille révolutionnaire, soutient les Girondins, agit en première ligne quand Roland devient ministre de l'Intérieur en 1792. Elle est emprisonnée en mai 1793. Cinq mois d'enfermement qu'elle va exploiter d'une manière exceptionnelle et qu'elle va vivre... avec bonheur.

Jamais on ne vit une prisonnière aussi sereine et rayonnante. Elle se vêt soigneusement, fait son petit ménage, lit, dessine, rêve. Et écrit. « Je n'ai pour objet en ce moment que de consigner sur le papier les circonstances de mon arrestation[7]. » Mais son manuscrit gonfle, s'amplifie à vue d'œil. Marie-Jeanne réalise par exemple qu'elle a rédigé 300 pages en 22 jours. Aux circonstances de son arrestation, à son « *Interrogatoire de Madame Roland* », elle ajoute des « *Portraits et anecdotes* » puis ses « *Mémoires particuliers* ».

Mémoires étonnants par la puissance, l'intelligence, la clarté, la sérénité, l'authenticité, la fermeté de l'écriture. Etonnants par la profonde adhérence de Marie-Jeanne à elle-même. En particulier, à ses sentiments. L'estime pour son mari, l'amour pour Buzot, un Girondin :

Je n'ose te dire, et tu es le seul au monde qui puisse l'apprécier, que je n'ai pas été très fâchée d'être arrêtée.

Ils en seront moins furieux, moins ardents contre Roland, me disais-je ; s'ils tentent quelque procès, je saurai le soutenir d'une manière qui sera utile à sa gloire. Il me semblait que je m'acquittais ainsi envers lui d'une indemnité due à ses chagrins ; mais ne vois-tu pas aussi qu'en me trouvant seule, c'est avec toi que je demeure ? — Ainsi, par la captivité, je me sacrifie à mon époux, je me conserve à mon ami, et je dois à mes bourreaux de concilier le devoir et l'amour : ne me plains pas !

(« Mémoires de Madame Roland écrits durant sa captivité »)

Adhérence à ses idées, à son engagement social et politique :

Aujourd'hui que la terreur étend son sceptre de fer sur un monde abattu, le crime insolent triomphe ; il aveugle, il écrase, et la multitude ébahie adore sa puissance. Une ville immense, nourrie de sang et de mensonge, applaudit avec fureur à d'abominables proscriptions qu'elle croit affermir son salut.

J'ambitionnais, il y a deux mois, l'honneur d'aller à l'échafaud; on pouvait parler encore, et l'énergie d'un grand courage aurait servi la vérité: maintenant tout est perdu. Cette nation, férocisée par d'infâmes prédicateurs du carnage, regarde comme des conspirateurs les amis de l'humanité; elle prend au contraire pour ses défenseurs ces hommes de boue qui couvrent d'un masque d'énergumène leurs passions viles et leur lâcheté. Vivre au milieu d'elle? c'est se soumettre avec bassesse à son affreux régime, ou lui donner lieu de commettre de nouvelles atrocités.

(idem)

Bref, une femme qui est allée au bout d'elle-même. Ses «*Mémoires*» en constituent l'ultime exemple.

5. LE ROMAN : DU ROMANESQUE AU PSYCHOLOGIQUE

«*La Princesse de Clèves*» continue à aimanter l'admiration et l'imaginaire des romancières du XVIIIe. Le thème romanesque par excellence ne change pas non plus : l'amour-passion et ses obstacles. Mais l'évolution se joue à l'intérieur même de ce thème, suivant sans doute l'évolution des mentalités. J'ai été obligée de faire un choix parmi les nombreuses romancières du siècle. Je l'ai opéré en fonction du succès des œuvres et des renouvellements thématiques.

Marie-Louise Charlotte de Fontaines (? - 1730) et
Claudine-Alexandrine de Tencin (1682-1749)

Marie-Madeleine de La Fayette et Catherine Bernard visaient une forme d'absolu dans leurs romans. Elles mettaient en évidence la grandeur morale, la complexité psychologique. Les romans féminins du premier tiers du XVIIIe glissèrent dans un romanesque plus superficiel, plus extérieur. Ils rencontrèrent un grand succès. Une preuve : leur publication dans les «Romans populaires illustrés».

Marie-Louise Charlotte de Fontaines conserve le décor historique dans «*La comtesse de Savoie*» en exploitant l'histoire d'Espagne et de Savoie. Elle raconte la naissance d'une passion, passion honteuse puisque la comtesse de Savoie est mariée. La romancière amalgame éléments historiques et sentimentaux, n'hésite pas à recourir aux hasards, tisse des malentendus et couronne le tout par une fin heureuse. La passion, ici, est victorieuse des obstacles moraux et politiques. Il s'agit d'un roman concis, à la trame narrative bien dirigée. Et qui renferme quelques éléments psychologiques.

Claudine-Alexandrine de Tencin est une des plus brillantes intrigantes du XVIIIe ! Cette ex-chanoinesse consacra une bonne part de son énergie à la carrière de son frère (qui devint cardinal)... et à la sienne. Elle tint un célèbre salon; s'amusait à appeler ses fidèles ses «bêtes» ou sa «ménagerie». Enfin, elle accoucha d'un fils, le futur d'Alembert. Il est savoureux de comparer les deux volets de son œuvre. D'une part, la correspondance qui nous livre une femme cynique et sèche. D'autre part, ses romans qui brillent par les conventions et les clichés du genre !

Trois titres : «*Les malheurs de l'amour*» (1727), «*Mémoires du comte de Comminge*» (1735) et «*Le siège de Calais*» (1739). Un festival de romanesque, avec tous les ingrédients connus. Coïncidences inouïes, coups d'épée, emprisonnements, séjours au couvent, travestissements, morts pathétiques. La passion se heurte à des obstacles purement extérieurs, sociaux ou familiaux. Le comte de Comminge, par exemple, qui tombe amoureux de la fille du meilleur ennemi de son père. Claudine-Alexandrine s'insurge bien entendu contre les mariages forcés, dictés par les intérêts de classe et d'argent. Univers très romanesque donc, régi par une conviction profonde : la passion conduit inévitablement au malheur.

Des œuvres à lire, aujourd'hui, au second degré ?

Françoise de Graffigny (1695-1758)

1747. Sortie des «*Lettres d'une Péruvienne*». Triomphe, nombreuses éditions, traductions en anglais, italien, espagnol.

L'auteure : une Lorraine qui, après un mariage raté, débarque à Paris et se met à observer avec recul. Riche matière qu'elle va exploiter dans son roman épistolaire.

Le sujet des «*Lettres d'une Péruvienne*» est simple. Zilia est une jeune vierge consacrée au Soleil et promise à Aza, le fils de l'Inca régnant. Mais elle est brutalement enlevée par les Espagnols, échoue dans un vaisseau français, se retrouve en France. Elle découvre ce pays avec un regard tout à fait extérieur. Elle apprend finalement l'infidélité d'Aza (à sa religion et à Zilia) et se résigne plus ou moins en goûtant le calme et la beauté de la nature.

Françoise travaille donc deux thèmes. L'amour et la vision critique de la France du XVIIIe. Elle mêle, avec naturel, narration et réflexions. Et réussit à forger un ouvrage homogène, grâce à l'élan sentimental de Zilia.

La critique de la France est alimentée par les observations et expériences de l'héroïne. Critique du caractère et comportement des Français :

Enfin, mon cher Aza, chez la plupart d'entre eux les vices sont artificiels comme les vertus, et la frivolité de leur caractère ne leur permet d'être qu'imparfaitement ce qu'ils sont. Tels à peu près que certains jouets de leur enfance, imitation informe des êtres pensans, ils ont du poids aux yeux, de la légèreté au tact, la surface colorée, un intérieur informe, un prix apparent, aucune valeur réelle.

(«Lettres d'une Péruvienne»)

Critique du système politique et social. Zilia défend la cause des pauvres et des marginaux. «Je n'ai ni or, ni terre, ni industrie; je fais nécessairement partie des citoyens de cette ville. O ciel! Dans quelle classe dois-je me ranger?»

Critique de la religion ou, plutôt, de la pratique religieuse. Elle constate un bizarre décalage entre les principes et les mœurs...

Enfin, analyse critique de la relation homme-femme. « Ils les respectent et en même temps ils les méprisent avec un égal excès » note Zilia. Mais elle se montre aussi dure vis-à-vis de la plupart des femmes, en dénonçant leur frivolité, leur rôle factice. « C'est une figure d'ornement pour amuser les curieux » ! Zilia creuse sa réflexion et découvre finalement la raison d'un tel mépris des hommes à l'égard des femmes et d'une telle frivolité féminine :

> Il m'a fallu beaucoup de temps, mon cher Aza, pour approfondir la cause du mépris que l'on a presque généralement ici pour les femmes. Enfin je crois l'avoir découverte dans le peu de rapport qu'il y a entre ce qu'elles sont et ce que l'on s'imagine qu'elles devraient être. On voudrait, comme ailleurs, qu'elles eussent du mérite et de la vertu. Mais il faudrait que la nature les fît ainsi; car l'éducation qu'on leur donne est si opposée à la fin qu'on se propose, qu'elle me paraît être le chef-d'œuvre de l'inconséquence française.

(*idem*)

A nouveau, le même paradoxe mis en lumière !

Les « *Lettres d'une Péruvienne* » constituent une œuvre attachante et passionnante à plus d'un titre. On pourra objecter que ces « *Lettres* » évoquent un peu trop « *Les lettres persanes* ». Tout en lançant un clin d'œil à Montesquieu, Françoise de Graffigny se démarque tout à fait. Il s'agit ici d'une œuvre du cœur (plus que de l'esprit) qui s'ancre dans l'expérience vécue et qui affiche déjà un certain préromantisme. Voici un de ses intérêts les plus vifs : ce roman précède les modes en s'orientant vers le lyrisme, la religiosité et la nature. Bref, les grands thèmes préromantiques. Un passage inspiré par la passion de la nature est éloquent :

> Que les bois sont délicieux, mon cher Aza ! En y entrant, un charme universel se répand sur tous les sens et confond leur usage. On croit voir la fraîcheur avant de la sentir ; les différentes nuances de la couleur des feuilles adoucissent la lumière qui les pénètre, et semblent frapper le sentiment aussitôt que les yeux. Une odeur agréable, mais indéterminée, laisse à peine discerner si elle affecte le goût ou l'odorat ; l'air même, sans être aperçu, porte dans tout notre être une volupté pure qui semble nous donner un sens de plus, sans pouvoir en désigner l'organe.

(*idem*)

Autre facteur d'avant-gardisme : l'intériorisation des obstacles à la passion, l'inégalité dans le couple. Aza s'est rendu indigne de Zilia puisqu'il a abandonné sa religion et son engagement sentimental.

Françoise de Graffigny ouvre ainsi une voie importante et renouvelle le thème romanesque.

Marie-Jeanne Riccoboni (1714-1792)

Une orpheline qui devint comédienne à Paris. Mais elle récolta nettement plus de succès en tant que romancière...

Elle fit son entrée en littérature de façon discrète et efficace. Ce fut elle en effet qui acheva «*Marianne*» de Marivaux. Les lecteurs ne s'aperçurent de rien. Sa deuxième œuvre suscita l'enthousiasme et lui apporta déjà la notoriété : «*Lettres de Mistriss Fanni Butlerd*» en 1757. Une réussite magistrale, insolite, étonnante. Après, suivirent de bons romans, bien maîtrisés, mais moins brûlants. Je citerais en particulier «*Lettres de Mylady Juliette Catesby*».

Les «*Lettres de Mistriss Fanni Butlerd*» ou 66 lettres brèves, adressées à un certain Charles Alfred. 66 lettres qui dépeignent la naissance de la passion, son développement, son zénith, puis la souffrance et la déception. Jusqu'ici, rien que de très banal! Résultat chez Marie-Jeanne Riccoboni : un huis clos passionnel d'une puissante originalité. La romancière resserre tout à l'extrême, l'espace (l'appartement de Fanni) et le temps. Mais elle fait plus, puisqu'elle ose joindre l'humour à la passion. Mélange très rare en littérature... Mais laissons déjà parler le texte :

Lundi dans mon lit, malade comme un chien.

Elle a chagriné celui qu'elle aime: au lieu du plaisir qu'elle pouvoit lui donner, qu'il attendoit, qu'il méritoit, elle lui a causé de la peine; il a grondé, boudé, chiffonné la lettre qu'il auroit baisée; il l'a jettée, reprise, mordue, déchirée, il en a mangé la moitié; il est fâché, bien fâché; ah voilà de belles affaires!... Il faut demander pardon... Oui vraiment... Une hauteur déplacée conduit toujours à la bassesse. Allons, la *méchante* se rend justice, elle est devant vous les yeux baissés, l'air triste; on est bien humiliée quand on a tort; que son état vous touche, mon cher Alfred. Elle vous dit, *pardonnez-moi, ô mon aimable ami, pardonnez-moi, si vous m'aimez!*... Je vois couler ses larmes, elle plie un genou; vîte, mon cher Alfred, relevez-la; qu'un doux souris lui prouve que vous êtes capable d'oublier ses fautes. Ah, la paix est faite, n'est-ce pas? Oui, mon cœur m'assure qu'elle est faite.

(«*Lettres de Mistriss Fanni Butlerd*»)

Pas de doute, l'expérience théâtrale de Marie-Jeanne nourrit son œuvre. Sens de la scène, sens du geste, du mot; personnage qui se met en situation. Cette expérience engendre une grande liberté, une grande vivacité et tout un humour qui dépoussière le discours amoureux. «Vous êtes à mes genoux! Moi je suis à vos pieds, mon cher amant.» Enfin, son expérience théâtrale la débarrasse d'une fausse pudeur et enrichit son roman d'une forte sensualité. Fanni ne craint pas d'évoquer son trouble, ses désirs fiévreux. Ou même ses fantasmes:

Vendredi à minuit.

Vous croyez que je dors peut-être; j'ai bien autre chose à faire vraiment. On ne fut jamais plus éveillée, plus folle, plus... je ne sais quoi. Je songe à ce merveilleux anneau dont on a tant parlé ce soir: on me le donne, je l'ai, je le mets à mon doigt, je suis invisible, je pars, j'arrive... où? devinez... dans votre chambre: j'attends votre retour, j'assiste à votre toilette de nuit, même à votre coucher. Cela n'est pas dans l'exacte décence; mais je suppose que mylord est modeste. Vos gens retirés, vous endormi, il semble que je dois m'en retourner; ce n'est pas mon dessein, je reste... En vérité je reste... Mais croyez-vous que je respecte votre sommeil? point du tout: pan, une porcelaine ou un bronze sur le parquet: crac, les rideaux tirés: pouf, mon manchon sur le nez... Mais mylord s'éveillera; l'esprit rira; il sera reconnu, attrapé, saisi par une petite patte qui le tiendra bien. On n'a point de force quand on rit; & puis le silence, la nuit, l'amour... Haye, haye, vîte, vîte, qu'on m'ôte l'anneau.

(idem)

Fantaisie, malice, spontanéité, extraordinaire liberté dans l'écriture. Mais peut-on parler d'écriture quand forme et fond fusionnent à ce point? «Ma plume court, elle suit ma fantaisie» note Fanni. Certaines phrases, certaines ruptures de ton semblent jaillir de la littérature du XXe. «Vous voyez où cette sotte conversation m'a conduite, à oublier à qui j'écris, à ne pas seulement me souvenir que je vous aime. Bon soir. Effet merveilleux de la dissertation! je dors.» D'ailleurs l'écriture, plus encore que la présence de l'être aimé, entretient le brasier passionnel. «Que votre lettre est tendre! Qu'elle est vive! Qu'elle est jolie! je l'aime... Je l'aime mieux que vous; je vous quitte pour la relire.»

A travers l'humour, la malice, la fièvre, veillent l'esprit critique et une terrible lucidité. «Il dit qu'il aime, moi je le prouve.» «Ce n'est pas le sentiment, c'est l'amour-propre qui vous ramène à mes pieds.» Car il s'agit d'un roman de fièvre et d'échec. Dès les premières lignes, Fanni écrit: «Une douce erreur forme tout l'agrément de notre vie.» Fanni s'est trompée. Elle s'est donnée («Je me suis donnée») à un homme qui s'avère inférieur à elle. Car Alfred s'éloigne peu à peu d'elle et s'engage (ou se laisse entraîner!) dans un mariage d'intérêt et d'orgueil. Décalage entre un homme et une femme. D'une part, une femme digne, authentique, exigeante, qui s'investit totalement dans le sentiment. D'autre part, un homme qui se partage entre le sentiment et l'ambition... Vieux malentendu entre les hommes et les femmes? Différence de rôles qui ricoche malencontreusement sur la vie affective?

Marie-Jeanne Riccoboni approfondit la voie qu'a ouverte Françoise de Graffigny: l'intériorisation des obstacles à la passion. Et, en affirmant la primauté du cœur sur le cerveau, elle affermit les bases du préromantisme. Quatre ans avant «*La Nouvelle Héloïse*».

6. ISABELLE DE CHARRIERE OU L'INDEPENDANCE D'ESPRIT (1740-1805)

La plus grande écrivaine du XVIIIe n'est ni française, ni belge. Elle nous vient des Pays-Bas, en passant par la Suisse! Mais sa volumineuse œuvre est écrite en français et de nombreux ouvrages furent publiés en France. Ainsi donc elle trouve sa place dans ce panorama.

Sa vie à travers sa correspondance

Isabelle est née au château de Zuilen, au sein d'une des grandes familles hollandaises. Ses nobles origines auraient pu l'endormir ou l'étouffer. Il n'en est rien. A 22 ans, Isabelle publie une nouvelle, «*Le Noble*», dans laquelle elle fustige la noblesse avec beaucoup d'esprit, d'humour, d'impertinence. Scandale aux Pays-Bas où l'on retire cette nouvelle du commerce...

Grâce à son abondante et brillante correspondance, nous pouvons la suivre dans sa trajectoire. Ce qui surprend, d'abord, c'est le sens aigu de l'autonomie, rarement rencontré jusqu'à présent chez les femmes. Un extrait d'une lettre adressée au baron d'Hermenches, un complice, en témoigne :

> Il y a deux autres epouseurs et depuis quelques jours j'ai un amoureux, je mens c'est depuis six semaines. Que peut faire de tout cela une personne qui n'aime point et qui se degoute de la pensée du mariage! J'avois fait deux plans de célibat, de si jolis plans! l'un pour un paijs l'autre pour un autre; je disois il y a quelques jours a mon Pere que je ne pourois presque pas me resoudre a sacrifier ma liberté, qu'avec elle je valois peut-être quelque chose et que dans la dependance je ne vaudrois plus rien, comme ces chiens qui chassent naturellement, qui aportent en se jouant mais qui n'aprennent jamais a aporter par force. Voulez-vous que je fasse croix ou pile pour le mariage et le celibat? si c'est croix il faudroit encore tirer au sort pour le choix d'un mari. N'attendez rien de plus serieux ni de plus raisonnable de moi pour le présent, et laissez moi trainer encore un peu en longueur mes irresolutions.

(«Œuvres complètes»)

Non seulement complicité avec certains hommes, mais aussi avec certaines femmes. Quelle étonnante liberté de ton!

Cette femme, visiblement bien dans sa peau, épouse finalement Charles-Emmanuel de Charrière. Elle a 31 ans. Ils s'installèrent près de Neuchâtel, en Suisse. 13 ans plus tard, elle publie son premier roman, les «*Lettres neuchâteloises*». Vont suivre d'autres romans, des comédies, des contes. Mais aussi, surprise, un opéra comique (livret et musique) et la composition de sonates. Par ailleurs Isabelle se passionne pour les événements révolutionnaires, choisit l'idéal républicain, rédige des pamphlets. Elle n'est pas une petite bourgeoise vivant en vase clos. Liberté de ton, liberté d'esprit, liberté d'action. Dans tous les domaines. Elle se lance, par exemple, dans une idylle avec Benjamin Constant, qui a 25 ans de moins qu'elle. Isabelle se situe en dehors de tout préjugé, de toute norme, de toute convention. « Lisez de tout, ne vous embarrassez d'aucun système » écrit-elle à Benjamin. Autre exemple, plus domestique et social: elle décide de s'occuper de sa femme de chambre, enceinte de père inconnu. « Aujourd'hui en dépit des méchants, des prudes, des sots, des incléments, je fais baptiser un enfant dont le père est inconnu à moi-même et je reprends sa mère. » Attitude inconcevable à l'époque.

C'est toute cette expérience de vie qu'offre son abondante correspondance. La découverte d'une riche personnalité, l'éclairage d'une époque et de différentes régions, une pensée cohérente et indépendante. Ou encore l'engagement total d'une écrivaine, avec tout le réalisme que cela comporte! Retards des éditeurs, censure, problèmes financiers, diffusion des œuvres souvent aléatoire, théâtres qui ne répondent guère à l'envoi de manuscrits, accueil très controversé de ses ouvrages. Réalisme qui met davantage en évidence la détermination d'Isabelle, son exigence, sa combativité, sa souriante philosophie.

Ses romans et nouvelles

Il m'est impossible, dans ce cadre, de présenter l'ensemble de ce volet. J'ai arrêté mon choix sur deux œuvres particulièrement marquantes. Les «*Lettres neuchâteloises*» et «*Caliste, ou Lettres écrites de Lausanne*».

Dès son premier roman, les «*Lettres neuchâteloises*», Isabelle affiche des optiques nettes et plutôt choquantes pour ses contemporains: un réalisme de base qui va donner consistance à la fiction.

Isabelle utilise comme toile de fond la «bonne société» neuchâteloise, qu'elle a pu observer depuis 13 ans déjà. Sur cette toile de fond, elle campe trois personnages de classes sociales très différentes. Une grande bourgeoise, un fils de marchand et une ouvrière. Mais ce n'est pas tout. Isabelle décide de faire parler son ouvrière... comme les ouvrières de l'époque:

Et à présent, ma chère tante, il faut que je vous raconte ce qui m'arriva avant-hier. Nous avions bien travaillé tout le jour autour de la robe de Mlle de la Prise, de façon que nous avons été prêtes de bonne heure, & mes maîtresses m'ont envoyé la reporter; & moi, comme je descendois en bas le Neubourg, il y avoit beaucoup d'écombres[8], & il passoit aussi un Monsieur qui avoit l'air bien genti, qui avoit un joli habit. J'avois avec la robe encore un paquet sous mon bras, & en me retournant j'ai tout ça laissé tomber, & je suis aussi tombée; il avoit plu & le chemin étoit glissant: je ne me suis rien faite de mal; mais la robe a été un petit peu salie: je n'osois pas retourner à la maison, & je pleurois; car je n'osois pas non plus aller vers la demoiselle avec sa robe salie, & j'avois bien souci de mes maîtresses qui sont déja souvent assez gringes⁹; il y avoit là des petits bouëbes¹⁰ qui ne faisoient que se moquer de moi.

(«Œuvres complètes»)

Voilà le point de départ narratif d'une action assez mince. Le Monsieur au «joli habit» fait la connaissance de la petite ouvrière, l'engrosse, tombe amoureux de Mademoiselle de la Prise (la propriétaire de la belle robe). Le Monsieur et la Demoiselle règlent financièrement le problème de l'ouvrière, jouent amoureusement à cache-cache et... en restent là. Pas de véritable dénouement. «Nous étions certainement nés l'un pour l'autre: non pas peut-être pour vivre ensemble, c'est ce que je ne puis savoir; mais pour nous aimer» dit Marianne, la bourgeoise.

Roman riche et insolite qui ouvre de nouvelles perspectives: le réalisme romanesque, l'absence de véritable fin (la modernité pointe déjà!), la vertigineuse complexité du choix amoureux (accentué par la liberté...). Enfin, la réalité sociale et économique. Car la petite ouvrière est bel et bien une victime, même si son problème paraît évacué. Même si le personnage s'évapore peu à peu au fil de ce bref roman... Force de l'implicite.

«*Caliste, ou Lettres écrites de Lausanne*» (1785). Voici son roman le moins méconnu. Il comprend deux volets épistolaires, dont la charnière est la mère de Cécile.

Premier volet: les «*Lettres écrites de Lausanne*». 17 lettres que la mère de Cécile adresse à une amie. Cécile a 17 ans, devient amoureuse d'un jeune lord anglais qui ne semble pas l'aimer profondément. A partir de ces quelques éléments, Isabelle approfondit les thèmes de l'éducation et de la relation homme-femme.

D'emblée la mère de Cécile dénonce les limites de l'éducation féminine traditionnelle. Sa pédagogie à elle repose bien plus sur la relation que sur un système. Une relation de confiance, de connivence, de grande liberté. Pas l'ombre d'une intention moralisatrice ou didactique. En revanche, beaucoup d'humour, de tendresse vis-à-vis de Cécile, ce «joli jeune homme savoyard habillé en fille».

Voyant Cécile amoureuse, la mère s'interroge sur la relation homme-femme. Elle développe l'incidence des différences de classes sociales sur le couple, met le doigt sur certains décalages possibles. «Un homme cherche à inspirer, pour lui seul, à chaque femme un sentiment qu'il n'a le plus souvent que pour l'espèce.» Elle met également en lumière les conditionnements masculins et certaines inégalités, non de classes, mais de «races»: le problème d'individus plus authentiques, plus exigeants, plus profonds que d'autres. Pendant que Cécile décide de s'éloigner du jeune lord parce qu'elle se sent, peut-être, d'une autre race...

Second volet: «*Caliste*». Ce volet complète harmonieusement (et subtilement!) le premier dans la mesure où il est plus narratif, concret, explicite et tragique. Caliste ou le récit d'un échec. Ici, c'est William qui prend la plume et écrit à la mère de Cécile. Son drame: n'avoir pas osé vaincre le refus de son père, n'avoir pas osé faire un choix vis-à-vis de Caliste. Caliste, qui vient de mourir. «J'ai été sans courage pour prévenir cette perte; je suis sans force pour la supporter.» William qui vit la phase des «j'aurais dû»:

> Il me semble que je n'ai rien fait de ce qu'il auroit été naturel de faire. J'aurois dû l'épouser sans demander un consentement dont je n'avois pas besoin. J'aurois dû l'empêcher de promettre qu'elle ne m'épouseroit pas sans ce consentement. Si mille efforts n'avoient pu fléchir mon père, j'aurois dû en faire ma maîtresse, & pour elle & moi ma femme, quand tout son cœur le demandoit malgré elle, & que je le voyois malgré ses paroles. J'aurois dû l'entendre, lorsqu'ayant écarté tout le monde, elle voulut m'empêcher de la quitter. Revenu chez elle, j'aurois dû briser sa porte; le lendemain la forcer à me revoir, ou du moins courir après elle quand elle m'eut échappé.

(*idem*)

Caliste, quant à elle, s'est trouvée dans une impasse qui l'a menée à la mort. Elle est un être supérieur (humainement, moralement, intellectuellement) mais victime sociale (elle fut vendue par sa mère et entretenue par un homme). A nouveau, décalage entre un homme et une femme... «*Caliste, ou Lettres écrites de Lausanne*» s'avère d'une prodigieuse richesse thématique. Ce roman est à lire, à relire. Il nous interpelle directement, nous, lecteurs du XXe.

Parallèlement à sa correspondance, à ses romans et nouvelles, Isabelle de Charrière se lança dans le conte et le théâtre. Mais ces productions me paraissent moins convaincantes. Peut-être a-t-elle voulu trop nourrir ce genre de textes en idées et en psychologie? Son œuvre théâtrale comprend 26 comédies, opéras et tragédies lyriques. Plus un tas de manuscrits empilés à Neuchâtel. Isabelle n'a peut-être pas compris que l'écriture théâtrale est foncièrement différente et qu'elle exige une connaissance très technique du théâtre. Mais comment un auteur dramatique pourrait-il creuser son métier s'il n'est pas joué?

Ce qui est indéniable, c'est le talent d'Isabelle en tant qu'épistolière et romancière. C'est une écrivaine totalement engagée, dont l'œuvre est solide, large, puissante, profonde, nuancée. Elle a abordé de grands thèmes, tels que la condition féminine, la relation homme-femme, la politique, les inégalités sociales et économiques, l'éducation. Elle a toujours prôné l'authenticité, la liberté sous toutes ses formes. Avec une extraordinaire indépendance d'esprit.

7. LES ECRITS REVOLUTIONNAIRES

Clôturons le XVIIIe sur un ton quelque peu virulent ! On sait que les femmes participèrent activement et massivement à la Révolution française. Par des révoltes, des manifestations. Mais aussi par la presse féminine, qui connut alors un développement fulgurant. Ou encore par la littérature engagée.

Olympe de Gouges (1755-1793) est sans conteste l'écrivaine la plus marquante. Cette fille de boucher, veuve à 16 ans, arriva à Paris et s'aventura dans l'écriture théâtrale. Elle signa une douzaine de pièces, dont «*L'esclavage des noirs*». Celle-ci fut jouée au Théâtre-Français. Olympe y dénonce les excès despotiques des colons mais aussi la férocité des noirs. Elle prend violemment parti pour la paix et le respect de chacun. Toutes ses pièces constituent d'ailleurs une lutte contre toutes les formes d'oppression, y compris l'oppression qui pèse sur le peuple français. «Nous sommes libres en apparence, mais nos fers n'en sont que plus pesants.»

Grâce à la Révolution, Olympe trouve le genre qui convient à sa personnalité : le texte engagé. En 1791, elle rédige «*Les Droits de la Femme et de la Citoyenne*». Elle y clame l'égalité de l'homme et de la femme. «La femme naît libre et demeure égale à l'homme en droit». Elle revendique la liberté totale. Texte violent, fougueux, passionné, généreux, sous-tendu par un engagement absolu. En voici un extrait :

Homme, qui t'a donné le pouvoir souverain d'opprimer mon sexe ? (...) Bizarre, aveugle, boursouflé de sciences et dégénéré, dans ce siècle de lumière et de sagacité, dans l'ignorance la plus crasse, il veut commander en despote sur un sexe qui a reçu toutes les facultés intellectuelles et qui prétend jouir de la Révolution et réclamer ses droits à l'égalité (...)

Femme, réveille-toi, le tocsin de la raison se fait entendre dans tout l'Univers. Reconnais tes droits. Le puissant empire de la nature n'est plus environné de préjugés, de fanatisme, de superstition et de mensonges. Le flambeau de la vérité a dissipé tous les nuages de la sottise et de l'usurpation. L'homme esclave a multiplié ses forces, a eu besoin de recourir aux tiennes pour briser ses fers. Devenu libre, il est devenu injuste envers sa compagne. O femmes ! femmes, quand cesserez-vous d'être aveugles ? Quels sont les avantages que vous avez recueilli dans la Révolution ? (...) Opposez courageusement la force de la raison aux vaines prétentions de supériorité ; réunissez-vous sous les étendards de la philosophie ; déployez toute l'énergie de votre caractère, et vous verrez bientôt ces orgueilleux, nos serviles adorateurs rampant à nos pieds, mais fiers de partager avec vous les trésors de l'Etre-Suprême.

(«Les Droits de la Femme et de la Citoyenne»)

Elle mourut guillotinée, en 1793.

NOTES

[1] In *Correspondance complète de la Marquise du Deffand* par M. De Lescure, Paris, Plon, vol II, 1865.
[2] In *Dictionnaire des Lettres françaises*, publié sous la direction de Monseigneur Georges Grente, Le dix-huitième siècle A-K, 1960.
[3] Octave Gréard, *L'éducation des femmes par les femmes*, Paris, Hachette et Cie, 1886.
[4] *Idem.*
[5] *Mémoires de Madame Roland écrits durant sa captivité*, Paris, Librairie de L. Hachette et Cie, 1864.
[6] *Idem.*
[7] *Idem.*
[8] Ecombres: encombres.
[9] Assez gringes: d'assez mauvaise humeur.
[10] Bouëbes: petits garçons.

La littérature du dix-neuvième siècle

INTRODUCTION

Les femmes

Sans doute le siècle le plus âpre pour les femmes. Un siècle dur, durci (tant au niveau des lois que des mentalités) qui va, par sa rigidité même, engendrer la lutte et provoquer la révolte.

Les lendemains de la Révolution française féminine ne chantent vraiment pas. Comme si la société cherchait à punir les femmes de leurs audaces. Le Code civil de Napoléon étrangle littéralement les femmes. Il proclame leur infériorité, renforce leur asservissement au mari, à la famille. Un article de loi les assimile aux fous et aux mineurs! Si le divorce est maintenu, il sert surtout... aux hommes. Aucune soupape n'existe pour les femmes. L'étranglement est juridique et moral. A Germaine de Staël qui demandait à Napoléon quelle était la femme la plus célèbre à ses yeux, il répondit: «Celle qui fait le plus d'enfants». Ce n'était pas une boutade.

Sous le règne de Louis-Philippe naissent un espoir et une action importante, grâce au saint-simonisme. Cette doctrine, lancée par Saint-Simon, prêche la libération ouvrière. Le père Enfantin prolonge l'idéologie, l'approfondit et l'ouvre aux femmes. Celles-ci se précipitent dans cette petite porte ouverte, gonflées d'espoir, de passion... et de sens critique. Ce mouvement vise l'épanouissement de la société, affirme la complémentarité homme-femme et croit à l'avènement d'une Femme-Messie. Mouvement idéaliste, généreux, teinté de mysticisme, dominé par la fascinante personnalité d'Enfantin. Mais de nombreuses femmes réalisent très vite que le pouvoir y reste aux mains des hommes. N'empêche qu'elles se servent du mouvement et s'engagent dans l'action. Elles militent à la fois pour la condition ouvrière et pour la condition féminine.

1848: nouvelle bataille politique et sociale. Nouvelle participation des femmes. Nouvel espoir qui tourne à l'amère déception. Les révoltes gèlent sous l'influence nettement misogyne d'Auguste Comte, puis de Proudhon... Le Second Empire les jugule à nouveau complètement. Leur situation se détériore encore, notamment dans le domaine économique. L'industrialisation utilise beaucoup de femmes en les exploitant... Leur salaire représente la moitié du salaire masculin. Les conditions de travail sont abominables (15 heures par jour, manque total de formation professionnelle, etc.).

1871: nouvel espoir avec la Commune. Participation très collective des femmes. Les résultats sont maigres. Nouvelle déception.

Il faut attendre la fin du siècle pour qu'un mouvement solide, structuré se constitue en faveur des femmes. Le marxisme favorisera ce développement. Des bourgeoises vont sortir de leur confort et organiser l'émancipation. Phénomène parallèle: l'enseignement qui commence à s'ouvrir aux filles. Ce n'est pas trop tôt.

Les écrivaines

Pour elles aussi, la rigidité du siècle suscite la révolte. La plupart des écrivaines s'insurgent contre la condition féminine. Leur plume est d'abord un instrument de lutte. Lutte pour échapper au néant, lutte pour exister, pour s'affirmer. Ce n'est pas le hasard si le féminin «auteure» a été forgé au XIXe. Lutte pour conquérir l'indépendance économique. Pensons à George Sand.

Mais qui sont ces femmes qui s'engagent dans ce combat vital? Des bourgeoises, bien sûr, mais aussi des prolétariennes qui agissent à la fois sur le terrain et par l'écrit. Flora Tristan, par exemple.

Il s'agit donc d'une littérature à facettes militantes et revendicatrices. En ce sens, les écrivaines du XIXe me semblent nettement plus combatives que celles du XVIIIe.

Toute cette production est propulsée par la personnalité et l'œuvre de Germaine de Staël. Cette créatrice énergique étend son action à l'Europe entière. Ses romans («*Delphine*», «*Corinne*») mettent en lumière le désir féminin d'autonomie, la réalisation de soi et la marginalité qui en découle. Le romantisme séduit moins les écrivaines que les écrivains. Probablement parce que celles-ci ont choisi l'action et la revendication plutôt que le rêve. Peut-être aussi parce qu'elles ont voulu réagir aux grands mythes féminins que ce mouvement remet en honneur! Deux facteurs jouent en faveur des écrivaines au XIXe. D'une part, le saint-simonisme. D'autre part, le développement de la presse féminine. Celle-ci offre de nouvelles possibilités: articles, romans en feuilleton, etc. Mais le terrain de la création reste aride et jonché d'embûches. Un exemple? Un certain Barbey d'Aurevilly qui vilipenda les écrivaines en les appelant «les Bas-bleus».

Le plan que je vous propose est encore une fois fondé sur la distinction des genres. Je n'ai pas cru nécessaire de présenter en détail Germaine de Staël et George Sand, ces deux géantes. Par contre, j'ai voulu rectifier leur portrait et insister sur leurs romans psychologiques.

Commençons ce siècle mouvementé... par un éclatement.

PLAN

1. Le roman : éclatement thématique
2. Les deux phares sont à revoir !
3. Les militantes
4. Une poétesse peut en cacher d'autres
5. Les mémoires
6. Un genre méprisé : la littérature pour enfants

1. LE ROMAN: ECLATEMENT THEMATIQUE

Pendant des siècles, le conflit entre la vertu et la passion a nourri presque tous les romans féminins. Que se produit-il au XIXe? Une rupture. Un éclatement thématique. Le conflit vertu-passion s'évacue au profit du thème de la condition féminine. Révolte violente contre l'enfermement des femmes, rêve d'autonomie totale, lutte pour une réelle identité et pour la réalisation de soi. Elargissement prodigieux de l'espace intime (mari, amant) à l'espace extérieur (rôle personnel, créatif, politique, social). Elimination de la morale... et de l'encombrante pudeur. Progressivement les rêves, les idéaux font place à des exemples concrets de femmes qui se prennent en main et s'affirment. Ce n'est évidemment pas un hasard si la plupart des romans du siècle portent des prénoms féminins en guise de titre. L'écrivaine qui rompt délibérément avec l'ancienne thématique, c'est Germaine de Staël, avec «*Delphine*» (1802) et «*Corinne*» (1807)

La thématique romanesque du XIXe nous offre donc un passionnant bouleversement des éléments traditionnels. Voici différents jalons de cette riche trajectoire, agrémentée de thèmes annexes, comme la vision critique de la société.

Sophie Cottin (1770-1807)

Cette romancière assure la transition entre le XVIIIe et le XIXe. Veuve à 23 ans, elle s'engage dans l'écriture, en rêvant d'y trouver une forme d'absolu. «Le dégoût, le danger ou l'effroi du monde ayant fait naître en moi le besoin de me retirer dans un monde idéal» note-t-elle dans la préface de «*Claire d'Albe*».

«*Claire d'Albe*»: sans doute son roman le plus fort, le plus concis, le plus brûlant. Sophie l'aurait rédigé d'un trait, en quinze jours, sous le coup d'une expérience intensément vécue. Elle choisit la forme épistolaire (lettres de Claire adressées à Elise, la grande amie), fait démarrer l'action en Touraine, dans un château. Claire d'Albe (au nom doublement symbolique de pureté!) y mène une vie harmonieuse auprès de son mari et de ses deux enfants. Elle s'adonne par ailleurs à la charité en aidant les pauvres et les malades. Bref, elle incarne la vertu... mais non la plénitude. «Ah! laisse-moi sous mes ombrages. C'est là qu'en rêvant un mieux idéal je trouve le bonheur que le ciel m'a refusé.» Voici la brèche par où va s'infiltrer l'action. En l'occurrence, le jeune Frédéric, surgi des Cévennes et à peine sorti de l'adolescence. Sophie Cottin entame alors la description précise, nuancée, complexe de la montée de la passion réciproque entre Claire et Frédéric. Montée assez rapide chez Frédéric, mais plus lente (et sûre) chez Claire. La romancière a l'art d'illustrer les sentiments dans des scènes bien croquées. Comme celle-ci:

> M. d'Albe a souri. Vous aimez donc beaucoup ma femme, Frédéric? lui a-t-il dit. — Beaucoup? non. — La quitteriez-vous sans regret? — Elle me plaît: mais je crois qu'au bout de peu de jours je n'y penserais plus. — Et moi, mon ami? Vous! s'est-il écrié en se levant, et courant se jeter dans ses bras, je ne m'en consolerais jamais. C'est bien, c'est bien, mon Frédéric, lui a dit M. d'Albe tout ému; mais je veux pourtant qu'on aime ma Claire comme moi-même. Non, mon père, a repris l'autre en me regardant, je ne le pourrais pas.

(«Claire d'Albe»)

La vertueuse Claire finit par se rendre à l'évidence (et à l'horreur de la situation!): elle aime Frédéric. Après une séparation exigée par l'entourage, Frédéric et Claire se retrouvent. Claire ne résiste plus et se donne à Frédéric:

> L'amour a doublé les forces de Frédéric, l'amour et la maladie ont épuisé celles de Claire... Elle n'est plus à elle, elle n'est plus à la vertu; Frédéric est tout, Frédéric l'emporte... Elle l'a goûté dans toute sa plénitude, cet éclair de délice qu'il n'appartient qu'à l'amour de sentir; elle l'a connue, cette jouissance délicieuse et unique, rare et divine comme le sentiment qui l'a créée: son âme, confondue dans celle de son amant, nage dans un torrent de volupté...

(Idem)

Voici un passage bien osé pour l'époque! Et qui dérangea de nombreux contemporains. Mais pourquoi Claire a-t-elle cédé? A mon avis parce qu'elle s'est laissé envahir par le sentiment, a donc déchu à ses propres yeux, s'est rendue indigne d'elle-même. Acte dicté par l'échec personnel, acte de désespoir. Et explosion d'une forte sensualité trop longtemps réprimée. Le rêve d'absolu est brisé et Claire se laisse aspirer par la mort.

Sophie Cottin signe un roman nuancé et brûlant, qui sonne juste et fort. Sa puissance provient notamment de son enracinement dans le vécu.

Un roman-charnière entre les deux siècles. Il appartient au XVIIIe par son thème, le conflit entre la vertu et l'amour fou, et le contexte moralisateur. Mais il bascule dans le XIXe par la recherche d'un absolu, l'amour de la nature et la dimension sociale.

Barbara-Julie de Krüdener (1764-1824)

Cette Russe épousa un diplomate, voyagea, joua à la séductrice, se mit à écrire lors de son veuvage, puis se tourna vers le mysticisme. Si je lui accorde ces quelques lignes, c'est parce qu'elle se tailla un immense succès avec son roman «*Valérie*», paru en 1803. Les Français et les Allemands le dévorèrent.

Le sujet? Le jeune Octave qui éprouve un intense désir d'aimer, désir exacerbé par la nature très présente. Octave s'éprend de la jeune épouse de son meilleur ami. Passion extrême et funeste, puisqu'elle se heurte à nouveau à la vertu et au devoir. Si le thème rappelle encore le XVIIIe, ce roman plonge délibérément dans le bain romantique: exaltation des désirs, états d'âme liés à la nature, amour passionné des paysages.

Claire de Duras (1778-1828)

Rappelons d'abord l'impact énorme des deux romans de Germaine de Staël («*Delphine*» et «*Corinne*») et le changement thématique qu'ils apportèrent: le besoin d'identité féminine et le désir de réalisation de soi. C'est dans cette voie que s'inscrit Claire de Duras, en posant le problème d'une manière aiguë et à peine symbolique. Elle aussi connaît un fameux succès avec «*Ourika*» (1823).

Qui est Ourika? Une jeune Sénégalaise, recueillie par une noble famille française. Créature pleine de finesse, d'intelligence, mais... tarée: elle est négresse. Aucun avenir (affectif, professionnel) ne peut s'ouvrir à elle.

Voici une scène représentative. Elle est cruelle dans la mesure où la société va applaudir Ourika tout en sachant pertinemment que cette fille est condamnée d'avance.

Madame de B. vantoit souvent ce qu'elle appeloit ma grâce, et elle avoit voulu que je susse parfaitement danser. Pour faire briller ce talent, ma bienfaitrice donna un bal dont ses petits-fils furent le prétexte, mais dont le véritable motif était de me montrer fort à mon avantage dans un quadrille des quatre parties du monde où je devois représenter l'Afrique. On consulta les voyageurs, on feuilleta les livres de costumes, on lut des ouvrages savants sur la musique africaine, enfin on choisit une *comba*, danse nationale de mon pays. Mon danseur mit un crêpe sur son visage: hélas! je n'eus pas besoin d'en mettre sur le mien; mais je ne fis pas alors cette réflexion. Tout entière au plaisir du bal, je dansai la *comba*, et j'eus tout le succès qu'on pouvoit attendre de la nouveauté du spectacle et du choix des spectateurs, dont la plupart, amis de madame de B., s'enthousiasmoient pour moi et croyoient lui faire plaisir en se laissant aller à toute la vivacité de ce sentiment. La danse d'ailleurs étoit piquante; elle se composoit d'un mélange d'attitudes et de pas mesurés; on y peignoit l'amour, la douleur, le triomphe et le désespoir. Je ne connoissois encore aucun de ces mouvements violents de l'âme; mais je ne sais quel instinct me les faisoit deviner; enfin je réussis. On m'applaudit, on m'entoura, on m'accabla d'éloges: ce plaisir fut sans mélange; rien ne troubloit alors ma sécurité.

(«*Ourika*»)

La race différente symbolise ici plusieurs éléments: la force des barrières sociales, les épais préjugés, l'hypocrisie générale, mais, surtout, la marginalité féminine. Car il est certain que Claire de Duras projette, de manière imagée, la condition féminine au XIXe. Exister, vouloir se réaliser, créer en tant que femme? Une impasse. Ce court récit (il a moins de 40 pages) est attachant par sa densité, son style élégant et sa construction. Car Ourika nous raconte, vieillie et malade, ce que fut sa «vie».

Constance de Salm (1767-1845)

Cette femme s'engagea totalement dans le métier de l'écriture et défendit ardemment la cause des femmes. Elle revendiqua le droit à l'instruction, à la création, à l'égalité hommes-femmes. «Une situation qui restreint les facultés morales n'est un bonheur pour personne[1].»

Constance se rattache nettement plus au XVIIIe qu'au XIXe. Elle est d'abord moraliste. Et pourtant elle trouve sa place dans ce chapitre grâce à une démarche insolite et à un roman tout aussi insolite. Ses contemporains lui reprochant d'être trop philosophique et mesurée, elle riposta en publiant un bref ouvrage, «*Vingt-quatre heures d'une femme sensible*» (1824).

L'amour, la jalousie, le doute, l'angoisse, le désespoir, le tout condensé en 24 heures, sous forme de lettres adressées à Lui, à l'homme aimé. Le point de départ? Cet homme aimé a reconduit, la veille au soir, à la sortie du spectacle, une autre femme...

Voici trois lettres:

Lettre V

Mon déjeuner est là: je n'ai point la force d'y toucher. Je sens une barre, un poids sur ma poitrine. Tantôt une rougeur subite couvre ma figure, tantôt un frisson me parcourt de la pointe des pieds à la pointe des cheveux. Quel est donc ce pouvoir de l'âme sur le corps, de la passion sur la raison? L'orgueil s'en révolte et s'en indigne: il nous montre notre faiblesse, notre profonde humiliation dans tout son jour; il nous force à gémir sur ce temps, ces facultés dépensées, prodiguées, perdues en vaines et folles sensations; mais à quoi cela sert-il? à rien!...

(«Vingt-quatre heures d'une femme sensible»)

Lettre XIV

Il serait horrible de vous accuser de ce que j'entrevois, si vous en êtes innocent. Je recueille mes forces; je retiens mes esprits prêts à s'égarer. Je cherche à voir ce que je dois croire, faire, penser. Je suis de sang-froid; j'ai le sang-froid du désespoir.

*Lettre XLVI
et dernière*
                                    Jeudi, à une heure du matin.
J'allais mourir!... Rien ne peut rendre ce que j'éprouve. Charles est déjà parti; il va me rapporter toutes mes lettres. Ce n'est que dans tes bras, sur ton sein, que je dois t'apprendre jusqu'à quel point l'amour m'a égarée; ce n'est que là que tu pourras me pardonner.
O mon Dieu!... quelle joie!... quels transports!... quelle leçon!...

(idem)

On devine, à travers ces extraits, la trajectoire affective accomplie en 24 heures! En fait, tout repose sur un malentendu. L'homme aimé était occupé à éliminer les derniers obstacles à leur mariage.

Si bien que ces lettres extrêmement lyriques prennent alors une tout autre allure. On réalise que l'écrivaine sourit d'elle-même (le titre est révélateur) et que cette condensation en 24 heures cache une légère satire du romantisme! Jolie riposte, délectable à lire, d'autant plus que l'écriture est élégante. Constance, malgré le vêtement romantique, reste bel et bien moraliste, puisqu'elle dénonce implicitement les dangers de la jalousie et de l'hypersensibilité.

Un roman très réussi, concis, qui brille malicieusement en pleine floraison romantique.

Delphine de Girardin (1804-1855)

Fille de romancière (Sophie Gay[2]) et baptisée Delphine en hommage à Germaine de Staël... Elle épousa le célèbre homme de presse, Emile de Girardin.

Intelligence, esprit, vivacité, humour, ironie, malice, observation aiguë, voilà les grands traits de cette écrivaine. Cette richesse engendre une œuvre diversifiée: articles, nouvelles, romans, pièces de théâtre, contes pour enfants. Le XIXe reconnaît son talent. Le XXe l'oublie.

Plus que la condition féminine, c'est la satire tendre et piquante de l'humanité qui passionne Delphine. Nos travers, nos faiblesses, nos mesquineries, nos pâles comédies. Elle égratigne, en particulier, la société mondaine et son hypocrisie.

C'est peut-être dans ses nouvelles que Delphine est la plus brillante. Un ton alerte, une plume acérée, une vision originale et souriante du monde. Voici, par exemple, le tout début de «*La canne de Monsieur de Balzac*»:

> Il est un malheur que personne ne plaint, un danger que personne ne craint, un fléau que personne n'évite; ce fléau, à dire vrai, n'est contagieux que d'une manière, par l'hérédité, — et encore n'est-il que d'une succession bien incertaine — n'importe, c'est un fléau, une fatalité qui vous poursuit toujours, à toute heure de votre vie, un obstacle à toute chose — non pas un obstacle que vous rencontrez — c'est bien plus. C'est un obstacle que vous portez avec vous, un bonheur ridicule, que les niais vous envient; une faveur des dieux qui fait de vous un Paria chez les hommes, ou — pour parler plus simplement — un don de la nature qui fait de vous un sot dans la société. Enfin, ce malheur, ce danger, ce fléau, cet obstacle, ce ridicule, c'est... — Gageons que vous ne devinez pas — et cependant, quand vous le saurez, vous direz: C'est vrai. Quand on vous aura démontré les inconvéniens de cet avantage, vous direz: Je ne l'envie plus. Ce malheur donc, c'est le malheur d'être BEAU!
>
> («La canne de Monsieur de Balzac, Le Lorgnon»)

Toute supériorité est un exil... De plus, le héros s'appelle Tancrède. «Tancrède Dorimont! porter à la fois un nom de tragédie et un vieux nom de comédie, et de plus être fait comme un héros de roman!» Après de nombreux échecs, Tancrède réussira un jour à se rendre invisible grâce à la canne magique d'Honoré de Balzac en personne, échappera donc à son fléau et savourera le bonheur.

Les objets magiques qui servent à observer de près les différents milieux et caractères semblent obséder Delphine. Ainsi le personnage principal de la nouvelle «*Le lorgnon*» est effectivement un lorgnon qui se révèle un excellent télescope moral. Son heureux bénéficiaire choisit Paris comme terrain d'analyse. Il s'amuse d'abord comme un fou. Par exemple au théâtre:

> Lisette et Scapin, loin de s'amuser par leur folie, lui faisaient pitié; ils avaient l'âme si triste au milieu de leur gaieté, de voir la salle vide et de plaisanter dans le désert.
>
> Personne! pas un chat dans toute la salle, pensait douloureusement la pauvre soubrette, en éclatant de rire de ce rire de comédie si peu contagieux.
>
> «Sept livres dix sols de recette! se disait amèrement Scapin en gambadant autour de Géronte.»
>
> Et Lisette, continuant de folâtrer, se disait:
>
> «Faire une toilette pour n'être pas regardée!»
>
> Et Scapin, poursuivant ses pirouettes, se disait:
>
> «Débiter cinq cents vers pour des gardes nationaux qui viennent dormir *gratis*, étendus sur les banquettes du parterre!...» et tout cela était d'un comique à fendre le cœur.
>
> (*idem*)

Mais il déchantera bientôt... Tendre et féroce tableau de l'humanité!

Enfin je signalerais ses «*Lettres parisiennes*», savoureux commentaires de l'actualité parisienne, de 1836 à 1839.

Daniel Stern (1805-1876)

La comtesse d'Agoult choisit un pseudonyme masculin, Daniel Stern. L'histoire et la petite histoire ne l'ont pas tout à fait oubliée... grâce à sa vie privée. On a retenu en effet ses amours avec Liszt. C'est d'ailleurs dans le département «musique» d'une grande bibliothèque que j'ai découvert une récente biographie de l'écrivaine! Or la vie de Daniel Stern ne se résume pas à une liaison. C'est une femme qui s'engagea non seulement dans la création littéraire mais aussi dans la bataille politique et sociale.

Son œuvre est diverse: un «*Essai sur la liberté*», une «*Histoire de la Révolution de 1848*», des nouvelles, des romans.

Parmi ses nouvelles, j'attirerais l'attention sur «*Valentia*», texte révélateur de l'évolution thématique du XIXe. Valentia incarne véritablement l'enfermement carcéral des femmes de ce siècle. Statut (inexistant!) d'orpheline, mariage forcé, dépendance totale vis-à-vis d'un mari qui ne tolère même pas que son épouse lise. Mais Valentia réussit à s'échapper de cette prison et rencontre la passion. Libération illusoire. «J'avais cédé au caprice d'un enfant en croyant m'appuyer sur la forte volonté d'un homme». Echec cuisant qui la précipite dans le suicide. «J'aurais aimé donner ma vie pour une plus grande cause» avoue-t-elle.

Le roman «*Nélida*» (1846) reprend ce thème, l'approfondit et l'oriente tout autrement. Encore une orpheline. Une fille soumise, à l'âme croyante. «Bécasse mystique» l'appelle une des pensionnaires du couvent. Nélida est prise en charge par une vicomtesse et fait son entrée dans le monde. Daniel Stern ne déteste pas recourir à l'ironie:

- Elle est fort belle, disaient plusieurs hommes.
- Mais sans expression aucune, observait une merveilleuse sur le retour.
- Pourquoi sa tante ne lui met-elle pas un peu de rouge? ajoutait une femme couperosée.
- Elle a tout gardé pour elle, répondait un jeune élégant. Ne remarquez-vous pas combien la vicomtesse acquiert de fraîcheur et d'éclat avec les années; chaque hiver, je trouve à son teint un velouté plus séduisant, des dégradations mieux observées. Depuis un mois elle tourne décidément à la rose du Bengale.

(«Nélida»)

Au passage, une réflexion de la romancière sur ce qu'on appelle le monde: «Avec quel art merveilleux on parvient à maintenir debout cet édifice bâti de préjugés et de mensonges dont chacun en particulier est pourri de vétusté, et dont l'ensemble pourtant présente encore une masse assez imposante.» Le schéma de «*Valentia*» se reproduit. Le piège du mariage, l'étouffement douloureux, l'allègre infidélité de l'époux. Puis la tentative d'évasion dans la passion. En effet, Nélida retrouve un copain d'enfance, devenu artiste. Une fois encore, la désillusion attend l'héroïne au tournant. «Celui que j'aimais n'a pénétré qu'à la surface de mon amour». Déception vis-à-vis d'elle-même également, parce qu'elle a choisi un être manquant de grandeur et qu'elle a failli. Mais c'est ici que la thématique se renouvelle. Cet échec va la faire accéder à la conscience d'elle-même. Déjà, pendant sa liaison avec Guermann, elle nota dans son journal intime: «La femme qui avait été son esclave s'était affranchie, et, si elle consentait à porter encore ses chaînes, ce n'était plus avec aveuglement, c'était avec conscience; ce n'était plus pour rester fidèle à un autre, c'était pour se rester fidèle à elle-même.» Devenue veuve, Nélida réalise plus pleinement encore le danger de toute dépendance. Voici ce qu'elle note au sujet du mariage: «C'était le renoncement presque certain à l'expansion de ma force, à ce rayonnement de ma vie sur d'autres vies.» «Le mariage, c'était le ménage, le gynécée, la vie des salons.» Cette prise de conscience va éveiller chez elle le désir de se réaliser. Les «*Mémoires*» de Marie-Jeanne Roland lui servent peut-être de détonateur: «Le rôle sérieux qu'une personne de mon sexe avait pu jouer... Les femmes pouvaient donc aussi être grandes, fortes, être quelque chose enfin.» «Mon cœur ne battait déjà plus qu'à l'idée d'une grande destinée.» A partir de ce moment, Nélida se prend réellement en main et se lance dans l'action sociale.

«Que devint Nélida?» se demande Daniel Stern à la fin du roman. Question qui sous-entend que la bataille est âpre et que l'actualité politique rend celle-ci plus dure encore.

Un roman porteur d'espoir, qui présente une formidable naissance à soi-même. Une œuvre bien construite, attachante, émouvante même dans la mesure où la fiction émane directement des réalités du XIXe...

Hortense Allart (1801-1879)

Elle nous a concocté un ouvrage, «*Les enchantements de Prudence*» (1873) qui démarre ainsi:

Les talents distingués sont seuls dignes d'occuper le public, mais j'ai cru que le sort des femmes était parfois si malheureux qu'on aimerait d'en voir une suivre en liberté son cœur, et placer dans sa destinée l'amour et l'indépendance au-dessus de tout.

(«Les enchantements de Prudence»)

Souhait vague? Rêve éthéré? Non: réalité pleinement vécue. Car Hortense Allart nous entraîne aussitôt dans une longue autobiographie, illuminée par l'amour et l'indépendance. Voilà qui est encore surprenant au XIXe.

Hortense nous raconte son premier enchantement: l'amitié passionnée pour Laure, une comtesse raffinée et cultivée. «Près de Laure, je commençai de sentir ce grand goût pour la vie que j'ai toujours eu depuis».

J'étais, dès lors, ambitieuse, aventureuse, agréable, et ainsi en danger. Je n'aurais pas voulu une vie obscure. J'aimais les lettres et j'y mettais mes espérances. La vie, le monde, loin de m'inquiéter, m'attiraient vivement. Je m'élançais avec transport vers l'avenir.

(*idem*)

Voici donc sans doute la clé des enchantements: une attitude ouverte au monde, une aptitude au bonheur, cimentées par le ferme désir d'«être quelque chose soi».

Hortense nous confie ses passions. Passions amoureuses, passions pour l'étude, passions pour le présent, passions pour l'écriture. Le tout vécu à travers une foule de voyages et de séjours en Suisse, en Italie, en France, en Angleterre. Hortense Allart savoure profondément sa vie, en mêlant calme et ferveur. Ses «*Enchantements de Prudence*» clament la superbe affirmation d'une femme.

Nous voici au terme de cette passionnante trajectoire thématique. Mais avant de boucler ce chapitre, je voudrais évoquer rapidement le roman en Belgique. Deux noms émergent: *Caroline Gravière*[3] (1821-1878) et *Marguerite van de Wiele* (1859-1941). Cette dernière connaît le succès avec «*Lady Fauvette*» (1879). Un roman qui démarre dans l'insouciance rieuse et qui se termine dans le désespoir. Lady Fauvette décide de renoncer à celui qu'elle aime, parce qu'elle a perdu toute sa fortune. Ici encore, une femme qui pose un choix, avec beaucoup de dignité.

La servitude, l'inconscience, les vagues rêves de libération ont fait place à la réalité: des femmes qui s'assument pleinement et l'expriment.

2. LES DEUX «PHARES» SONT A REVOIR!

Dans les manuels scolaires et les ouvrages généraux, deux femmes représentent à elles seules la littérature féminine de ce siècle: Germaine de Staël et George Sand. Je constate que ces livres les commentent toujours de la même manière et, surtout, de manière incomplète. Il serait temps de revoir leur image.

Germaine de Staël (1766-1817)

Vie exceptionnelle, absolument étonnante en soi et par rapport à ce siècle si peu favorable aux femmes.

Germaine de Staël: une des femmes les plus dérangeantes mais aussi les plus dérangées! Des hommes, des femmes jalousèrent son intelligence et son succès. Parce qu'elle s'affirma, on l'appela un «homme-femme». Mais le personnage qu'elle dérangea le plus fut Napoléon. Il lui ordonna l'exil à maintes reprises, interdit la parution de ses œuvres.

Rappelons brièvement l'action de Germaine de Staël. C'est elle qui établit véritablement le lien entre le XVIIIe et le XIXe siècle: d'une part, le goût des idées abstraites organisées, de l'autre, l'exaltation, le lyrisme. Elle sut, par son intelligence et son ouverture d'esprit, canaliser ces vagues désirs nouveaux et les théorisa. Bref, c'est elle qui lança vraiment le romantisme, non seulement en France mais dans toute l'Europe. Elle transforma le château de Coppet (en Suisse) en prestigieux carrefour culturel et politique de l'Europe.

On oublie souvent de souligner son immense influence, sa célébrité, sa gloire. Elle fut l'émule de Chateaubriand. Son roman «*Corinne*» rencontra un succès extraordinaire. Il fut le best-seller de l'époque et imprégna plusieurs générations de femmes.

Justement, le XXe siècle a retenu en général ses essais et a occulté ses romans. Or ceux-ci me semblent tout aussi intéressants, plus révélateurs de l'être, et plus révélateurs des mentalités du début du siècle.

«*Delphine*», son premier roman, paraît en 1802. On apprend, dans une préface signée par Germaine de Staël, qu'elle fut pratiquement obligée de changer le dénouement du roman... parce que le premier dénouement était trop politique et social! La phrase mise en exergue est représentative de l'esprit de l'œuvre: «Un homme doit savoir braver l'opinion, une femme s'y soumettre»[4]. Le thème du roman: la souffrance d'une femme qui se heurte aux préjugés sociaux. Ici, Germaine de Staël projette manifestement son malaise: la difficulté d'être créatrice dans une société qui exige que la femme soit soumise et transparente. Reflet de sa solitude, au-delà de la gloire. Reflet de son inlassable bataille contre l'hostilité et la médiocrité.

L'écrivaine dénonce, dans sa préface, la sévérité de la société vis-à-vis des individus qui possèdent l'enthousiasme, l'indépendance d'esprit, l'exigence. La société préfère les secs. «Ces vérités générales s'appliquent aux femmes d'une manière bien plus forte encore: il est convenu qu'elles doivent respecter toutes les barrières, porter tous les genres de joug... La société redoute ce qui fait exception». D'ailleurs cette même société lance cet avertissement aux femmes: «Si vous ne respectez pas l'opinion, elle vous écrasera».

«*Corinne*», un autre roman qui paraît en 1807, me semble plus attachant encore, plus riche.

Corinne est la femme la plus célèbre d'Italie. Elle est poète, écrivaine, improvisatrice. Et belle de surcroît. Image de l'indépendance souveraine du génie. Image de... l'isolement et du désarroi. Car Corinne, qui jouit de la gloire, cherche le bonheur: il se dérobe, à cause de sa propre supériorité. L'homme qu'elle aime la rejettera, craignant qu'une femme aussi douée ne puisse guère assumer des tâches... plus domestiques! Le roman, lumineux au départ, va peu à peu s'obscurcir, malgré la beauté de l'Italie. L'Italie: plus qu'un cadre, presque un personnage. Car le roman nous offre non seulement une impasse affective, mais aussi un riche tableau de ce pays. Et c'est Corinne qui nous emmène parmi ces splendeurs, nourrie de son enthousiasme et de sa culture. Voilà pourquoi j'aime et je défends «*Corinne*». Parce que cette œuvre met le doigt sur des problèmes toujours actuels: la difficulté de concilier la création et le bonheur affectif, l'isolement du créateur, l'incompréhension qu'il suscite, son rêve d'ambition et de simplicité à la fois, la recherche d'un rapport d'égalité entre les sexes.

Pas étonnant que le personnage de Corinne servit de modèle, de référence à tout un siècle. Il faudrait lire ce roman. Ou le relire. A condition bien sûr de plonger dans le bain romantique. Nous voici loin des commentaires des manuels scolaires qui insistent tous sur la soi-disant laideur de Madame de Staël...

Cet extrait nous présente Corinne en pleine gloire: elle est célébrée au Capitole. C'est dans ces circonstances que la découvre Oswald Nelvil, l'homme qui en tombera amoureux et la rejettera...

Enfin les quatre chevaux blancs qui traînaient le char de Corinne se firent place au milieu de la foule. Corinne était assise sur ce char construit à l'antique, et des jeunes filles, vêtues de blanc, marchaient à côté d'elle. Partout où elle passait, l'on jetait en abondance des parfums dans les airs; chacun se mettait aux fenêtres pour la voir, et ces fenêtres étaient parées en dehors de pots de fleurs et de tapis d'écarlate; tout le monde criait: *Vive Corinne! vive le génie! vive la beauté!* L'émotion était générale; mais lord Nelvil ne la partageait point encore; et bien qu'il se fût déjà dit qu'il fallait mettre à part, pour juger tout cela, la réserve de l'Angleterre et les plaisanteries françaises, il ne se livrait point à cette fête, lorsque enfin il aperçut Corinne.

Elle était vêtue comme la sibylle du Dominiquin, un châle des Indes tourné autour de sa tête, et ses cheveux, du plus beau noir, entremêlés avec ce châle; sa robe était blanche, une draperie bleue se rattachait au-dessous de son sein, et son costume était très pittoresque, sans s'écarter cependant assez des usages reçus pour que l'on pût y trouver de l'affectation. Son attitude sur le char était noble et modeste: on apercevait bien qu'elle était contente d'être admirée; mais un sentiment de timidité se mêlait à sa joie et semblait demander grâce pour son triomphe; l'expression de sa physionomie, de ses yeux, de son sourire, intéressait pour elle, et le premier regard fit de lord Nelvil son ami, avant même qu'une impression plus vive le subjuguât. Ses bras étaient d'une éclatante beauté; sa taille grande, mais un peu forte, à la manière des statues grecques, caractérisait énergiquement la jeunesse et le bonheur; son regard avait quelque chose d'inspiré. L'on voyait dans sa manière de saluer et de remercier pour les applaudissements qu'elle recevait, une sorte de naturel qui relevait l'éclat de la situation extraordinaire dans laquelle elle se trouvait; elle donnait à la fois l'idée d'une prêtresse d'Apollon qui s'avançait vers le temple du Soleil, et d'une femme parfaitement simple dans les rapports habituels de la vie; enfin, tous ses mouvements avaient un charme qui excitait l'intérêt et la curiosité, l'étonnement et l'affection.

L'admiration du peuple pour elle allait toujours croissant, plus elle approchait du Capitole, de ce lieu si fécond en souvenirs. Ce beau ciel, ces Romains si enthousiastes, et par-dessus tout Corinne, électrisaient l'imagination d'Oswald: il avait vu souvent dans son pays des hommes d'Etat portés en triomphe par le peuple; mais c'était pour la première fois qu'il était témoin des honneurs rendus à une femme, à une femme illustrée seulement par les dons du génie: son char de victoire ne coûtait de larmes à personne; et nul regret, comme nulle crainte, n'empêchait d'admirer les plus beaux dons de la nature, l'imagination, le sentiment et la pensée.

(«Corinne»)

George Sand (1804-1876)

L'image que l'on nous offre habituellement de George Sand est assez schématisée et même caricaturée. On nous la présente comme une douteuse émancipée, aux allures masculines, et on énumère avec insistance tous ses amants!

Emancipée? Oui, dans la mesure où, comme Germaine de Staël, elle osa être elle-même. C'est cet aspect qui me plaît chez elle: une femme qui, peu à peu, s'est forgée. Et pourtant son milieu ne la prépara guère à la création. Mais elle possédait la curiosité, la détermination, l'ambition et... le désir d'une indépendance matérielle.

Elle se forgea donc tout. Un nom d'abord. «Celui qu'on m'a donné, je l'ai fait moi-même et moi seule après coup, par mon labeur[5].» Une carrière. A force d'exigence et de travail. Enfin, elle réussit à vivre de l'écriture. Et si elle s'habilla en homme, ce fut pour des raisons d'économie.

Sa personnalité, riche au départ, elle la développa, l'épanouit au cœur d'un siècle hostile.

Ces quelques lignes d'«*Histoire de ma vie*» reflètent bien son affirmation délibérée et... son humour.

> Je n'eus qu'un instant de fraîcheur et jamais de beauté. Mes traits étaient cependant assez bien formés, mais je ne songeai jamais à leur donner la moindre expression. L'habitude contractée, presque dès le berceau, d'une rêverie dont il me serait impossible de me rendre compte à moi-même, me donna de bonne heure l'*air bête*. Je dis le mot tout net, parce que toute ma vie, dans l'enfance, au couvent, dans l'intimité de la famille, on me l'a dit de même, et qu'il faut bien que cela soit vrai.

(«Histoire de ma vie»)

Quant à son œuvre, le XXe siècle n'en a retenu que les romans champêtres: c'est plutôt réducteur.

Peut-être faudrait-il redécouvrir ses romans «féminins»: «*Lélia*», «*Indiana*», «*Consuelo*». Histoire de trois femmes qui cherchent à exister, à se réaliser. Romans attachants, solides, où l'on retrouve les qualités de George Sand: son sens de l'atmosphère et du rebondissement, sa maîtrise de l'intrigue. La passion arrose le tout.

Voici un extrait d'«*Indiana*». Indiana est une jeune créole, respectueuse d'un mari autoritaire, mais désirant s'affirmer malgré tout.

— Je n'en n'ai pas le droit, mille couleuvres! Qui donc est le maître ici, de vous ou de moi? Qui donc porte une jupe et doit filer une quenouille? Prétendez-vous m'ôter la barbe du menton? Cela vous sied bien, femmelette!

— Je sais que je suis l'esclave et vous le seigneur. La loi de ce pays vous a fait mon maître. Vous pouvez lier mon corps, garrotter mes mains, gouverner mes actions. Vous avez le droit du plus fort, et la société vous le confirme; mais sur ma volonté, monsieur, vous ne pouvez rien, Dieu seul peut la courber et la réduire. Cherchez donc une loi, un cachot, un instrument de supplice qui vous donne prise sur elle! c'est comme si vous vouliez manier l'air et saisir le vide.

— Taisez-vous, sotte et impertinente créature; vos phrases de roman nous ennuient.

— Vous pouvez m'imposer silence, mais non m'empêcher de penser.

— Orgueil imbécile, morgue de vermisseau! Vous abusez de la pitié qu'on a de vous! Mais vous verrez bien qu'on peut dompter ce grand caractère sans se donner beaucoup de peine.

— Je ne vous conseille pas de le tenter, votre repos en souffrirait, votre dignité n'y gagnerait rien.
— Vous croyez? dit-il en lui meurtrissant la main entre son index et son pouce.
— Je le crois, dit-elle sans changer de visage.

(« Indiana »)

A travers ces romans «féminins», on réalise peut-être mieux avec quel acharnement George Sand s'est faite... George Sand.

3. LES MILITANTES

Au cours du XIX⁰ siècle, des femmes n'hésitent pas à descendre dans la rue, à protester, à fomenter des révoltes, à parcourir le monde. Il s'agit essentiellement d'une grande lutte sociale en faveur des opprimés.

J'ai choisi d'en évoquer deux, Flora Tristan et Louise Michel. La première est la figure la plus marquante des années 30-40. La seconde s'engage à fond dans la Commune.

Flora Tristan (1803-1844)

Elle éclaire le siècle. Elle fascine. Elle s'est engagée totalement. Et elle est remarquable écrivaine.

Ecoutons-la d'abord proclamer ces quelques phrases :

«Aimez l'humanité. Cet amant ne vous trahira pas. A vingt ans comme à soixante, vous pourrez l'aimer passionnément».

«L'union universelle des ouvriers et des ouvrières couvrira le monde».

«L'homme le plus opprimé peut opprimer un être, qui est sa femme. Elle est la prolétaire du prolétaire même».

«La femme est paria de naissance, serve de condition, malheureuse par devoir, et presque toujours il faut qu'elle choisisse entre l'hypocrisie et la flétrissure».[6]

Elle s'appelle elle-même une «paria», «une capitaine d'aventure». C'est au Pérou que Flora Tristan prend tout à coup conscience des injustices sociales. Ce séjour en Amérique latine va la métamorphoser en militante extrême. Elle va se lancer corps et âme dans la lutte en faveur de la classe ouvrière. Ses voyages, ses découvertes vont alimenter ses révoltes et ses revendications. On devine que le saint-simonisme l'influença.

Elle décide de faire le «tour de France», c'est-à-dire tenter de réveiller les ouvriers et de les pousser à l'action, à travers toute la France. Flora l'acharnée. Flora l'idéaliste. Car la réalité qu'elle rencontre la déçoit. Mais elle luttera d'autant plus fort et mourra, exténuée.

Il paraît qu'elle était belle et qu'elle était capable de magnétiser les foules. On devine que le mythe s'est emparé d'elle... Je dois avouer que cette Flora Tristan m'attire, car elle mêle engagement et romantisme. J'aime sa profonde indignation devant les mille misères du monde. J'aime sa curiosité sans bornes pour l'humanité. Et son vertige devant le regard vide de tous les opprimés. J'aime son sens de la description, son sens du détail. Cette écriture proche du journalisme littéraire. Car la réalité nous est livrée fortement, chaudement, directement, dans un style efficace. Avec, en filigrane, l'intensité de Flora.

Du Pérou, elle ramène son premier texte, «*Pérégrinations d'une paria*», qui sera publié en 1838. Elle y décrit, et y dénonce, l'esclavage, l'oppression sous toutes ses formes.

Par exemple, celle des ravanas:

> Les *ravanas* sont les vivandières de l'Amérique du Sud. Au Pérou, chaque soldat emmène avec lui autant de femmes qu'il veut; il y en a qui en ont jusqu'à quatre. Elles forment une troupe considérable, précèdent l'armée de plusieurs heures pour avoir le temps de lui procurer des vivres, de les faire cuire et de tout préparer au gîte qu'elle doit occuper. Le départ de l'avant-garde femelle fait de suite juger de tout ce que ces malheureuses ont à souffrir, de la vie de dangers et de fatigues qu'elles mènent. Les ravanas sont armées; elles chargent sur des mules les marmites, les tentes, tout le bagage enfin; elles traînent à leur suite une multitude d'enfants de tout âge, font partir leurs mules au grand trot, les suivent en courant, gravissent ainsi les hautes montagnes couvertes de neige, traversent les fleuves à la nage, portant un et quelquefois deux enfants sur leur dos. Lorsqu'elles arrivent au lieu qu'on leur a assigné, elles s'occupent d'abord de choisir le meilleur emplacement pour camper; ensuite, elles déchargent les mules, dressent des tentes, allaitent et couchent les enfants, allument des feux et mettent la cuisine en train. Si elles se trouvent peu éloignées d'un endroit habité, elles s'y portent en détachement pour y faire la *provision*; se jettent sur le village comme des bêtes affamées et demandent aux habitants des vivres pour l'armée; quand on leur en donne de bonne volonté, elles ne font aucun mal, mais, si on leur résiste, elles se battent comme des lionnes, et, par leur féroce courage, triomphent toujours de la résistance; elles pillent alors, saccagent le village, emportent le butin au camp et le partagent entre elles.
>
> Ces femmes, qui pourvoient à tous les besoins du soldat, qui lavent et raccommodent ses vêtements, ne reçoivent aucune paie et n'ont pour salaire que la faculté de voler impunément; elles sont de race indienne, en parlent la langue et ne savent pas un mot d'espagnol. Les *ravanas* ne sont pas mariées, elles n'appartiennent à personne et sont à qui veut d'elles.

(«Pérégrinations d'une paria»)

L'Angleterre va lui inspirer «*Promenades dans Londres*» (1840). Ici il s'agit de l'oppression de l'aristocratie anglaise sur les petits. Flora explore tous les recoins de la capitale. Elle visite par exemple des usines à gaz et découvre avec horreur l'exploitation des ouvriers:

> Je ne distinguai plus les bouches des fours qu'à travers ce nuage qui rendait les flammes plus rouges, les lames de feu plus effrayantes; les corps des chauffeurs, de blancs qu'ils étaient, devinrent noirs, et ces infortunés, qu'on aurait pris pour des diables, se confondirent dans ce chaos infernal. Surprise par la fumée du coke, je n'eus que le temps de descendre précipitamment.
>
> J'attendis la fin de l'opération, voulant savoir ce que ces pauvres chauffeurs allaient devenir. Je m'étonnais de ne voir arriver aucune femme. «Mon Dieu! pensai-je, ces ouvriers sont-ils donc sans mère, sans sœur? N'ont-ils ni femme, ni fille, attendant, à

la porte, leur sortie de l'ardente fournaise, afin de les laver à l'eau tiède, de les envelopper dans des chemises de flanelle, de leur faire prendre un breuvage nourrissant, fortifiant, puis de leur dire quelques paroles d'amitié, d'amour qui consolent, encouragent et aident l'homme à supporter les plus cruelles misères. J'étais dans l'anxiété : pas une femme ne parut. Je demandai au *foreman* où ces hommes, baignés de sueur, allaient prendre du repos.

— Ils vont se jeter sur un lit qui est sous ce hangar, me répondit-il froidement, et au bout d'une couple d'heures, ils recommenceront à chauffer.

Ce hangar, ouvert à tous les vents, ne garantit que de la pluie ; il y fait un froid glacial. Une espèce de matelas qu'on ne distingue point du charbon qui l'entoure, est placé dans un des coins ; je vis les chauffeurs s'étendre sur ce matelas dur comme la pierre. Ils étaient couverts d'un paletot très sale, pénétré de sueur et de poussière de charbon à un tel point qu'on n'en pouvait deviner la couleur.

— Voilà, me dit le *foreman*, comment ces hommes deviennent poitrinaires : c'est en passant sans nulle précaution du chaud au froid.

(« Promenades dans Londres »)

Toujours à Londres, elle pénètre dans les quartiers les plus pauvres, la paroisse de Saint-Gilles (quartier des Irlandais). La misère la bouleverse :

Ce n'est pas sans un sentiment d'effroi que le visiteur pénètre dans l'étroite et sombre ruelle de Bainbridge. A peine y a-t-il fait dix pas qu'il est suffoqué par une odeur méphitique. La ruelle, entièrement occupée par le grand magasin de charbon, est impraticable. A droite, nous entrâmes dans une autre ruelle *non pavée*, boueuse et remplie de petites mares où croupissent les eaux nauséabondes de savon, de vaisselle et autres plus fétides encore... Oh! je dus alors maîtriser mes répugnances et réunir tout mon courage pour oser continuer ma marche à travers ce cloaque et toute cette fange!

Qu'on se représente des hommes, des femmes, des enfants, pieds nus, piétinant la fange infecte de ce cloaque ; les uns accotés au mur faute de siège pour s'asseoir, d'autres accroupis à terre ; des enfants gisant dans la boue comme des pourceaux. Non, à moins de l'avoir *vu*, il est impossible de se figurer une misère aussi hideuse! un avilissement aussi profond! une dégradation de l'être humain plus complète! Là, *je vis* des enfants entièrement *nus*, des jeunes filles, des femmes nourrices *pieds nus*, n'ayant qu'une chemise qui tombait en lambeaux et laissait voir leur corps nu presque en entier... des vieillards blottis dans un peu de paille devenue fumier, de jeunes hommes couverts de guenilles. L'extérieur et l'intérieur des vieilles masures s'accordent avec les loques de la population qui les habite. Dans la plupart de ces habitations, ni les fenêtres, ni les portes n'ont de fermeture ; il est très rare qu'elles soient carrelées ; elles renferment une vieille table en bois de chêne grossièrement faite, un escabeau, un banc de bois, quelques écuelles d'étain, un *chenil*, où couchent pêle-mêle père, mère, fils, filles et amis ; tel est le *confort* du *quartier irlandais*.

(*idem*)

Flora l'intrépide, la fragile, la généreuse. Flora qui ne connaissait pas Karl Marx...

La pensée qu'on est en train de la redécouvrir aujourd'hui ne peut que nous ravir.

Louise Michel (1830-1905)

Encore une qui osa. Louise Michel appartient à la génération qui suit celle de Flora Tristan: tout romantisme est bien sûr balayé. Cette petite institutrice ouvre une école en province. Elle entre bientôt dans l'opposition et choisit l'action directe, carabine sous le manteau! Elle sera un des principaux activistes de la Commune. Cette anarchiste sera emprisonnée de nombreuses fois. Louise Michel est d'abord militante, puis écrivaine. On devine que l'écriture est nette, précise, rapide, efficace, presque journalistique: outil parfait pour narrer les événements.

C'est sans doute cette presque sécheresse qui confère aux écrits de Louise Michel une sorte de fascination.

Un court extrait de «*La Commune*»:

Mais tout étant plein de morts, l'odeur de cette immense sépulture attirait sur la ville morte l'essaim horrible des mouches des charniers; les vainqueurs, craignant la peste, suspendirent les exécutions.

La mort n'y perdait rien: les prisonniers entassés à l'Orangerie, dans les caves, à Versailles, à Satory, sans linge pour les blessés, nourris plus mal que des animaux, furent bientôt décimés par la fièvre et l'épuisement.

Quelques-uns, apercevant leurs femmes ou leurs enfants à travers les grilles, devenaient subitement fous.

D'autre part, les enfants, les femmes, les vieux cherchaient à travers les fosses communes, essayant de reconnaître les leurs dans les charretées de cadavres incessamment versées.

La tête basse, des chiens maigres y rôdaient en hurlant; quelques coups de sabre avaient raison des pauvres bêtes, et si la douleur des femmes ou des vieux était trop bruyante, ils étaient arrêtés.

(«La Commune, Histoire et souvenirs»)

4. UNE POETESSE PEUT EN CACHER D'AUTRES

Préjugés pas morts, au XIXe! Les poétesses continuent à être condamnées. En témoigne par exemple un commentaire de Charles Asselineau, dans sa préface à *«Rayons perdus»* de Louisa Siefert[7]. Parlant des femmes, il déclare que «publier des vers chez un éditeur, c'est-à-dire faire vendre un livre dans une boutique à une demi-lieue de chez soi, cela ne se fait pas, cela est mal vu»! Et ces femmes qui ont eu l'audace de publier? Charles Asselineau explique que leur audace fut partielle, puisque ces femmes s'en tinrent à des thèmes très généraux, par peur de s'exprimer trop personnellement. Une exception à ses yeux: Marceline Desbordes-Valmore.

J'avoue ne pas avoir découvert de poétesses fulgurantes. N'empêche que les ouvrages de références ont tendance à gommer la production féminine. Quand ils évoquent les poétesses, ils n'en retiennent qu'une: Marceline Desbordes-Valmore.

Marceline Desbordes-Valmore (1786-1859)

Son œuvre est jaillissante. Elle retient l'attention par sa profonde authenticité et, surtout, par sa vivacité. Les vers de Marceline calquent à merveille toutes les facettes de ses sentiments, émotions, sensations. Il semble, à la lire, que les modes n'aient eu aucune prise sur son talent. Autre aspect qui me frappe: ce mélange intime de lyrisme et de générosité humaine.

Mais Marceline Desbordes-Valmore résume-t-elle à elle seule la création poétique du XIXe siècle? Non!

Louise Ackermann (1813-1890)

Monde plus âpre, sombre, puissant et ample. Louise Ackermann s'attaque aux grands thèmes: la solitude, la mort, le désenchantement. Mais c'est la révolte qui sous-tend toute son œuvre. Révolte religieuse, par exemple:

> LE POSITIVISME
>
> Il s'ouvre par delà toute science humaine
> Un vide dont la Foi fut prompte à s'emparer.
> De cet abîme obscur elle a fait son domaine;
> En s'y précipitant elle a cru l'éclairer.

> Eh bien, nous t'expulsons de tes divins royaumes,
> Dominatrice ardente, et l'instant est venu :
> Tu ne vas plus savoir où loger tes fantômes ;
> Nous fermons l'Inconnu.
>
> («Poésies - premières poésies - poésies philosophiques»)

Louise Ackermann : une personnalité certaine, dotée d'une solide culture.

Anaïs Ségalas (1814-1893)

Anaïs Ségalas nous procure la fraîcheur, la légèreté, l'optimisme. Qu'elle exploite le thème de l'enfance (l'enfant et l'amour maternel) ou le thème de la femme. Dans «*La femme, poésies*», elle brosse une série de portraits féminins avec finesse et clarté psychologique. L'ironie éclaire certaines strophes. Telles ces deux dernières de «La femme du monde»:

> Quand l'étoile paraît, tu brilles ;
> Quand on entend le rossignol,
> Tu chantes ; tu cours aux quadrilles
> Quand la phalène prend son vol.
>
> Mais le jour, blanche, morne et frêle,
> Ma wilis paraît s'affaiblir :
> La nuit tu danses, ô Giselle,
> Mais le soleil te fait pâlir.

Louisa Siefert (1845-1877)

Une sincérité désarmante. Par exemple, dans ces quelques vers :

> Des larmes sourdent presque au bord de ma paupière,
> Quand je pense à l'enfant qui me rendrait si fière,
> Et que je n'aurai pas, que je n'aurai jamais,
> Car l'avenir, cruel en celui que j'aimais,
> De cette enfant aussi veut que je désespère.
>
> («Rayons perdus»)

Louisa Siefert, qui fut handicapée physiquement, entrelace souffrance et fraîcheur sur un ton assez direct, très vivant. Elle possède également le sens du concret. Chez elle, la souffrance est teintée de sagesse :

> REGARD MOUILLÉ
>
> Quand tu constates les ravages
> Du mal qu'autrefois tu m'as fait,
> Devant cette mer sans rivages,
> Tu sembles rester stupéfait.

Et de tes paupières baissées,
Sur moi tombe un regard sans prix,
Ainsi se croisent nos pensées :
Tu soupires, moi je souris !

(« Rayons perdus »)

Marie Nizet (1859-1922)

Je réserverais une place plus importante à Marie Nizet, cette Belge dont l'œuvre principale, *« Pour Axel de Missie »*, fut publiée après sa mort.

D'emblée, nous captons une personnalité, un ton original, un esprit indépendant et ironique :

Je ne sais plus exactement
Si c'est vous — ou Van Dijck — que j'aime.

(« Pour Axel de Missie »)

Ironie, légère distanciation qui l'empêchent de tomber dans le piège du sentimentalisme. Sa poésie se déploie, souple, élégante, raffinée, sûre. Avec une belle maîtrise des jeux sonores. Par exemple, dans ces quelques vers :

Les inconsolables, les fous
Qui vont, chantant leur infortune,
Les très inoffensifs et doux
Ramasseurs de rayons de lune.

(idem)

Tous ses textes sont gorgés d'une riche sensualité, d'un lumineux appétit de vivre :

L'ETE

Nous rôdons par les blés roussis que midi brûle.
Une fièvre amoureuse en nos veines circule.
Nous nous sommes couchés aux pentes des talus,
Sous le ciel bleu, moins bleu que le bleu de nos âmes,
Sous un soleil moins fort, moins ardent que la flamme
Qui consume nos sens... Et nous n'en pouvons plus.

Puis nous avons cherché les étangs et les saules.
J'ai posé mes deux mains, ainsi, sur vos épaules,
Afin de m'absorber mieux en votre beauté...
Et d'elle j'ai joui plus que je ne puis le dire
Et de vous je me suis grisée, et j'ai vu rire,
Dans vos yeux clairs, le rire immense de l'Eté.

(idem)

Mais il y a plus. Car Marie Nizet renouvelle magistralement certains thèmes éternels, comme la mort, le deuil, le narcissisme. La mort... ressuscite les amants:

> C'est fête aujourd'hui, mon amour,
> Je viens frapper à votre porte.
> Notre bonheur est de retour:
> Vous êtes mort et je suis morte.

(idem)

Vision puissamment personnelle, séduisante, qui balaie toute convention. Œuvre à réhabiliter, assurément.

D'autres poétesses sont à signaler. **Louise Michel** qui nous offre des textes alertes et engagés, ou **Marie Krysinska** (1864-1908) qui inventa le vers libre et qui nous envoûte de ses rythmes répétitifs...

On le voit, la poésie féminine existe au XIXe siècle, moins solide que le roman, mais digne d'être redécouverte.

5. LES MEMOIRES

Les mémoires sont nombreux au XIXe, sans doute parce que la conscience du destin féminin s'aiguise de plus en plus. Citons les *«Mémoires»* d'*Hélène Potocka* (1765-1820), les *«Cahiers intimes»* de *Marie Bashkirtseff* (1860-1884), les *«Mémoires»* de *Marie Lafarge* (1813-1854).

Je voudrais mettre en évidence deux femmes issues du peuple, deux femmes qui connurent un destin très différent: Céleste Mogador et Suzanne Voilquin.

Céleste Mogador (1824-1909)

En 1858, Céleste Mogador fait paraître les quatre tomes de ses *«Mémoires»*. Succès, scandale, censure! Pourquoi? Parce qu'elle y raconte, pudiquement, sa vie de prostituée et de courtisane.

Mais il faut préciser la double intention de l'auteure. Céleste Mogador fut victime de plusieurs procès, aggravés par le fait quelle était «fille». Les *«Mémoires»* constituent d'abord une défense personnelle vis-à-vis de ces accusations outrées. Par la même occasion, Céleste veut «montrer les écueils de ce genre de vie» et lance une sorte d'avertissement au public, en particulier aux jeunes filles. Tâche à laquelle elle s'est attelée sérieusement et tristement. «Je n'ai pas raconté de gaieté de cœur un passé plein de douleurs, de regrets, de misères et de honte.»

Ce qu'il en résulte? Une confession nue, lucide, au ton calme et posé. Céleste possède les qualités des êtres simples: une perspicacité instinctive, une psychologie intuitive.

L'engrenage de ses malheurs démarre par l'arrivée d'un monsieur dans la boutique de sa mère, chapelière. «Il faut accorder aux enfants et aux chiens de sentir qui les aime vraiment, ou qui fait semblant.» Cet individu, devenu un beau-père tyrannique, poursuit mère et fille jusqu'à Lyon. Un soir, il enlève la petite Céleste qui promenait son chien:

Je compris que j'étais perdue. Je jetai un dernier regard en arrière; chaque pas qui m'éloignait de ma mère me faisait mourir. J'allais fermer les yeux, quand je vis mon chien qui me suivait. Tout mon courage me revint, je n'étais plus seule. Je regardai. Mon chien avait l'air triste: on eût dit qu'il comprenait.

Nous passâmes dans plusieurs rues, puis devant un grand passage qui me fit peur. C'était la boucherie. Tous ces cadavres de bestiaux pendus aux portes, ce ruisseau qui coulait au milieu du passage, plein d'un sang noir et caillé, les quinquets fumeux qui projetaient à l'entrée une lueur sombre et terne; tout cela me faisait trembler de tous mes membres.

(« Mémoires de Céleste Mogador »)

L'atmosphère de ces ruelles annonce la couleur du destin de Céleste. Victime de sa mère qui la délaisse au profit de ses amants, elle connaît bientôt la prison, puis les maisons closes. Son métier de prostituée renforce sa fierté, son orgueil, sa franchise, son authenticité. Elle devient en quelque sorte une noble victime. Une victime chahutée par les réalités. En l'occurrence, certains clients célèbres... et plutôt odieux. Comme celui-ci:

Je cherchai à me rassurer en pensant qu'il gardait ses excentricités grossières pour l'intérieur de la maison, mais qu'au-dehors il se respectait davantage. Il vint me chercher à six heures et me conduisit au *Rocher de Cancale*.

J'étais vêtue très-simplement, avec une robe et un chapeau que je mettais pour la première fois. Ma toilette me plaisait; je me sentais un peu moins triste, peut-être parce que, pour la seconde fois, j'étais sortie de cette odieuse maison.

Dans les premiers moments, je n'eus pas trop à me plaindre de lui, sauf quelques plaisanteries de mauvais goût, peu généreuses dans tous les cas, que je réprimai de mon mieux.

Le garçon qui nous servait apporta une bouteille d'eau de seltz.

On pourrait donner à deviner en mille l'idée folle qui passa par la tête de l'homme singulier qui m'avait choisie comme victime de ses caprices. Il prit le syphon d'eau de seltz comme s'il voulait se verser à boire, et, dirigeant l'orifice de mon côté, il m'inonda de la tête aux pieds.

Il y a des conditions d'âge et des dispositions d'esprit où cela aurait pu être accepté comme une mauvaise farce; mais j'étais si malheureuse, que ce prétendu accès de folie m'exaspéra. Je versai un torrent de larmes; mes larmes étaient des larmes de rage.

(*idem*)

Plus tard, Céleste Mogador vivra le tourbillon de la vie de courtisane. Elle sera tour à tour entraîneuse, écuyère, femme entretenue. « Mon nouveau genre de vie était moins méprisé par le monde. C'est une injustice. Ce qui porte le nom de femme entretenue est la sangsue du cœur, l'usurière de l'âme. »

Destin marqué par la fatalité, mais empreint d'une grande dignité et d'une authenticité étonnante. Céleste Mogador, à travers toutes ses tribulations, n'a jamais cessé d'être elle-même. « Je savais bien que ces dames disaient: 'Elle manque de distinction' — mais j'étais moi. » Voilà les principales caractéristiques de ces « *Mémoires* » qui égrènent les malheurs avec une sobriété très efficace.

Suzanne Voilquin (1801-1877)

Le titre donné à ses mémoires indique déjà la nature de sa trajectoire : « *Souvenirs d'une fille du peuple ou La saint-simonienne en Egypte* » (1866). D'emblée, l'affirmation plébéienne et la dignité qui lui est conséquente. « Par tous les liens, j'étais du peuple. » En plus de la fierté, la conscience, innée, de la condition ouvrière et féminine. Voici le point de départ d'un engagement total, assez extraordinaire.

L'enfance de Suzanne est pieuse. « Cet état de béatitude, ou plutôt d'hébétude systématique » ironise-t-elle. Suzanne observe les genres de vie, s'intéresse à l'actualité politique et sociale, entre dans l'univers des ouvrières-brodeuses. S'interroge : « Dois-je me marier ? » Après un amour malheureux, elle épouse Voilquin. « J'acceptai donc librement, mais sans amour, l'offre de sa main et de son nom. » Avec une franchise étonnante, elle évoque ses fausses couches, puis sa certitude de ne pouvoir être mère.

Les problèmes sociaux, les inégalités économiques l'obsèdent, la passionnent et la minent. Puis, en 1830, c'est l'éblouissement :

> Ce fut dans ces dispositions que me trouva la doctrine saint-simonienne. Lorsque je connus la notion du progrès indéfini et, comme Dieu, éternel, lorsque j'eus apprécié l'idée fondamentale de notre liberté et de l'avenir religieux dans cette parole du Père Enfantin : « Dieu, Père et Mère de tous et de toutes », j'en éprouvai comme un éblouissement ; je ressentis une joie immense en retrouvant en moi la pensée, le cœur et l'action libres, en vertu de ces saintes formules. Dieu m'avait parlé et me ramenait véritablement à la vie ! Dès lors, je me sentis encore capable d'aimer Dieu et les hommes d'un amour nouveau.
>
> («Souvenirs d'une fille du peuple»)

Sa fascination pour le mouvement (en particulier pour Enfantin) n'exclut pas l'esprit critique. Très vite, Suzanne réalise que le groupe reproduit le schéma du pouvoir masculin. Elle décrit avec beaucoup de précision l'idéologie, la hiérarchie, puis les dissidences.

Dissidence également... dans le couple Voilquin. Suzanne découvre que son mari la trompe, réagit en demandant le divorce, qu'elle obtient. Elle écrit alors à Enfantin : « Je suis seule maintenant, mais j'ai mis un homme au monde en déposant mes droits sur l'autel de l'humanité, en le faisant libre. Désormais, quitte envers mon passé, je veux, à mon tour, penser, aimer, agir librement. Je veux vivre enfin ! » La solitude et le manque d'argent ne l'anéantissent pas. Au contraire. Elle participe à la revue « La femme libre » puis anime « La Tribune des femmes ». Elle décide de faire son tour de France pour propager la doctrine saint-simonienne. Un « rôle de médecin moral » note-t-elle. Voyage réaliste ! Car Suzanne prend davantage conscience des clivages de classes, désespérants; des préjugés bourgeois, opaques (notamment chez les privilégiées, rebelles à toute idée égalitaire) et surtout de la misère ouvrière. Par exemple, dans certains quartiers de Lyon:

> Me voici donc dans ce grand centre du travail, suivant au hasard divers quartiers d'ouvriers afin d'en constater la vie, le mouvement; mais, à mesure que j'avance, une impression de tristesse me saisit en voyant tous les travailleurs que je rencontre petits et chétifs, à la physionomie triste et étiolée. La pâleur de ces prolétaires s'explique par le grand nombre de rues étroites et malsaines pourvues de maisons d'un aspect sale et misérable. Cependant, c'est de ces demeures sombres que sortent ces merveilles du luxe qui enrichissent les gros fabricants et font la réputation de la France à l'étranger.

(idem)

Dans ses moments de découragement, Suzanne a recours à une petite formule de Lamartine:

> A ce vers déjà cité que j'aimais à me redire dans mes moments de lassitude morale, j'ajoutais cette fois avec confiance: marche, marche, marche, pauvre fille du peuple, car même
> Le pas d'une fourmi pèse sur l'univers.

(idem)

Après son tour de France, elle répond à l'appel du Père Enfantin, parti en Egypte pour «coloniser». Elle prend le bateau, débarque dans un pays qu'elle trouve très sale et négligé. Mais il y a pire: la peste qui fait d'énormes ravages. Suzanne apprend l'arabe, suit des cours de médecine, se passionne en particulier pour la condition des femmes arabes. Dès son arrivée, elle est frappée par «l'uniformité physique et morale qui n'en fait qu'un seul type».

> L'existence de ces femmes n'a pas de variété, de mouvement; aussi, chez toutes l'expression du visage est la même; le type par conséquent reste uniforme; elles n'ont de libre que le regard. Voyez leurs yeux; ils sont beaux, expressifs, remplis d'une langueur provocante. Quant à leurs traits toujours voilés, se trouvant sans emploi dans la vie de relation, ils restent mornes et sans expression!... O philosophes, cela ne veut-il pas dire: affranchissez notre sexe, afin de voir toutes ces femmes s'épanouir au soleil de la liberté dans la diversité de leur nature.

(idem)

Suzanne étudie de près la manière dont ces femmes vivent. Elle fréquente alors les bains publics, séjourne dans des harems. Après l'Egypte, elle partira en Russie, toujours pour diffuser la parole saint-simonienne.

Voilà ce que nous offrent ces «*Souvenirs*»: l'exemple frappant d'une femme qui dès le départ fut sensible à la condition ouvrière et féminine et a consacré toute sa vie à cette mission apostolique. Avec une farouche détermination. Qu'ajouter? Que l'écrivaine manie une écriture nette, ferme et qu'elle sait manifestement raconter...

6. UN GENRE MEPRISE: LA LITTERATURE POUR ENFANTS

Je tenais à intégrer la littérature pour enfants dans cet ouvrage. Histoire de secouer quelque peu la hiérarchie des genres.

Pourquoi donc a-t-on tendance à sous-estimer cette production? Ou à l'oublier? Alors que ce genre exige des qualités très précises: une structure rigoureuse, une syntaxe et un vocabulaire adaptés, le sens du rythme et du suspens, une grande connaissance de l'enfance. Pas question de se complaire dans des fioritures ou des effusions narcissiques! Il s'agit d'une littérature généreuse, profondément dynamisante.

Un seul exemple pour illustrer ce mépris ou cette indifférence. Les ouvrages généraux et les manuels scolaires ne signalent pas l'écrivaine la plus lue, la plus vendue au XIXe et au XXe: *Sophie de Ségur* (1799-1874). Une créatrice à part entière, à la plume ferme et brillante...

Cette littérature pour enfants germe au XVIIIe. Rappelons le succès du «*Magasin des enfants*» de Marie Leprince de Beaumont ainsi que l'œuvre de Stéphanie-Félicité de Genlis. C'est en 1768 que naît le premier périodique, «Le journal d'éducation». Titre qui révèle bien le but essentiel de ce type de publications. Cette littérature se développe à la Révolution française. Mais il faut attendre le début du XIXe pour qu'elle se constitue vraiment et se définisse clairement. Elle est un produit émanant de deux sources: le conte populaire et l'écrit pédagogique. Tout au long du XIXe, elle tend à privilégier l'optique pédagogique et à se méfier du conte.

Elle est diffusée grâce à la presse et au livre. Les périodiques se multiplient, par exemple «Le journal des enfants». Des maisons d'édition se créent et font appel à des auteurs dont la plupart sont des femmes. La place me manque pour présenter cette abondante production. Et je dois reconnaître que ces écrivaines s'embourbent parfois dans le didactisme et la morale! J'ai finalement opté pour Delphine de Girardin dans la mesure où elle a manifestement évité les ornières du genre...

Delphine de Girardin

Elle nous revient avec ses «*Contes d'une vieille fille à ses neveux*» (1837).

Dans sa préface, Delphine de Girardin explique que ces contes sont ceux d'une tante et non d'une mère. Ils seront donc nettement moins moralisateurs! Elle destine ces histoires aux enfants qui ont peu de santé. Celles-ci possèdent donc une vertu vaguement thérapeutique...

Chaque conte est axé sur un défaut. L'écrivaine en fait une satire malicieuse.

Par exemple, la vantardise. Oui, Aglaure est vantarde. Elle lance un jour cette phrase: «Moi je suis capable de danser 3 jours et 3 nuits». Son père la prend au mot. Et Delphine nous narre le long supplice d'Aglaure. Le bal des adultes succède au bal des enfants. Tous les invités se sentent obligés d'inviter à danser la fille de la maison. Le cinquième danseur se présente:

«Vous aimez beaucoup la danse, mademoiselle? lui demanda-t-il.

— Beaucoup, monsieur», répondit-elle en détournant la tête; et le danseur ne chercha point à continuer la conversation.

Le sixième danseur était un Allemand, qui lui dit: «Ché vois que fous aime peaugoup à tanzer, matemoiselle?»

Le septième était un Italien, qui lui dit: «Danser vous plaît, signorina?»

Le huitième était un Anglais, qui lui dit aussi, mais très-vite: «Vous haime le danse?»

Et Aglaure se demanda pourquoi tous ses danseurs français, allemand, italien, anglais, lui disaient tous la même chose; c'est que, dans le monde, on n'a pas autre chose à dire à une petite fille de douze ans. On peut causer avec une jeune personne des livres qu'elle a lus, de l'opéra qu'elle a vu la veille, de musique, de peinture, des personnes du monde qu'elle connaît; mais à une petite fille, que dire? Quand on ne connaît pas intimement sa poupée, on ne sait vraiment pas de quoi lui parler.

(«Contes d'une vieille fille à ses neveux»)

On retrouve les qualités de Delphine de Girardin: l'humour, la subtilité, la légèreté, l'ironie, l'efficacité. Et la morale est discrète pour l'époque. Un ouvrage au charme piquant.

NOTES

[1] Constance de Salm, Œuvres complètes, Paris, Firmin Didot, 1842.
[2] Sophie Gay (1776-1852), auteure de e.a. Laure d'Estell, Un mariage sous l'Empire.
[3] Caroline Gravière, auteure de Mi-la-sol, La Servante, Un lendemain.
[4] Suzanne Necker (1737-1794), mère de Germaine. Cette femme cultivée tint un salon célèbre et rédigea e.a. des Réflexions sur le divorce.
[5] Histoire de ma vie, Paris, Stock, 1945.
[6] In Flora Tristan, la femme révoltée par Dominique Desanti, Paris, Hachette, 1972.
[7] Rayons perdus, Paris, Lemerre, 1873.

La littérature du vingtième siècle

INTRODUCTION

Je ne vais pas m'appesantir sur le contexte général du XXe. Cette époque est — en principe! — plus connue et la documentation plus accessible. Je vais donc accélérer le rythme.

Le XXe voit aboutir les luttes âpres et séculaires. Non sans mal. Enfin, les femmes acquièrent un statut. Enfin, elles ouvrent les portes de toutes les écoles. Enfin, elles obtiennent un salaire égal. Et la fécondité est maîtrisée. Les femmes d'aujourd'hui peuvent conquérir le monde. Elles peuvent se réaliser de mille manières. Ou plutôt à leur manière.

Et en littérature? On assiste, au XXe, à une affirmation progressive et solide dans tous les genres littéraires. Affirmation spectaculaire dans le roman (un domaine qu'elles travaillent depuis si longtemps...). Tous les problèmes se seraient donc envolés? Il est permis d'en douter. Je pense que la vieille hostilité de la société vis-à-vis des créatrices présente encore des séquelles. Le préjugé vis-à-vis de la «littérature féminine» (l'ouvrage de dames) n'a pas encore été tout à fait démoli. Et les créatrices ne sont peut-être pas encore pleinement reconnues.

Autre problème, plus objectif: le pouvoir. Le pouvoir éditorial, journalistique, médiatique, socio-culturel, etc. n'évolue que lentement vers la mixité. Mais les écrivaines du XXe jouissent à fond de leur autonomie, savourent les victoires de leurs «grandes sœurs» et peuvent concentrer leur énergie dans l'élaboration totale d'un univers profondément personnel. Résultat: une thématique extrêmement ramifiée, des visions du monde originales et puissantes. Des explorations nouvelles.

Face à ce raz de marée, j'ai dû limiter les genres littéraires. Je n'envisagerai donc que la poésie, le roman (nouvelle comprise) et le théâtre. Je n'insisterai pas sur les écrivaines largement reconnues mais je mettrai en lumière celles que l'histoire néglige, relègue ou boude quelque peu.

PLAN

1. *La poésie*
   Introduction
   Anna de Noailles
   Marguerite Burnat-Provins
   Marie Dauguet
   Renée Vivien
   Hélène Picard
   Irine
   Andrée Chedid
   Andrée Sodenkamp
   Les quotidiennes :
   Lucienne Desnoues, Renée Brock, Denise Jallais
   Deux héritières du surréalisme :
   Yvonne Caroutch, Joyce Mansour

2. *Le roman*
   Introduction
   Colette, Rachilde
   Les exploratrices :
   Nathalie Sarraute, Irine, Dominique Rolin, Marguerite Duras, Marguerite Yourcenar, Suzanne Lilar
   Les engagées :
   Elsa Triolet, Simone de Beauvoir
   Les sensuelles :
   Violette Leduc, Françoise Sagan

Les quotidiennes :
Neel Doff, Marie Gevers, Madeleine
Bourdouxhe, Béatrix Beck, Françoise
Mallet-Joris, Hélène Parmelin

3. *Le théâtre*
Introduction
Suzanne Lilar
Marguerite Duras
Françoise Sagan
Liliane Wouters

1. LA POESIE

La poésie féminine dans les ouvrages généraux et les manuels scolaires ? Bien discrète. Ou représentée uniquement par Anna de Noailles.

N'empêche que des efforts sont fournis. On publie, par exemple, des revues consacrées à la poésie féminine. Belle entreprise, étoffée parfois de préjugés renversants ! En témoigne un avant-propos à *«Poésie féminine d'aujourd'hui»* aux éditions Saint-Germain-des-Prés, paru en 1969[1]. Jean Farran intitule cet avant-propos «Toutes ces muettes adorables» et déclare ceci :

> La poésie a de la chance : elle est le premier domaine de la culture où la femme fait son entrée. Pour l'instant, elle en est encore absente. On pourrait chercher à expliquer cette situation soit par une infériorité intellectuelle, soit par une incapacité quasi biologique à créer. Où sont les femmes peintres, sculpteurs, écrivains, musiciens de la culture mondiale ? Il y en a juste assez pour dire qu'elles sont l'exception qui confirme la règle.

Les «muettes adorables» n'ont pas attendu la fin des années 60 pour s'exprimer...

Je me suis livrée à un choix très strict parmi les nombreuses poétesses. J'ai retenu celles chez qui j'ai capté une force, une invention certaine. Celles qui dépassaient donc les modes. Quitte à démythifier quelque peu Anna de Noailles.

Je vous les présente chronologiquement, en me basant sur les dates de publication. A mesure que les femmes se forgent une autonomie au XXe, l'affirmation en poésie se fait de moins en moins narcissique, de plus en plus vigoureuse et ouverte au monde.

Anna de Noailles (1876-1933)

1901. Son premier recueil, *« Le cœur innombrable »* paraît. Anna de Noailles a 25 ans. C'est le succès. Pourquoi ?

Ce qu'elle offre au public de l'époque, c'est une immense fête sensorielle, sensuelle. Une invitation à savourer la nature, le présent. Elle a l'art de décrire les jardins, les nuances des saisons, l'art de nous faire partager les parfums qu'elle aime. La nature constitue pour elle sa muse, son apaisement, son refuge. La poétesse s'y baigne, s'y plaît, s'y complaît, s'y projette. Et le lecteur se laisse séduire par cette fraîcheur, par ces rythmes sûrs, ces mots choisis et riches. Ce déploiement à la fois calme et fervent :

> Dans le jardin, sucré d'œillets et d'aromates,
> Lorsque l'aube a mouillé le serpolet touffu
> Et que les lourds frelons, suspendus aux tomates
> Chancellent de rosée et de sève pourvus...
>
> («Le cœur innombrable»)

Mais ce qui va surtout frapper l'époque, c'est l'invitation au plaisir. Voilà qui est nouveau de la part d'une femme ! Et ses allusions, bien que pudiques, sont précises :

> Bondissez au soleil, les âmes et les corps,
> Par les chemins poudreux et la verdure épaisse
> Epuisez les plaisirs, c'est la seule sagesse.
>
> Prenez-vous, quittez-vous, cherchez-vous tour à tour...
>
> Toi, vis, sois innombrable à force de désirs,
> De frissons et d'extases.
>
> Lorsque le désir est plus large que le cœur
> Et le plaisir plus rude et plus fort que la vie...
>
> *(idem)*

Le titre du recueil, d'ailleurs, aurait des connotations multiples. N'empêche que l'œuvre d'Anna de Noailles, malgré cette affirmation nette en 1901, me paraît parfois manquer de vigueur. La poétesse n'évite ni la complaisance, ni la mièvrerie, ni le narcissisme. Et si elle approfondit ses thèmes dans les derniers recueils, elle semble perdre en fraîcheur et en invention.

L'histoire a retenu cette poétesse séduisante. Mais les autres ? Ses contemporaines ? Car elles existent !

Marguerite Burnat-Provins (1872-1952)

J'aime, chez elle, son lyrisme calme, élégant. Ses longues phrases modulées, qui se déroulent comme des vagues :

> Je dirai l'emprise de tes mains longues qui font à ma taille une ceinture frémissante ; je dirai ton regard volontaire qui anéantit ma pensée, ta poitrine battante soudée à ma poitrine, et tes jambes aussi fermes que le tronc de l'érable, où les miennes s'enroulent comme les jets onduleux des houblons.
>
> («Le Livre pour Toi»)

Très beaux chants d'amour. Riche sensualité. Dommage que ce thème ne se ramifie pas davantage, ne s'élargisse pas davantage.

Marie Dauguet (1860-1942)

J'ai décelé, chez Marie Dauguet, une affirmation plus sûre, plus personnelle, plus profonde. Plus simple aussi.

Marie Dauguet chante son amour de la campagne, du monde de la ferme. Il y a osmose avec la nature, sans aucune complaisance. De plus, elle n'a pas peur d'évoquer le quotidien, dans son réalisme... c'est-à-dire sa beauté réaliste: les purins, les glèbes.

> Les purins noirs, chamarrés d'or,
> Cernent de somptueux reflets
> La ferme trapue et qui dort
> Sous ses lourds tilleuls violets.

(« Les Pastorales »)

Oui, son regard est amoureux et fort. Amoureux non seulement de la campagne, mais aussi... de l'amant. Elle le chante avec un lyrisme vigoureux. Tendresse et force se conjuguent. Et l'ironie, ô surprise, pointe de temps en temps. J'avoue que cet alliage me plaît:

> Je t'ai caressé comme l'herbe et la bête
> Et le vent; j'ai posé ma main sur ton front
> Et j'ai ri, car tu ne sais rien
> De ce que tu es,
> Pas plus que le taureau ou le bleuet.
> Es-tu Celui que Thérèse aimait?
> Auras-tu la noblesse du loup
> Ou celle d'un champ de froment?
> Ou ne seras-tu rien
> Que celui qui désorganise l'ordre du monde
> Et sa beauté? — Tous les possibles sont en toi,
> Toutes les promesses et tous les mensonges,
> « Admirable monstre »

(« Ce n'est rien, c'est la vie »)

Marie Dauguet: une femme à réhabiliter, sûrement. Elle le mérite.

Renée Vivien (1877-1909)

Une poétesse qui a été rejetée, méprisée, salie, c'est Renée Vivien. Signe que cette femme s'affirmait... C'est aujourd'hui seulement que des éditeurs commencent à la redécouvrir, à lui rendre la parole.

Renée Vivien me paraît une des figures les plus intéressantes du début du XXe siècle. Curieuse vie que la sienne. D'ascendance anglaise et américaine, elle se passionne pour le monde grec et principalement pour Sapho. On peut affirmer d'ailleurs que sa vie est vouée à Sapho. Ne s'est-elle pas fait construire une villa à Mytilène? Elle possède une culture vaste et solide. Elle adore Keats, Swinburne. Elle s'enivre de musique (Chopin surtout) et est pianiste. Elle est généreuse. Elle finance le premier ouvrage de Charles Cros!

Son œuvre est riche, fascinante, parfois violente. L'amour lesbien en est le cœur, la focale[2]. Mais l'anecdotique est, toujours, dépassé: tout se joue aux pieds de la mort, aux pieds du destin.

Lucidité donc, sens aigu de la beauté sous toutes ses formes. Goût des nuances. Une fille de Baudelaire, en quelque sorte.

Les scènes sont, en général, intimes, nocturnes, teintées d'ambivalence: l'amour et la souffrance, l'intensité et l'obsession de la mort.

> Au fond de la joie infinie,
> Je savoure le goût violent de la mort.
>
> Celle qui voit toujours avec mélancolie
> Au fond des soirs d'orgie agoniser les fleurs.

(«Poésies complètes»)

ONDINE

> Ton rire est clair, ta caresse est profonde,
> Tes froids baisers aiment le mal qu'ils font;
> Tes yeux sont bleus comme un lotus sur l'onde,
> Et les lys d'eau sont moins purs que ton front.
>
> Ta forme fuit, ta démarche est fluide,
> Et tes cheveux sont de légers réseaux;
> Ta voix ruisselle ainsi qu'un flot perfide;
> Tes souples bras sont pareils aux roseaux,
>
> Aux longs roseaux des fleuves, dont l'étreinte
> Enlace, étouffe, étrangle savamment,
> Au fond des flots, une agonie éteinte
> Dans un nocturne évanouissement.

(*Etudes*, I, 39; II, 39)

(*idem*)

On le sent, les rythmes sont sûrs, le pouvoir de suggestion efficace. Les nuances à l'infini. Et la sensibilité raffinée, omniprésente, ruisselante, envoûtante.

LE TOUCHER

> Les arbres ont gardé du soleil dans leurs branches.
> Voilé comme une femme, évoquant l'autrefois,
> Le crépuscule passe en pleurant... Et mes doigts
> Suivent en frémissant la ligne de tes hanches.
>
> Mes doigts ingénieux s'attardent aux frissons
> De ta chair sous la robe aux douceurs de pétale...
> L'art du toucher, complexe et curieux, égale
> Le rêve des parfums, le miracle des sons.

> Je suis avec lenteur le contour de tes hanches,
> Tes épaules, ton col, tes seins inapaisés.
> Mon désir délicat se refuse aux baisers;
> Il effleure et se pâme en des voluptés blanches.
>
> (*Evocations*, I, II; II, 7.)
>
> > (*idem*)

Au tout début du XXᵉ siècle, Renée Vivien n'a pas peur des mots. Puisqu'elle est elle-même et aime l'amour :

> Je hume en frémissant la tiédeur animale
> D'une fourrure aux bleus d'argent, aux bleus d'opale.
>
> > (*idem*)

Mais Renée Vivien sort parfois des alcôves, erre pendant le jour. Cela nous vaut quelques textes pimentés, satiriques. Un autre aspect de cette créatrice.

> ### LES MANGEURS D'HERBE
>
> C'est l'heure où l'âme famélique des repus
> Agonise, parmi les festins corrompus.
>
> Et les Mangeurs d'herbe ont aiguisé leurs dents vertes
> Sur les prés d'octobre aux corolles large ouvertes,
>
> Les prés d'un ton de bois où se rouillent les clous...
> Ils boivent la rosée avec de longs glous-glous.
>
> L'été brun s'abandonne en des langueurs jalouses,
> Et les Mangeurs d'herbe ont défleuri les pelouses.
>
> Ils mastiquent le trèfle à la saveur du miel
> Et les bleuets des champs plus profonds que le ciel.
>
> Innocents, et pareils à la brebis naïve,
> Ils ruminent, en des sifflements de salive.
>
> Indifférents au vol serré des hannetons,
> Nul ne les vit jamais lever leurs yeux gloutons.
>
> Et, plus dominateur qu'un fracas de victoires,
> S'élève grassement le bruit de leurs mâchoires.
>
> (*Vénus*, 105)
>
> > (*idem*)

Un talent qui me paraît supérieur à celui d'Anna de Noailles. On le voit, l'histoire littéraire devrait quelque peu être revue... et corrigée.

Hélène Picard (1873-1945)

Je ne connaissais pas Hélène Picard. Un de ses livres me l'a fait aimer.

Après différents recueils qui me semblent un peu sages, un peu traditionnels, il y a l'éclatement de «*Pour un mauvais garçon*» en

1927. Ce qui m'a accrochée justement, c'est une sorte d'éclatement du ton, des conventions. Avec l'irruption du monde contemporain. Sa poésie est colorée, vive, percutante. Hélène Picard aime les images fortes, ne craint ni la réalité, ni l'imaginaire, ni le visionnaire. On pense à Carco, pour le monde qu'elle décrit, pour les atmosphères qu'elle crée. On pense aussi à Rimbaud. N'empêche qu'Hélène Picard s'affirme sans complexe. Et elle nous offre en supplément l'humour et la fantaisie. Ecoutons-la.

> Versez... Sous les ballons d'un quartier de Bohème,
> Dans la pure fraîcheur de ce bosquet désert,
> L'accent d'un violon, l'appel de ce que j'aime,
> Il me plaît de lever un verre rouge ou vert.
>
> ... Paris est à mes pieds... Que de steamers de gaze
> Qu'étoilent le plaisir, le commerce, la mort!
> De ses marteaux, le Jazz écrase des topazes...
> Que de clowns lapidés par mille citrons d'or!
>
> Verse... Verse... Dis tout: la ruche du moka
> Aux tendres cabarets mouillés d'un peu de vigne,
> Ses bouges séquestrant un air de mazurka,
> Son étrange génie: il arbora le Signe
> De la Lanterne rouge au chapeau de lilas.
>
> ... Un conseil: Aimons-le. Mais, écoute: A ce gars,
> Fout lui... (verse!...) la paix... Très fragile... — Fleur bleue?
> — T'as pas idée: un Rêve... Et si vite détruit!...
> L'amour... (n'en parlons plus...) c'est la grêle pour lui.
> ... Et si long à refaire, un jardin de banlieue!...
>
> Il pleut. Ma porte est close, et... Madame est servie.
> Que tu es loin! Je peux ne jamais te revoir.
> J'entends les pas des bons bourgeois, sur le trottoir.
> Une ombre sans éclat me dit: «Je suis la Vie...»
>
> D'humbles, de tristes voix crient les journaux du soir.

(«Pour un mauvais garçon»)

J'ai l'intuition qu'Hélène Picard, avec ce recueil, ouvre vraiment la porte de la modernité.

Parmi les poétesses qui sont nées avant 1900, je voudrais signaler aussi *Cécile Sauvage* (1883-1927). Elle est la poétesse de la maternité. Ses textes sont attachants, quoique parfois mièvres. Mais elle nous offre de beaux éclairs:

> Et ta tête de mort, c'est moi qui l'ai sculptée.

(«Tandis que la terre tourne»)

Céline Arnauld (1895-1952) a retenu mon attention également. Le surréalisme a marqué son empreinte. Mais elle l'exploite et le transmue, en embrayant sur le visionnaire avec son fameux bar des algues.

Il ne faudrait pas oublier *Marie Noël* (1883-1967). Chez elle, la dimension religieuse s'incarne dans la simplicité quotidienne et profonde.

Irine (1906)

« Poésie : idéogramme d'inconnu immense et rond, dont un pôle est la vie qui fait pschitt et l'autre la sensation de la traversée du miroir »[3]. Avec Irine (pseudonyme d'Irène Hamoir), nous plongeons dans le surréalisme et ses caractéristiques majeures. Cette écrivaine fit partie du groupe surréaliste belge.

Univers foisonnant et attachant. Car derrière la fantaisie débridée, derrière l'humour féroce, se terre le désespoir. Chez Irine, les arcs-en-ciel sont toujours cassés par la mort. L'angoisse guette, en animal fidèle :

La bouche est-ce un trou dans la viande ou viande
au bord d'un trou[4]

Mais c'est quand elle dépasse le jeu surréaliste (avec ses tics connus), qu'Irine atteint la puissance et la grandeur. Et le talent. Une poétesse à réhabiliter.

LE TROU

Torpeur des années bistres
Ellébores
Rares vieillards
Rondes en dehors de l'oubli
Avancez
Silences des refus, fontaines des avortements
  sans nombre
Sarigues et cloportes
Eboulis des heures des heures
Mensonges violets
Enfants sans dents comme sans âge
Nains, car la terre
Tarie
S'est ouverte hier

(« Corne de brune »)

Andrée Chedid (1921)

A mon avis, une des poétesses les plus marquantes, parmi les créatrices nées après 1900. Elle publie dès 1949.

Pour Andrée Chedid, la poésie est une recherche continue, une exploration infinie, un engagement vital, une manière de vivre. A la fois création et sujet de réflexion.

Andrée Chedid a exploré d'autres genres littéraires: le roman, le théâtre. Dans ses romans, elle réussit à allier la poésie à la trame narrative. Une performance.

Son écriture est sobre, dense. Une force tranquille l'anime. Andrée Chedid aime aller à l'essentiel. C'est-à-dire dépasser les apparences, les anecdotes, les futilités. Rejeter sans cesse la tentation de «l'étroit». Longue route, toujours à refaire, et parsemée d'interrogations:

Sans répit, il nous faut tirer la poésie des marécages de l'événement. Refuser qu'elle ne sombre, debout, dans ses voiles. Veiller.

(«Terre et Poésie»)

Longue route lucide, balayée par le regard. Descente vers les valeurs fondamentales, les éléments fondamentaux.

Poésie 1

Poésie
Tu nous mènes
vers la substance du monde

Lacérant en poèmes
le bandeau des mots

Rompant leur cartilage
Dénonçant leurs lézardes

Questionnant la clairière
Cernant tout le brasier.

(«Visage premier»)

L'homme fertile

L'astre n'a que ses randonnées
Pas de graines au corps minéral
Mais l'homme fertile
Déborde
De ce qui ne s'achève pas.

(*idem*)

Œuvre profonde, vaste, solide, sous-tendue par l'exigence.

Andrée Chedid est entrée dans la collection «Poètes d'aujourd'hui» chez Seghers[5]. Une reconnaissance.

Andrée Sodenkamp (1906)

Une autre figure qui s'impose. L'affirmation est forte. Le ton, fier, élégant, orgueilleux. L'écriture, somptueuse. Et l'humour ou l'ironie, jamais éloignées (par exemple, Don Juan qui se fait égratigner). Une riche sensualité imprègne ses textes.

Andrée Sodenkamp se chante elle-même, chante d'autres femmes, chante ce qu'elle aime. Avec une solide culture. Et avec quelle passion!

WATTEAU

à Camille Libotte

Watteau pousse dans l'air l'été comme une barque
Et la flèche du soir tremble sur un chignon.
Dans un décor d'eau morte et de feuillage vague
On part, on ne sait d'où, pour un jeu sans raison.

Les jupes ont soudain des profondeurs de roses,
Un mouvement de fuite. — On voit le battement
De deux seins si légers qu'un corsage en dispose
Pour les tendre au plaisir comme des pigeons blancs.

Les robes vont au bois plus longues que les femmes,
Un bateau balancé s'efface dans l'air bleu,
La longue nuit d'été va gémir comme une âme.
Ah! que l'amour s'ennuie quand l'amour est heureux.

(«Choix»)

Les quotidiennes

La femme, plus que l'homme peut-être, a l'art d'exploiter le quotidien. Trois poétesses l'illustrent bien, à mes yeux: Lucienne Desnoues, Renée Brock, Denise Jallais.

Lucienne Desnoues (1921)

Chez elle, la fidélité à ses racines (des ancêtres artisans) s'allie à l'exaltation du quotidien. Terroir et raffinement bourgeois font bon ménage... Cela donne des textes brillants, à la fois ciselés et chaleureux.

«Brassons l'intemporel avec le temporel» nous dit-elle. Et, grâce à elle, nous plongeons dans la féerie de la vie quotidienne. Par exemple, «Le café, ce beau ténébreux». Ou encore «La pomme au four qui devient une icône». Ou ce titre: «Cérémonie du flan». Rappelons que Lucienne Desnoues a consacré tout un livre à ... la pomme de terre[6].

Renée Brock (1912-1980)

«Mon œuvre complète pèse 750 grammes, le poids de 5 tourterelles» déclara-t-elle un jour[7].

Voilà qui révèle bien Renée Brock. Une poétesse qui vécut loin des villes, loin des milieux littéraires. Son œuvre reste méconnue. J'avoue que j'aime sa sobriété, son dépouillement, son absence totale de complaisance. Sa tendresse pour les petites gens. Et surtout, ce mélange de sauvagerie et de raffinement qui la caractérise.

Renée Brock a exalté le quotidien, la nature ardennaise, la maternité, l'angoisse. Ses images sont nettes, personnelles, évidentes.

> J'ai la détresse
> Comme un caillot entre les lèvres.

> La chaleur est une énorme reine assise
> Sur treize chaises de bougainvillée rose.

> *Les règnes*
>
> Les larges dos houleux des chariots de foin
> la sexuelle odeur des fleurs de châtaignier,
> l'œil blanc de la lunaire au flanc dur de la pierre,
> la marchette d'un soir où palpite l'humain,
> et toi, mon petit chèvre-pied
> qui ris, tout nu, dans le bassin.

> *Hôpital*
>
> Perdue,
> Entre les ifs gris
> De l'anonymat.
> Puis, mise nue,
> Sous des regards
> Qui roulent
> Comme les billes froides
> D'un enfant qui s'ennuie.

(«Poésies complètes»)

Denise Jallais (1932)

C'est au cœur du quotidien que Denise Jallais plante son bonheur, sa détresse, sa lucidité. Son œuvre m'évoque l'art naïf, c'est-à-dire en fait l'art faussement naïf. Denise Jallais a le sens du détail, le sens de l'enfance et la fraîcheur d'invention. Œuvre un peu facile peut-être, mais au charme certain.

> Le ciel est à carreaux rouges
> Avec des sapins sur le front
> Comme une fenêtre de cuisine
> J'ai des mains à senteurs de lauriers
> Et des lèvres d'abricot
> J'attends
> J'ai mal au cœur d'attendre
> Tous les mots sont en résine
> Avec de la poussière collée
> Et un reste de gamelle au chien
> J'attends
> Des pas
> Des portes
> Des gants mouillés
> De l'amour tout frais peint
> Qui n'existe pas.

(«Les couleurs de la mer»)

Deux héritières du surréalisme

Yvonne Caroutch (1937)

Yvonne Caroutch est d'origine mongole. Son univers se situe dans les profondeurs, les mystères, les méandres, les reflets, les rêves, les mirages. Des mondes obscurs, silencieux, liés souterrainement aux rites ancestraux, aux secrets des pierres. Siège de la vie? Ou piège mortel? Danger de figement? Où est le mouvement? A l'extérieur? Ou dans ces abysses...? On le voit, l'œuvre d'Yvonne Caroutch s'articule autour de ce thème: l'être qui se cherche à travers la pénombre. Une œuvre de plus en plus imprégnée d'ésotérisme.

> Nous cheminons, voyageurs immobiles, toujours inassouvis en nos torpeurs de plante.

(«Les veilleurs endormis»)

Conscience du «destin qui forge ses épées avec une lenteur de bêtes».

Intuition que la vraie vie réside dans les profondeurs:

> Nous n'osions jamais franchir
> les lourdes stupeurs cheminant
> au creux de nos silences.

(«L'oiseleur du vide»)

Ses petits textes en prose nous fascinent, nous enveloppent. Yvonne Caroutch sait non seulement créer des climats, mais sait aussi accueillir le visionnaire. Tout cela est très beau.

Les volets tamisent les visages dans les rues à grilles. Les mains volantes se figent dans le soleil couchant. La pluie éteint les bûchers près du fleuve. La servante craintive ne dépose le poisson et le pain qu'une fois la nuit venue. Alors les chemins de halage quittent le canal et viennent s'égarer dans les champs. L'astronome poursuit sa descente sans fin parmi les constellations. Les enfants rejoignent la douce chaleur des bestiaires.

(« L'oiseleur du vide »)

Joyce Mansour (1928-1986)

Voici la sulfureuse, la violente, la révoltée. Du talent à l'état pur. Joyce Mansour, d'origine égyptienne, a exploré la poésie, mais aussi le récit et le théâtre. En poète.

Voici pour le moins une affirmation. Joyce Mansour n'a peur ni des mots, ni du visionnaire, ni de la sensualité. Elle ne renie pas l'érotisme ni une certaine cruauté.

Ses titres sont déjà révélateurs. Par exemple, «*Phallus et momies*». Ecoutons-la :

> Je hais les satisfaits
> Les stériles les nantis
>
> Tout casser
> Briser l'image du pénis paternel
>
> Eventrer les acteurs égrenant leurs bigoteries
> Haïr les fébriles égorger les assis

(«Phallus et momies»)

La révoltée se fait chatte à ses heures :

> *Les vices des hommes...*
>
> Les vices des hommes
> Sont mon domaine
> Leurs plaies mes doux gâteaux
> J'aime mâcher leurs viles pensées
> Car leur laideur fait ma beauté.

(«Cris»)

Influence du surréalisme; goût des épices, et ironie cinglante :

> Entre les cuisses tièdes de l'homme rassis
> Vit un rat
> Il vomit
> Triste fin pour un littérateur.

(«Phallus et momies»)

Enfin, avant de clôturer ce chapitre sur la poésie du XXe siècle, je voudrais signaler deux noms intéressants. Celui de *Claudine Chonez* (1906). Ses textes sont imprégnés de calme et de fraîcheur. Celui de *Gisèle Prassinos* (1920), d'origine grecque. Son art est concis, percutant, inventif, teinté de surréalisme.

2. LE ROMAN

Il est indéniable que Colette domine la première moitié du vingtième siècle. Son talent, son succès ont dû éclipser la plupart de ses contemporaines.

Avant d'aborder de près une série de romancières, je voudrais poser quelques jalons qui me semblent déterminants dans l'histoire du roman de ce siècle: dates de publications ou actions particulières.

1. Une action particulière: celle de Simone Weil (1909-1943), à partir de 1932. Cette intellectuelle s'engage dans l'action sociale (elle travaille en usine). Elle découvre le christianisme, mais tient à garder ses distances vis-à-vis de tout système, de toute idéologie. Ses écrits sont percutants. Simone Weil a dû, à mon avis, par son engagement et par son indépendance d'esprit, influencer toute une génération de femmes, dont certaines créatrices.
2. «*Tropismes*», le premier ouvrage de Nathalie Sarraute, paraît en 1938. Ouvrage d'exploration qui témoigne d'une volonté de se démarquer, de forger une voie nouvelle dans le roman. Démarche qui, peut-être, est à la source d'autres explorations, comme celle de Marguerite Duras.
3. «*L'invitée*» de Simone de Beauvoir sort en 1943. Son premier livre, son premier roman. Date qui me semble importante dans la mesure où ce roman est sous-tendu par des questions d'ordre métaphysique et philosophique, sans rien perdre de sa force romanesque. Cela annonce la veine des romans engagés.
4. «*Le deuxième sexe*», l'essai bien connu de Simone de Beauvoir, paraît en 1949. Cet essai marquera l'époque et jouera un rôle non seulement dans la condition féminine mais aussi bien sûr dans la création féminine.
5. Marguerite Yourcenar publie «*Les mémoires d'Hadrien*» en 1951. Roman puissant, qui ouvre la voie de l'exploration historique (celle-ci dépasse ce qu'on appelle le roman historique).
6. La même année, on découvre «*Le rempart des béguines*» de Françoise Mallet-Joris. Roman qui va déranger. Affirmation qui va probablement déclencher plus tard toute une série de nouvelles voix romanesques.
7. En 1954, un événement, un scandale, un succès foudroyant: «*Bonjour tristesse*» de Françoise Sagan. Le charme de ce roman, son acuité psychologique, sa désinvolture subtile mais surtout l'indépendance d'esprit de la romancière vont provoquer, je dirais presque déchaîner, d'autres vagues de romans.

Mais c'est surtout vers 1960 que les écrivaines envahissent vraiment le domaine romanesque. Un vrai déferlement. Face à une thématique extrêmement diversifiée, j'ai décidé de vous présenter les romancières par «familles»: les exploratrices, les engagées, les sensuelles, les quotidiennes.

Colette (1873-1954)

Elle constitue, à elle seule, une famille... ou dépasse, tant elle est unique, la notion de famille!

Colette la rayonnante, l'audacieuse, la totale. C'est vrai qu'elle possède pratiquement tous les dons: la sensualité, l'acuité psychologique, la malice, l'humour, l'ironie, la réflexion, l'observation, la vivacité; le sens du dialogue, celui de la poésie et de la suggestion. De plus, son œuvre nous offre toute une vision du monde, une forme d'humanisme et de sagesse.

Exemple lumineux d'une femme qui s'est battue pour affirmer son indépendance, sa liberté. J'ai la certitude que beaucoup de nos créatrices (et pas seulement en littérature) lui doivent quelque chose. Offrons-nous quelques lignes d'elle. Pour le plaisir.

La volupté tient, dans le désert illimité de l'amour, une ardente et très petite place, si embrasée qu'on ne voit d'abord qu'elle: je ne suis pas une jeune fille toute neuve, pour m'aveugler sur son éclat. Autour de ce foyer inconstant, c'est l'inconnu, c'est le danger... Que sais-je de l'homme que j'aime et qui me veut? Lorsque nous nous serons relevés d'une courte étreinte, ou même d'une longue nuit, il faudra commencer à vivre l'un près de l'autre, l'un par l'autre. Il cachera courageusement les premières déconvenues qui lui viendront de moi, et je tairai les miennes, par orgueil, par pudeur, par pitié, et surtout parce que je les aurai attendues, redoutées, *parce que je les reconnaîtrai...*

(«La Vagabonde»)

Rachilde (1862-1953)

est une des contemporaines de Colette. Elle fut comédienne. Ses romans sont gorgés de sensualité, de raffinement, d'ironie cinglante. Rachilde sait créer des atmosphères. Elle sait aussi jouer avec l'ambiguïté et le suspens. Elle jongle avec les dialogues. Mais ses romans, au charme puissant, me paraissent manquer de profondeur et de véritable force romanesque. Rachilde semblerait avoir succombé au parisianisme. N'empêche qu'elle mériterait mieux que les greniers des bibliothèques...

Les exploratrices

Nathalie Sarraute (1900)

On la rattache au «nouveau roman».

Réflexion théorique et création se conjuguent sans cesse chez Nathalie Sarraute. Ce qui la passionne, c'est de donner quelque chose de nouveau à la littérature: elle croit en la notion de progrès. Et la psychologie traditionnelle ne la satisfait pas. Aussi entame-t-elle dès son premier livre, «*Tropismes*», une exploration plus souterraine. Elle va placer son regard au-delà de l'événement, de la réalité, du fait lisse et précis. Elle pénètre déjà dans l'univers de la «sous-conversation», dans ce qu'elle appelle justement les tropismes: tous ces menus faits, ces mouvements secrets, ce qu'on se dit à soi-même. Zones obscures de l'implicite, de l'informe, du vague, du pressenti, que Nathalie Sarraute va éclairer avec talent. Ses personnages n'ont en général pas de nom. Ils sont saisis, travaillés de l'intérieur. C'est le «il», le «elle» et le «ils». Rapport, mouvement difficile entre l'individu informe, chaotique et la société bien léchée, bien huilée. Apparaît ici un autre versant de l'œuvre: la satire sociale.

Inutile de dire que chez Nathalie Sarraute le roman n'est plus un roman puisqu'elle en détruit les conventions (trame narrative, personnages, dialogues).

Nathalie Sarraute explore, inlassablement. Il faut reconnaître que les zones qu'elle fouille sont infinies... Voici un extrait de «*Tropismes*»:

> Elles allaient dans des thés. Elles restaient là, assises pendant des heures, pendant que des après-midi entières s'écoulaient. Elles parlaient: «Il y a entre eux des scènes lamentables, des disputes à propos de rien. Je dois dire que c'est lui que je plains dans tout cela quand même. Combien? Mais au moins deux millions. Et rien que l'héritage de la tante Joséphine... Non... comment voulez-vous? Il ne l'épousera pas. C'est une femme d'intérieur qu'il lui faut, il ne s'en rend pas compte lui-même. Mais non, je vous le dis. C'est une femme d'intérieur qu'il lui faut... D'intérieur... D'intérieur...»

(«Tropismes»)

Irine (1906)

Nous retrouvons Irine, la surréaliste belge. Irine qui se révèle une excellente nouvelliste dans «*La cuve infernale*».

«*La cuve infernale*»? A la fois titre de l'ouvrage et titre de la première nouvelle. Mais encore? L'attraction foraine, bien sûr. Et, au-delà, la liberté piégée entre les parois du destin fatal.

Georges vient de mourir, au volant de sa moto, devant le public. Une seule question, obsessionnelle : « S'est-il fait mourir ou sa machine a-t-elle claqué ? » Flash-back : Irine nous décrit la journée qui précède la mort. C'est-à-dire le moment où le destin adresse des signes :

> Le jour se nourrissait : Georges, maintenant, distinguait l'araignée d'hier soir recroquevillée au même point de son fil, crevée sans doute depuis longtemps; la bande noire à la porte du placard, deux minutes encore et il la reconnaîtrait pour la nuit réfugiée au fond de l'armoire et trahie par la porte mal jointe.
>
> Dans cette aurore en marche, ennemie des ombres, l'ombre pourtant vint. Georges, de tout son corps, la sentit, sous le divan massée, se cristalliser et monter. Malgré le gong du réveil cassant le match contre le cauchemar, elle se dressa. Sans pensée — il percevait seulement que ses bras fourmillaient, brûlaient des poignets aux épaules et que ses paumes suaient —, Dorgéo vit un vieillard maigre le fixer d'un œil et d'un trou : un trou baveux sous le sourcil gauche.

(« La cuve infernale »)

Georges « savait » donc. Irine a l'art de croquer les détails réalistes puis de les faire basculer dans l'étrange, le visionnaire, le fantastique : bref, le profond réel, avec sa vertigineuse angoisse...

Dans ses autres nouvelles, Irine jongle tout aussi brillamment avec les mystères, les ambiguïtés des destins. Elle affiche une tendresse particulière pour les marginaux et leur poisseuse fatalité.

« *La cuve infernale* » constitue une espèce de sarabande pleine de tendresse, d'humour et de désespoir. Une œuvre à rééditer !

Enfin, Irine signe un roman, « *Boulevard Jacqmain* ». Un roman à lire entre les lignes. Car il s'agit des aventures (masquées) des surréalistes belges, agrémentées d'une sauce policière. Savoureuse transposition du réel. On le voit, Irine joue avec la réalité, lui tord le cou et pénètre dans les eaux profondes de son exploration.

Dominique Rolin (1913)

Voilà une exploratrice tout à fait originale, de plus en plus personnelle. Ce qu'elle explore? la famille, ce monde infini. « L'enfer humain », « le bain génétique », « le devoir génétique », comme elle nous dit.

Sorte de dissection, de reconstruction, un peu comme Proust qui recompose son passé. Et comme Proust, plus Dominique Rolin sonde l'expérience personnelle, plus elle atteint l'universel. Mais elle va plus loin, dans des régions très peu fréquentées. Elle fouille par exemple sa vie prénatale, ou l'antichambre de la mort, sa propre agonie (qu'elle projette en l'an 2000) et même l'après-mort.

Voici donc une exploratrice intrépide, qui dépasse absolument toutes les frontières. Elle sonde avec le sourire, avec la gaieté d'une grande petite fille, avec un appétit de vie constant... Dominique Rolin écrit avec ce qu'elle possède: son cerveau, ses mains, ses organes, son sang. Pas étonnant qu'elle brasse tout à la fois. L'analyse, la sensation, l'imaginaire, la mémoire, l'observation, la projection, l'espace, le passé-présent-futur. Et toute cette diversité est rassemblée dans l'organique... Dominique Rolin s'est forgée peu à peu, avec l'exigence de chaque jour: sa liberté, sa force, sa virtuosité, son métier.

L'écriture est ferme, décidée, calme ou rageuse. Incisive. Unique. Sa plume, tendre et impitoyable à la fois: un scalpel de chair. Le talent jaillit à chaque page.

Dominique Rolin m'apparaît comme une des grandes écrivaines du vingtième siècle. Assistons à un de ses réveils, un réveil à la Dominique Rolin.

Sept heures, les yeux

La sonnerie du réveil: félin-filin d'acier me tirant depuis le milieu du fleuve jusqu'au bord. Je suis un sac. Je veux rester un sac au contenu d'organes et d'os insignifiants. Eviter d'être. Je refuse la forme qu'il me faudra bien nommer *moi* d'ici trois secondes. Je me plie pour lui échapper, je me serre, je me tords, je lutte. Ma défaite commence au niveau des yeux. J'ignore à quel moment ils s'ouvrent. A moins qu'ils ne soient restés béants toute la nuit comme ceux d'un mort frais, c'est possible. Ouverts ou fermés, aucune importance d'ailleurs. Je sais seulement qu'ils sont l'ennemi numéro un, incrustés dans le rien. Leurs lèvres poilues se séparent. Ils accouchent d'eux-mêmes sans pour autant couper le cordon ombilical. Ils remuent hors du vagin double qui spasmodiquement essaie de les ravaler. Echec. Nom de Dieu.

(« L'infini chez soi »)

Marguerite Duras (1914)

Marguerite Duras s'inscrit plus ou moins dans la ligne de Nathalie Sarraute. Ce qui l'intéresse, c'est le non-dit, l'implicite ou l'explicite qui camoufle l'implicite. Donc l'apparemment anodin: un signe, une inflexion de voix, une note de piano, une syllabe, un silence. Le vide, presque! Ce qu'on a appelé l'art en creux. En rassemblant ces «riens», Marguerite Duras réussit à cerner une réalité profonde, une intensité. C'est saisissant.

Mais Marguerite Duras est doublement exploratrice. Car non seulement elle sonde «entre les lignes», mais en plus elle dépasse les frontières entre les genres littéraires. Ainsi ses «romans» s'apparentent au théâtre et même au cinéma. Ils ne renient pas non plus la poésie. Il s'agit d'un mixage absolument original. Ceci ne l'a pas empêchée d'écrire directement pour le théâtre et le cinéma. Elle a réalisé différents films à partir de ses scénarios. Mais là encore, Marguerite Duras impose son ton, qui se situe bien au-delà des genres littéraires établis.

Ses thèmes? L'amour, l'amour fou, la mort. «Aucun amour au monde ne peut tenir lieu de l'amour»[8].

L'amour est saisi, chez elle, dans une fulgurance, dans un court laps de temps. Mais il y a plus: un engagement social, politique, une attitude révolutionnaire (qui se traduit dans l'action). Rappelons le titre: «Détruire, dit-elle». Son œuvre s'est puissamment élargie: Marguerite Duras est une créatrice à part entière. C'est-à-dire quelqu'un qui fouille en soi, crée sa propre voix et ne cesse d'interroger le monde.

Aujourd'hui, on reconnaît largement son talent. La preuve: le prix Goncourt qui lui fut décerné en 1984. N'empêche que l'écrivaine dut attendre l'âge de 70 ans pour le décrocher! Sa bataille fut dure. Je citerai simplement quelques lignes d'Alain Vircondelet, extraites de son essai sur Marguerite Duras, paru en 1972 chez Seghers:

«Rien n'est plus faux que de classer l'œuvre de Marguerite Duras dans ce qu'on a coutume d'appeler la littérature féminine. Dans les rayons de celle-ci se trouvent sagement rangées Anna de Noailles, Marceline Desbordes-Valmore, Marie Noël, Colette, Françoise Sagan à la rigueur. Pas Marguerite Duras. Son œuvre est révolutionnaire. Profondément. Son talent est de guerrier, viril».

Offrons-nous quelques lignes de son talent «viril».

— Vous travaillez dans cette ville, Monsieur?
— Dans cette ville, oui. Si vous reveniez, j'essaierai de savoir autre chose et je vous le dirai.
Elle baissa les yeux, se souvint et pâlit.
— Du sang sur sa bouche, dit-elle, et il l'embrassait, l'embrassait.
Elle se reprit: ce que vous avez dit, vous le supposiez?
— Je n'ai rien dit.
Le couchant était si bas maintenant qu'il atteignait le visage de cet homme. Son corps, debout, légèrement appuyé au comptoir, le recevait déjà depuis un moment.
— A l'avoir vu, on ne peut pas s'empêcher, n'est-ce pas, c'est presque inévitable?
— Je n'ai rien dit, répéta l'homme. Mais je crois qu'il l'a visée au cœur comme elle le lui demandait.
Anne Desbaresdes gémit. Une plainte presque licencieuse, douce, sortit de cette femme.
— C'est curieux, je n'ai pas envie de rentrer, dit-elle.
Il prit brusquement son verre, le termina d'un trait, ne répondit pas, la quitta des yeux.
— J'ai dû trop boire, continua-t-elle, voyez-vous, c'est ça.
— C'est ça, oui, dit l'homme.

(«Moderato cantabile»)

Marguerite Yourcenar (1903)

Je ne m'attarderai pas à Marguerite Yourcenar : elle est largement reconnue.

Ce qui est fascinant chez elle, c'est sa puissance de vue. Elle joue magistralement avec le temps et l'espace. Elle a le don de nous plonger dans l'histoire : non pas l'histoire figée, mais l'histoire physique, précise, concrète... et actuelle. Car l'humain ne change guère. Et les pages que nous lisons nous font prendre tout à coup du recul vis-à-vis de notre propre histoire. Il faut avouer que Marguerite Yourcenar connaît profondément les mécanismes humains. Elle possède à la fois le sens de l'individu et celui de l'histoire. Richesse grâce à laquelle elle forge une œuvre, et un art, vraiment spécifiques.

Puissance de vue, puissance d'analyse, servies par une écriture maîtrisée, noble et efficace. Ecoutons-la dans les *«Mémoires d'Hadrien»*. Pénétrons très brièvement dans la Rome du deuxième siècle. Nous évoquions la notion d'actualité...

Je doute que toute la philosophie du monde parvienne à supprimer l'esclavage : on en changera tout au plus le nom. Je suis capable d'imaginer des formes de servitude pires que les nôtres, parce que plus insidieuses : soit qu'on réussisse à transformer les hommes en machines stupides et satisfaites, qui se croient libres alors qu'elles sont asservies, soit qu'on développe chez eux, à l'exclusion des loisirs et des plaisirs humains, un goût du travail aussi forcené que la passion de la guerre chez les races barbares. A cette servitude de l'esprit, ou de l'imagination humaine, je préfère encore notre esclavage de fait.

(«Mémoires d'Hadrien»)

Suzanne Lilar (1901)

«Je n'ai pas cessé de bâtir sur le jeu et le risque. La liberté est à ce prix»[9]. Belle entrée en matière pour Suzanne Lilar. Son affirmation dans la vie est précoce. Elle est une des premières universitaires inscrites. Elle devient avocate et journaliste à une époque où cela est très rare pour une femme. Elle aiguise son esprit critique, sa réflexion. C'est curieusement le théâtre qui va la propulser dans la littérature avec sa pièce «*Le Burlador*». Suzanne Lilar élabore une pensée originale qui s'articule autour des axes suivants. D'abord elle refuse l'irréductibilité des contraires. Elle détruit les différences entre l'homme et la femme (ces sempiternelles étiquettes!) et défend la notion d'androgynie. Découvre enfin qu'il y a un certain être du non-être (le trompe-l'œil en serait déjà un exemple). Elle approfondit l'analogie, la métamorphose («*Journal de l'analogiste*»). Et répond fermement à Simone de Beauvoir dans «*Le malentendu du deuxième sexe*».

Et ses romans? Il y a principalement «*La confession anonyme*», publié en 1960... sans nom d'auteur. Ce roman incarne sa conception de l'érotisme. En fait, Suzanne Lilar prône l'érotique, le cérémonial de l'amour, sa dimension profonde et sacrée. Benvenuta, l'héroïne, parviendra à sublimer sa passion pour Livio et accédera ainsi à un niveau supérieur. Conception qui va à l'encontre de l'érotisme commercial de cette même époque...

Roman fort, lucide et passionné, imprégné de mysticisme. Suzanne Lilar y déploie ses dons dans une écriture élégante, riche, maîtrisée.

Voici deux extraits qui illustrent bien le passage du profane au sacré.

Il avait peu de temps, car il partait le même soir en voyage. Néanmoins, il me laissa comme d'habitude glisser à ses pieds — il faut savoir que j'ai fait cela dès le premier jour, moi qui exècre les démonstrations excessives, que le geste avait jailli spontanément, trompant ma réserve de Nordique, que mes genoux s'étaient ployés d'eux-mêmes, comme si ce fléchissement m'était inné, comme s'il venait réveiller une très ancienne, une ancestrale prosternation de la femme devant l'homme. Bien. Je me trouvais donc agenouillée. Livio était assis et j'avais la tête sur ses genoux. Pendant quelques minutes, il me garda ainsi, entourée des genoux et des bras, puis me relevant doucement, toujours serrée contre lui, il me couvrit le visage de baisers.

J'étais toujours agenouillée, mais ce n'était plus devant Livio, c'était devant ce que lui-même m'avait appris à vénérer, devant l'Amour médiateur et, par-delà l'Amour, devant ce qui me paraissait maintenant tellement auguste que je ne pensais pas qu'aucun nom fût digne de le contenir.

(«La confession anonyme»)

Œuvre diverse, on l'a vu, mais cohérente, profondément originale. Chez Suzanne Lilar, l'analyse, l'observation, la réflexion sont d'une rigueur étonnantes. Jamais de sécheresse cependant, car la sensibilité irrigue constamment cette rigueur.

Les engagées

Elsa Triolet (1896-1971)

Elle fut bien sûr la compagne d'Aragon. Un lien qui l'a servie... et desservie à la fois. Car les rares ouvrages qui la signalent s'en tiennent à cet élément. C'est vraiment réduire la créatrice! A croire que ses yeux, tant chantés par Aragon, éclipsent son œuvre. Or c'est Elsa Triolet qui influença profondément l'attitude politique d'Aragon.

L'engagement politique, social, humain gouverne sa vie. C'est cet engagement vécu qui va nourrir son œuvre. «Le quoi de mes récits dépend, suit ou précède des événements, un état de choses dont je suis contemporaine. Mon sentier est parallèle au chemin de l'Histoire »[10].

En 1945, par exemple, elle publie «*Le premier accroc coûte 200 francs*». Ce titre, un message codé, nous plonge immédiatement dans le contexte de la guerre et de la Résistance. Ces nouvelles, qui sont plutôt des récits, s'inspirent directement des événements : groupes ou individualités qui agissent dans la Résistance. Une conscience politique aiguë, une forte révolte imprègnent ces lignes.

Dans la nouvelle «*Les amants d'Avignon*», Elsa Triolet entrelace avec art la guerre et l'amour.

Elle a le don des images : personnelles, percutantes, jamais gratuites. Son écriture d'ailleurs est toujours au service de l'efficacité, l'action. Pas de fioritures.

Voici le tout début de la nouvelle «*Le premier accroc coûte 200 francs*» :

Tout est dans le plus grand désordre; les chemins de fer, les sentiments, le ravitaillement... Est-ce pour demain, y aura-t-il un autre hiver, cela va-t-il durer encore un mois, ou un siècle? L'espoir de la paix est suspendu au-dessus de nous comme une épée... Les ménagères ne balayent plus, ne font plus la soupe, on mange froid, on boit un jus quelconque, les écrivains n'écrivent plus, car y aura-t-il un censure ou n'y aura-t-il pas censure, les usines manquent de matières premières, les patrons craignent les rafles, les ouvriers chôment à moitié, les paysans moissonnent la tête en l'air, sous les avions qui lâchent des bordées de mitraille... Ça sent les montagnes de pêches qui pourrissent. Les pêches valent deux francs le kilo et elles en valent cent cinquante. Le marché noir se sert dans les avant-salles, toute honte bue, toute prudence oubliée, les beefsteaks, les mottes de beurre, les truites se succèdent, les tickets ont cours comme une monnaie dévaluée, les queues devant les boulangeries serpentent dès l'aube. Il pleut des interdictions de rouler, de sortir, de rentrer, de donner asile, de se cacher, de courir...

(«Le premier accroc coûte 200 francs»)

Simone de Beauvoir (1908-1986)

Il a fallu un certain temps pour que l'on reconnaisse la créatrice à part entière... c'est-à-dire celle qui ne devait finalement rien à Sartre.

Simone de Beauvoir, en effet, s'est forgé une vision personnelle de l'existentialisme et, surtout, a réussi l'alliage entre la matière romanesque et la pensée existentialiste.

Rappelons la diversité de sa production. Elle nous a donné des romans, des récits, une pièce de théâtre, des essais et ses Mémoires. L'engagement, chez elle, se situe au-delà du politique, du social : vis-à-vis de la vie. Dans ses Mémoires, on découvre un regard aigu, extraordinairement attentif à son époque.

Ses romans sont vigoureux, construits, toujours farcis de questions fondamentales, métaphysiques.

Dans «*L'invitée*», son premier roman, Françoise vit ce déchirement : le besoin des autres et le désir d'autonomie (perturbé par le lourd regard des autres !). En exergue, une courte phrase de Hegel : «Chaque conscience poursuit la mort de l'autre».

Voici l'extrême fin du roman. Françoise vient d'éliminer «l'invitée», l'intruse Xavière :

Elle rentra dans sa chambre, ramassa les lettres éparses sur le sol, les jeta dans la cheminée. Elle frotta une allumette et regarda brûler les lettres. La porte de Xavière était fermée de l'intérieur. On croirait à un accident ou à un suicide. «De toute façon, il n'y aura pas de preuves», pensa-t-elle.

Elle se déshabilla et enfila un pyjama. «Demain matin, elle sera morte.» Elle s'assit, face au couloir sombre. Xavière dormait. A chaque minute son sommeil s'épaississait. Il restait encore sur le lit une forme vivante, mais déjà ce n'était plus personne. Il n'y avait plus personne. Françoise était seule.

Seule. Elle avait agi seule. Aussi seule que dans la mort. Un jour Pierre saurait. Mais même lui ne connaîtrait de cet acte que des dehors. Personne ne pourrait la condamner ni l'absoudre. Son acte n'appartenait qu'à elle. «C'est moi qui le veux.» C'était sa volonté qui était en train de s'accomplir, plus rien ne la séparait d'elle-même. Elle avait enfin choisi. Elle s'était choisie.

(«L'invitée»)

Les questions sont plus multiples dans «*Les mandarins*», en 1954. L'engagement politique, l'authenticité, la vérité, le refus de l'esthétisme, le refus d'une littérature de pure propagande... tout cela est-il compatible ?

Dans ses récits plus récents, Simone de Beauvoir s'attache essentiellement aux femmes, à leurs problèmes actuels.

Simone de Beauvoir a refusé d'emblée la gratuité, «l'art pour l'art». Elle a opté pour une écriture sobre, efficace, presque neutre. Et cela pour mieux servir la pensée et l'engagement vital. Mais ce qui me fascine le plus dans son œuvre, c'est la recherche constante, inlassable, de l'authenticité.

Les sensuelles

Violette Leduc (1907-1972)

A mon avis, l'une des plus belles écritures du vingtième siècle. La beauté, la force ruissellent à chaque page. Un talent fou... et une romancière encore maudite, qui n'existe ni dans les manuels ni dans les anthologies.

Malgré le soutien de Simone de Beauvoir, Jean Genêt, Sartre, Violette Leduc est restée désespérément dans l'ombre pendant des années. Il a fallu la sortie de «*La bâtarde*» pour que l'on parle d'elle. N'empêche qu'elle n'est nullement reconnue.

Son univers? Un univers aride, brûlant: la soif d'amour, la solitude, la souffrance, ce qu'elle appelle la «bâtardise». L'obsession de sa propre laideur, l'obsession de l'amour lesbien.

Elle vit, elle écrit avec le corps, avec cette hypersensibilité d'écorchée: «Entrée dans le café où elle lit. Mes jambes me dégoûtaient. Elles se détacheront comme deux pétales»[11]. Elle se place au cœur du quotidien, mais ce quotidien est immédiatement saisi par la sensation: il est ainsi magistralement renouvelé, transformé, transfiguré en une poésie sauvage, percutante. Son écriture est presque magique. Ses brèves phrases jetées et juxtaposées engendrent une fascination rare. La sensualité est toujours violente, parfois cruelle, parce que assoiffée. Abandonnons-nous à ces mots haletants, fiévreux.

J'ai passé une soirée avec elle. Le garçon de restaurant apportait les plats. Je les avançais. On ne s'apercevait pas que je lui donnais quelque chose. Nous avons bu du punch à la terrasse d'une rhumerie. C'était aigu. Je désertais. Je partais allumer des cigarettes dans la rhumerie. Je chipais tout ce que je pouvais chiper sur son visage avant de m'éloigner, puis je me nourrissais de lui dans les lavabos. Parfois sa voix se casse. C'est louche, c'est agréable. Le ciel était bleu fixe avec de l'éloquence au ras des toits. Un essaim d'un autre bleu voltigeait autour des platanes. J'avais posé mes journaux sur la table. Elle a avancé sa main, elle a avancé son bras sur mes journaux. Je les ai emportés dans ma chambre. Je les ai touchés avec ma joue.

Paris a sorti tous ses gris. A dix heures du soir, on lance les rues jusqu'au ciel. Marronniers vert-de-gris, marronniers vert bouteille. Le mystère s'affaire dans ces ruches de feuillages. Une carcasse d'hôpital inachevé est au niveau des temples grecs. Un crépuscule d'un bleu courroucé est en suspens autour des arbres.

On fane au mois de mai. On décapite déjà l'été. Nuit et jour, je suis éblouie. Par des nappes de marguerites sur les prés. Le soir je lève la tête, je les retrouve au ciel.

Se laisser tomber à côté du kiosque à journaux. Enlacer cette colonne dans laquelle subsiste une vieille femme qui mange d'une main, qui tend un magazine de l'autre. J'ai désiré les évanouissements des simulateurs. S'étendre et se détendre en public. J'ai avancé. Tout me quittait. Ma tête était trop loin de moi. Au coin d'une rue, un vendeur d'animaux automatiques m'a proposé sa marchandise.

(«L'affamée»)

Françoise Sagan (1935)

J'ai déjà souligné l'importance déterminante de « *Bonjour tristesse* », dans l'histoire du roman au vingtième siècle.

Présente-t-on encore Sagan? Ne l'a-t-on pas déjà plus ou moins étiquetée « romancière facile » ?

Elle a eu l'audace de rompre avec une solide tradition romanesque et a véritablement créé un nouveau style : le roman plus léger, désinvolte et qui, l'air de rien, atteint les profondeurs.

Elle a l'art d'évoquer les sentiments informes, les doux naufrages. Et surtout, elle cerne à merveille le milieu bourgeois, amolli par l'alcool et le luxe. Mais son œuvre ne se limite pas à cela. Car Françoise Sagan s'arrête parfois et fouille en elle-même, fouille le noyau de la vie. Par exemple, dans « *Les bleus à l'âme* ». Ici, l'étiquette qu'on lui a apposée devrait être sérieusement revue... On s'aperçoit alors que le véritable charme s'enracine toujours dans une sorte de gravité.

Les quotidiennes

Neel Doff (1858-1942)

Neel Doff naît et vit à Amsterdam jusqu'à sa jeunesse, dans une misère extrême. Elle atterrit en Belgique. Commence à écrire à 50 ans. Est publiée à partir de 1911.

Elle nous jette à la tête ce monde de misère qu'elle a si bien connu. Rien à voir pourtant avec le misérabilisme. Car Neel Doff nous livre la réalité abrupte, nue, crue, à la limite du supportable. Sans commentaires. Sans décorations. Son univers est visuel, presque cinématographique. Neel Doff nous déverse ce quotidien sordide dans une liberté de ton, de forme étonnante pour le début du siècle. Etonnante aussi, peut-être, de la part d'une femme.

Grâce à cette sobriété, à ce dépouillement, l'émotion jaillit en nous. La tendresse surgit entre les lignes, le don d'enfance, la malice.

On devine que Neel Doff doit, inlassablement, décrire ce monde pour s'en alléger, pour s'en libérer. La densité des récits ou des nouvelles est vertigineuse. L'écriture, d'une modernité déconcertante. Neel Doff: une affirmation aiguë par rapport à son époque, mais surtout en elle-même. On n'échappe pas à son talent.

Voici quelques fragments des « *Contes farouches* », publiés en 1913.

C'était un sauvageon savoureux : blond fauve, la peau nacrée, le nez retroussé aux fines narines frémissantes, la bouche grande et fraîche aux dents superbes ; des yeux bleus très ouverts, infiniment doux, mais qui avaient pris l'habitude de se baisser, sous la terreur de son enfance battue ; de longues jambes fuselées, et des rondeurs qui commençaient à se marquer sous le corsage et dans la jupe ; avec cela, un rire gamin ondulé. Sa frayeur des hommes qui l'avaient maltraitée et la jalousie soupçonneuse de sa mère l'avaient conservée physiquement intacte.

Bientôt une porte intérieure s'ouvrit et, sur le seuil, parut une créature macabre. Avant qu'elle fût en pleine lumière, le pêcheur put saisir sur son visage une expression de terreur et de détresse. C'était une bossue, presque sans buste, avec de longues jambes décharnées ; elle portait un tutu à paillettes, encombré de nœuds de soie orange ; deux magnifiques tresses blondes s'allongeaient plus bas que le tutu. Un foulard de gaze bleue, passé sous le menton et noué sur la tête, cachait des écrouelles qui coulaient toute l'année.

Née dans le lupanar, d'une fille qui avait fait prospérer la maison, elle grandit au milieu des prostituées, mêlée intimement à leur vie. Elle n'avait pu aller à l'école, à cause de ses écrouelles, mais elle apprit à coudre. Son goût était si adapté au milieu que, lorsque sa mère mourut, on la garda pour habiller les femmes. C'était elle qui les maquillait, les coiffait, les attifait.

Un jour de mascarade, affublée en danseuse, elle s'était révélée boute-en-train endiablé. Le patron savait profiter de tout, et, quand l'entrain faiblissait et qu'il sentait le gain lui échapper, il avait recours à Zientje, pour qui ces exhibitions, dont elle sortait souvent maltraitée, étaient devenues un supplice.

Ce qui devait arriver, arriva : un jour qu'elle ne l'attendait pas, le métis vint ; il voulait ouvrir la porte et, comme il la sentait fermée en dedans, il l'enfonça.

D'un bond de chat, il fut sur Willem et le terrassa ; mais Stientje, affolée, prit une corde à linge, la jeta au cou du métis et tira de toutes ses forces pour lui faire lâcher prise. Willem se dégagea et partit, après avoir craché à terre en la regardant.

Quand elle ôta la corde, le métis était mort.

(« Contes farouches »)

Marie Gevers (1884-1975)

Toute l'œuvre de Marie Gevers est imprégnée du lieu et de la région où elle a passé sa vie : le domaine de Missembourg[12], l'Escaut, la Campine. C'est dire si la nature joue un grand rôle dans ses romans. Mais le contenu même des romans est en fait la fusion des gens simples avec la nature qui les environne. Tout cela exhale le terroir mais le dépasse. Car Marie Gevers a le sens du destin et explore l'âme humaine. Avec beaucoup de simplicité, de poésie. Avec maîtrise : le romanesque est construit solidement par épisodes.

Mais l'œuvre, quoique attachante, me semble de facture assez conventionnelle.

Voici un extrait de « *La comtesse des digues* », paru en 1931.

Suzanne marchait allégrement vers l'amont, poussée par la brise, précédée par son ombre, tirée par ses cheveux, suivie par son chien. Ah! l'odeur du fleuve! Le vent et la marée communiquaient à la jeune fille une sorte de griserie semblable à l'amour. Elle ne pensait à rien. Elle était un corps jeune sous le vent d'azur. A l'heure de la marée haute, elle arriva au *schorre* de Larix. Elle s'arrêta sur la diguette onduleuse; l'eau clapotait en affleurant le sentier. Une grenouille se sauva sous les pieds de Suzanne. Elle pensa à la briqueterie, à sa main dans l'eau: l'anneau de fiançailles avec l'eau, le cercle froid au poignet, la larme dans sa main... Elle rit joyeusement et déboutonna son jersey. Le vent dur et pur glissa le long de son corps: «Mon cœur à l'Escaut!»

(«La comtesse des digues»)

Madeleine Bourdouxhe (1906)

Je tiens à signaler Madeleine Bourdouxhe, cette romancière discrète, publiée pourtant chez Gallimard en 1937 (« *La femme de Gilles* »). Elle a exploré tous ces décalages entre l'homme et la femme, tous ces menus malentendus qui font irruption dans le quotidien. Elle a sondé la souffrance, la solitude et l'interrogation de la femme. Madeleine Bourdouxhe est fine psychologue: «elle posséda l'écrasante liberté d'envisager les choses de face». Ou encore: « et elle pensa que l'odeur de la souffrance dégoûte toujours un autre »[13].

Son art, sans jamais quitter le ras du quotidien, est précis, sobre, efficace, empreint d'une tendresse rude. Une solide écrivaine belge qu'on est en train de redécouvrir.

Béatrix Beck (1914)

Encore une romancière qui n'a pas tout à fait la place qu'elle mérite. Elle obtint pourtant le Goncourt avec « *Léon Morin, prêtre* » en 1952.

Ce qui me frappe chez elle, c'est une certaine difficulté à vivre (notamment avec elle-même) qui atteint parfois l'inquiétude métaphysique. Ainsi dans *«Léon Morin, prêtre»*: un roman construit, puissant et sobre. L'inquiétude s'ancre dans le quotidien.

Béatrix Beck n'aime pas les arabesques. Elle va droit au but, vise presque la sécheresse. Tout est parfaitement maîtrisé chez elle: le mot, le dialogue, la construction par épisodes, l'émotion. Cela n'exclut pas l'humour, un humour discret mais très présent...

Voici un fragment de dialogue, extrait de «*Léon Morin, prêtre*».

— Monsieur l'abbé, je voudrais vous dire quelque chose, articulai-je avec difficulté.
Il leva vers moi des yeux attentifs.
— Voilà. Je suis flambée.
— Vous êtes flambée?
— Oui, je me convertis. Je suis à vos ordres.
Morin parut consterné. Il demanda avec sollicitude:
— Qu'est-ce qui vous est arrivé?
— Rien. Je vais devenir, ou redevenir, catholique.
— Pourquoi?
— Je suis acculée, je me rends.
— Vous êtes peut-être un peu trop fatiguée, ou sous-alimentée, ces temps-ci.

(«Léon Morin, prêtre»)

Françoise Mallet-Joris (1930)

Françoise Mallet-Joris a 21 ans quand elle publie «*Le rempart des béguines*». Belle entrée en littérature!

Son œuvre, déjà abondante, s'enracine dans le quotidien. La romancière a le sens du personnage, du détail pittoresque. Mais ce qui me paraît le plus caractéristique de Françoise Mallet-Joris, c'est sa curiosité tendre, amusée, inlassable vis-à-vis de ce quotidien domestique. Curiosité qu'elle porte parfois à elle-même, avec le même sourire.

Ecoutons-la dans «*J'aurais voulu jouer de l'accordéon*».

C'est une pensée qui m'est venue à *la Cigale*, café-restaurant situé en bordure des Puces de la porte de Clignancourt. Il y avait un orchestre à vrai dire un peu poussif, mais vaillant tout de même, un accordéoniste pas tout à fait jeune, mais tout à fait joyeux, et toutes sortes de clients qui frappaient dans leurs mains avec bonne volonté et reprenaient en chœur *la Valse Brune* ou *la Java Bleue*, je ne sais plus bien. Le vieil homme transpirait, reprenait un demi pour compenser, et repartait en dérapant sur les touches. J'étais avec mon ami Bobby, nous étions venus chercher aux Puces onze casques coloniaux à bon marché pour un petit spectacle que nous préparions en groupe.
— J'aurais voulu jouer de l'accordéon... lui dis-je.
— Parce que, tu comprends, je ne voudrais pas jouer bien. Ce que je voudrais c'est jouer à l'arrière-plan, pendant que les gens chantent, ou dansent, jouer seulement pour les mettre en train.

(«J'aurais voulu jouer de l'accordéon»)

N'oublions pas qu'elle est aussi la brillante parolière de Marie-Paule Belle. Un exemple de belle conjugaison du quotidien et de l'humour.

Hélène Parmelin (1915)

Hélène Parmelin n'hésite pas à plonger dans le monde contemporain, avec un vocabulaire tout à fait contemporain.

Derrière l'humour, la fantaisie, la désinvolture, se nichent la profondeur et le questionnement. C'est ce mélange, je crois, qui rend l'œuvre d'Hélène Parmelin extrêmement originale. Par exemple, cette petite phrase répétitive, obsessionnelle, dans « *Le monde indigo* » : « Vit-il en passion ? ou sur sa lancée ? »

J'aime sa légèreté, son sens du cirque, du théâtre, ses bonds dans l'espace. J'aime aussi son mixage de classes sociales. Le personnage de Cramponne, par exemple, cette jeune servante qui évolue parmi une solide bourgeoisie parisienne. On devine que la romancière est dotée d'un regard lucide et satirique, inquiet et tendre devant notre monde contemporain... même si celui-ci ressemble à un mouvant plateau théâtral.

Un échantillon de ce quotidien : les lavoirs automatiques.

Elle donne ses draps à laver dans la couleur-linceul du néon. Avec toujours le même coup d'œil, froid dans le dos, sur la pièce attenante à celle du comptoir, et où marchent les machines alignées. C'est là que les gens viennent laver leur linge eux-mêmes. Nulle part au monde on ne ressent comme ici l'aigu de la solitude, de la difficulté de vie, du pouvoir du non-argent, de l'exiguïté des logements, de l'emprise des choses. C'est ce que prétend Cramponne.

Regardez en passant à travers ces vitres toutes ces machines alignées comme des flippers, et dont on voit tourbillonner le ventre de linge par les hublots. Et regardez les gens qui attendent. Des hommes, des femmes, des enfants. Debout, assis, dans le bruit ronronnant soufflant. Rien que de très ménager dans tout cela. Rien que de très habituel et sain. Quand on s'en va il ne reste plus qu'à repasser. Cramponne ne s'explique pas elle-même le frisson de froid qui chaque samedi pétrifie son for intérieur à la vue des gens qui regardent tourner leur linge, silencieux et blêmes dans le blanc du néon. Avec contre le mur une grande Algérienne toute fripée bleuâtre et sur le dessus de la tête le détonnement artificiel des cheveux au henné. Cramponne se moque d'elle-même, avec ses imaginations blanchâtres de blanchisserie blanc de blanc et de néon funèbre, le crématoire du linge, Dieu l'en préserve, et l'écœurement des lessives.

(« Le monde indigo »)

3. LE THEATRE

L'affirmation féminine paraît moins forte que dans le roman. Pourquoi ? Rappelons que les conditions de création et de diffusion diffèrent totalement dans le domaine théâtral. Alors que le romancier traite essentiellement avec les éditeurs, l'auteur dramatique doit se battre sur une plus grande échelle. Il faut qu'il connaisse à fond le travail théâtral (sinon il risque d'écrire des pièces injouables). Il doit donc pénétrer dans ce milieu, observer de près le travail des artisans du spectacle. Et pour décrocher la chance d'être joué un jour, il est obligé de multiplier les contacts (avec directeurs de théâtre, metteurs en scène, comédiens, responsables culturels, etc.).

Tout cela nécessite un énorme engagement (en temps, disponibilité, argent). Les créatrices marquent cependant leur empreinte à partir des années 60.

Comme pour le roman, je poserai quelques jalons qui préparent sans doute le mouvement contemporain.
1. 1921 : Colette adapte «*Chéri*» à la scène avec l'aide de Léopold Marchand. C'est un succès. La pièce sera reprise, de nombreuses fois, avec notamment Valentine Tessier.
2. 1946 : création de «*Les bouches inutiles*» de Simone de Beauvoir, au théâtre des Carrefours, dans une mise en scène de Michel Vitold. Le thème : le grand drame de l'engagement personnel. Le cadre : une ville flamande assiégée par les Bourguignons.
3. 1946 : création de la première pièce de Suzanne Lilar, «*Le Burlador*».
4. 1955 : création d'«*Anastasia*», une pièce de Marcelle Maurette, au théâtre Antoine. Mise en scène : Jean le Poulain. Avec Juliette Gréco.
5. 1955 : création de «*Soledad*» de Colette Audry, au théâtre de Poche. (Paris)

Suzanne Lilar

Suzanne Lilar, on l'a vu dans le chapitre du roman, a débuté par l'écriture dramatique.

«*Le Burlador*» est créé en 1946, au théâtre Saint-Georges à Paris. Pour la première fois, une femme s'attaque au thème de Don Juan... et le renouvelle complètement ! Car ici Don Juan est doté d'une nature androgyne : la domination s'efface au profit de l'échange.

« Tous les chemins mènent au ciel » nous plonge dans le Moyen Age. La novice Ludgarde aime un chevalier français, qu'elle garde dans sa cellule. Le thème : la rédemption par l'amour fou. On y retrouve une des idées chères à Suzanne Lilar : le passage entre le profane et le sacré.

« Le roi lépreux » ou le théâtre dans le théâtre. La pièce en voie de formation symbolise le profane. La pièce qui devient ce qu'elle est symbolise la dimension sacrée.

Marguerite Duras

Sa première pièce, *« Le square »*, est créée en 1956 au studio des Champs-Elysées à Paris. Suivront de nombreuses autres pièces. Marguerite Duras va peu à peu, comme dans ses « romans », imposer un ton, un style : une nouvelle voie théâtrale. Je pense qu'elle joue un rôle déterminant dans l'affirmation des femmes dramaturges. Je dirais plus : elle est peut-être une des grandes pionnières de la littérature féminine contemporaine.

Françoise Sagan

Elle s'impose dès 1960, avec *« Un château en Suède »*. Suivront : *« Les violons parfois »*, 1961 ; *« La robe mauve de Valentine »*, 1963 ; *« Le cheval évanoui »*, 1966 ; *« L'écharde »*, 1966.

Ses pièces ont autant de séduction que ses romans. Elles cernent avec subtilité le milieu bourgeois et toutes ses failles.

Liliane Wouters (1930)

Liliane Wouters semble s'imposer dans l'écriture dramatique. Elle ne craint pas de brasser la poésie, la métaphysique, la satire sociale, l'humour. Je cite ses principaux titres : *« Oscarine ou les tournesols »*, création en 1954 ; *« La porte »*, création en 1967 ; *« Vie et mort de Mademoiselle Shakespeare »*, création en 1979 ; *« La salle des profs »*, création en 1983 ; *« L'équateur »*, lecture-spectacle et édition en 1984, création en 1985.

D'autres écrivaines se sont attaquées au théâtre, mais elles sont probablement d'abord romancières ou poétesses. Par exemple, Andrée Chedid, Hélène Parmelin, Dominique Rolin.

NOTES

[1] *La Poésie féminine contemporaine*, Paris, Ed. Saint-Germain-des-Prés, tome I, 1969.
[2] L'amour lesbien imprègne de nombreuses œuvres féminines du début du siècle. Ce thème représente très probablement un stade dans l'affirmation féminine.
[3] *Corne de brune*, Bruxelles, Isy Brachot et Tom Gutt, 1976.
[4] *Idem.*
[5] Par Jacques Izoard, Paris, Seghers, coll. Poètes d'aujourd'hui, 1984.
[6] *Toute la pomme de terre*, Paris, Mercure de France, 1978.
[7] *Poésies complètes*, Paris, Ed. Saint-Germain-des-Prés, 1982.
[8] *Les petits chevaux de Tarquinia*, Paris, Gallimard, 1953.
[9] In *Alphabet des Lettres belges de Langue française*, Bruxelles, Association pour la promotion des Lettres belges de langue française, 1982.
[10] *La mise en mots*, Genève, A. Skira, coll. Les sentiers de la création, 1969.
[11] *L'affamée*, Paris, Gallimard, 1958; rééd. Folio, 1974.
[12] Missembourg: une grande maison familiale située à Edegem, près d'Anvers.
[13] *La femme de Gilles*, Paris, Gallimard, 1937.

Conclusions

Ce panorama ne constitue qu'un survol, trop rapide. Autrement dit, cette conclusion ressemble plus à un point de départ qu'à un aboutissement.

Je souhaiterais que cet ouvrage incite les lecteurs, les lectrices à approfondir le domaine. Explorer telle ou telle voie, au gré de leurs désirs, au gré des appels que l'on peut éprouver. Tout le travail de réédition des dernières années s'offre à eux, à portée de la main. Sans oublier les œuvres qui les attendent dans nos grandes bibliothèques, prêtes à se livrer à leur curiosité. Rien n'empêche les plus aventureux, les plus aventureuses de franchir les frontières de cet ouvrage pour découvrir la littérature féminine d'autres pays francophones. Ou de pays étrangers. J'aimerais également que cet ouvrage serve de tremplin à une réflexion plus poussée sur la création féminine et tout ce qui l'entoure : le patriarcat, les rapports entre les sexes, la notion de pouvoir, le partage des rôles, la création en elle-même. Que cet éclairage sur la littérature féminine incite à s'interroger sur d'autres domaines créatifs dans lesquels les femmes se sont battues. Peinture, architecture, sculpture, par exemple (l'exhumation de Camille Claudel nous oblige vraiment à réfléchir!). Je voudrais que ce panorama contribue un peu à dépoussiérer nos jugements, à secouer nos préjugés, nos habitudes mentales.

Je souhaiterais aussi — et ici je m'adresse plus spécialement aux créatrices — que ce panorama mette en évidence leur chance actuelle, inouïe par rapport aux siècles précédents. Nos «grandes sœurs» ont, patiemment, préparé le terrain. Grâce à elles, nous existons. Notre bataille ne se situe plus que dans la création elle-même. J'ai envie, à ce propos, de citer Virginia Woolf. Ces quelques phrases sont extraites de «*Une chambre à soi*» rédigé en 1928. «Les femmes vont, peut-être, se mettre à faire usage de l'écriture comme d'un art et non plus comme d'un moyen pour s'exprimer elles-mêmes.» Virginia Woolf poursuit, très pragmatique: «L'art de création exige la liberté et la paix (...). Il est actuellement beaucoup plus important de savoir de quel argent de poche et de quelles chambres les femmes disposent, que de bâtir des théories sur leurs aptitudes.»

Le dernier souhait qui me tient à cœur concerne le public des éditeurs, auteurs de manuels scolaires (et ouvrages généraux), enseignants, éducateurs et futurs éducateurs. J'aimerais qu'ils, qu'elles intègrent davantage les écrivaines dans leur travail. Non seulement pour réhabiliter leur création, mais surtout pour que ces créatrices servent de «modèles» au sens psycho-pédagogique du terme. Les enjeux sont cruciaux. Ce souci, cet effort, ce désir serviraient à l'égalité des chances. Réalité intense, et non formule désincarnée.

Bibliographie

Ouvrages généraux

ADAM Antoine, *Romanciers du XVII*ᵉ *siècle*, Paris, Gallimard, coll. La Pléiade, 1958.
*Histoire de la littérature française au XVII*ᵉ *siècle*, 5 volumes.
ADLER Laure, *Les premières journalistes (1830-1850)*, Paris, Payot, 1979.
ALBISTUR Maïté et ARMOGATHE Daniel, *Le grief des femmes*, Paris, Ed. Hier et Demain, 1978.
Histoire du féminisme français du Moyen Age à nos jours, Paris, Des Femmes, 1977.
Alphabet des Lettres belges de langue française, Bruxelles, Association pour la promotion des Lettres belges de langue française, 1982.
ARON Jean-Pol, *Misérable et glorieuse la femme du XIX*ᵉ *siècle*, Paris, Fayard, 1980.
AUBAILLY Jean-Claude, *Le théâtre médiéval profane et comique*, Paris, Larousse, coll. Thèmes et textes, 1975.
AYNARD Joseph, *Poètes lyonnais précurseurs de la Pléiade*, Paris, Brossard, 1924.
BADINTER Elisabeth, *Emilie, Emilie*, Paris, Flammarion, 1983.
BOGIN Meg, *Les femmes troubadours*, traduction de l'américain par Jeanne Faure-Cousin, Paris, Denoël-Gonthier, 1978.
BOISDEFFRE Pierre de, *Le roman français depuis 1900*, Paris, PUF, 1979.
BONNEFOY Claude, CARTANO Tony, OSTER Daniel, *Dictionnaire de littérature française contemporaine*, Paris, Delarge, 1977.
BRETON Jean, *La poésie féminine contemporaine*, Paris, Ed. Saint-Germain-des-Prés, tome I, 1969.
La nouvelle poésie féminine, Paris, Ed. Saint-Germain-des-Prés, janvier-avril 1975.
BRIQUET Fortunée, *Dictionnaire historique, littéraire et bibliographique des Françaises et des étrangères naturalisées en France*, Paris, Treuttel et Würtz, 1804.
CIXOUS Hélène, GAGNON Madeleine, LECLERC Annie, *La venue à l'écriture*, Paris, Union générale d'Editions, coll. 10-18, 1977.

CLANCIER Georges-Emmanuel, *Panorama de la poésie française de Chénier à Baudelaire*, Paris, Seghers, 1970.
COHEN Gustave, *La vie littéraire en France au Moyen Age*, Paris, Ed. Jules Tallandier, 1949.
Littérature française du Moyen Age, Bruxelles, Office de Publicité S.A. Editeurs, 1951.
COQUILLAT Michelle, *La poétique du mâle*, Paris, Gallimard, 1982.
DESANTI Dominique, *Daniel ou le visage secret d'une comtesse romantique Marie d'Agoult*, Paris, Stock, 1980.
DIDIER Béatrice, *L'écriture-femme*, Paris, PUF, 1981.
DEFORGES Régine, *Les cent plus beaux cris de femmes*, Paris, Saint-Germain-des-Prés et Le Cherche-Midi éditeurs, 1980.
DULONG Claude, *La vie quotidienne des femmes au grand siècle*, Paris, Hachette, 1984.
FAUCHERY Pierre, *La destinée féminine dans le roman européen du XVIIIe siècle*, Université de Lille, 1972.
FEUGÈRE Léon, *Les femmes poètes au XVIe siècle*, Paris, Didier, 1860.
FRICKX Robert et BURNIAUX Robert, *La littérature belge d'expression française*, Paris, PUF, coll. Que sais-je?, 1980.
GAUCHEZ Maurice, *Histoire des Lettres françaises de Belgique des origines à nos jours*, Bruxelles, Ed. de la Renaissance d'Occident, 1922.
GOÛT Raoul, *Le Miroir des dames chrétiennes*, Paris, Ed. Je sers, 1935.
GRAND Serge, *Ces bonnes femmes du XVIIIe siècle, Flâneries à travers les salons littéraires*, Paris, Pierre Horay, 1985.
GRÉARD Octave, *L'éducation des femmes par les femmes*, Paris, Hachette et Cie, 1886.
Histoire illustrée des Lettres françaises de Belgique, sous la direction de Gustave Charlier et Joseph Hanse, Bruxelles, La Renaissance du Livre, 1958.
HORER Suzanne, SOCQUET Jeanne, *La création étouffée*, Paris, Pierre Horay, 1973.
JOURDA Pierre, *Conteurs français du XVIe siècle*, Paris, Gallimard, La Pléiade, 1965.
LARNAC Jean, *Histoire de la littérature féminine en France*, Paris, Kra, 1929.
LATHUILLÈRE Roger, *La préciosité, étude historique et linguistique*, Genève, Droz, 1966.
de MAULDE LA CLAVIÈRE R., *Les femmes de la Renaissance*, Paris, Perrin et Cie, libraires-éditeurs, 1898.
MERCIER Michel, *Le roman féminin*, Paris, PUF, 1976.
MOULIN Jeanine, *Anthologie de la poésie féminine*, Verviers, Marabout, 1966.
La poésie féminine du XIIe au XIXe siècle, Paris, Seghers, 1966.
Huit siècles de poésie féminine, Paris, Seghers, 1975.
NELLI René, *Troubadours et trouvères*, Paris, Hachette, 1979.
PAUPHILET Albert, *Poètes et romanciers du Moyen Age*, Paris, Gallimard, 1943.
PERNOUD Régine, *La femme au temps des cathédrales*, Paris, Stock, 1980.
PÉROUSE Gabriel A., *Nouvelles françaises du XVIe siècle*, Genève, Droz, 1977.
RAYMOND Marcel, *L'influence de Ronsard sur la poésie française (1550-1585)*, Genève, Droz, 1965.
REYNIER Gustave, *Le roman sentimental avant l'Astrée*, Paris, Colin, 1908.
Les origines du roman réaliste, Paris, Hachette et Cie, 1912.
La femme au XVIIe siècle, ses ennemis, ses défenseurs, Paris, Plon, 1933.
ROUSSET Jean, *Anthologie de la poésie baroque française*, Paris, Colin, 1968.
ROY Bruno (sous la direction de), *L'érotisme au Moyen Age*, Montréal, Ed. de l'Aurore, 1977.
SABATIER Robert, *La poésie du Moyen Age*, Paris, Albin Michel, 1975.
La poésie du seizième siècle, Paris, Albin Michel, 1975.
La poésie du dix-septième siècle, Paris, Albin Michel, 1975.
La poésie du dix-huitième siècle, Paris, Albin Michel, 1975.

SAULNIER V.L. *La nouvelle française à la Renaissance*, Genève, Paris, Ed. Slatkine, 1981.
SCHMIDT Albert-Marie, *Poètes du XVI* siècle, Paris, Gallimard, La Pléiade, 1953.
SÉCHÉ Alphonse, *Les muses françaises*, Paris, Louis Michaud éditeur, 1908.
SOUTET Olivier, *La littérature française de la Renaissance*, Paris, PUF, coll. Que sais-je?, 1980.
STORER Mary-Elisabeth, *La mode des contes de fées*, Paris, Champion, 1928.
SULLEROT Evelyne, *Histoire et mythologie de l'amour, Huit siècles d'écrits féminins*, Paris, Hachette, 1974.
La presse féminine, Paris, Colin, 1963.
VANDER STRAETEN Jean-Pierre et TREKKER Anne-Marie, *Cent auteurs*, Bruxelles, Ed. de la Francité, 1982.
WOUTERS Liliane, *Panorama de la poésie française de Belgique*, Bruxelles, Ed. Jacques Antoine, 1976.

Œuvres féminines

ACKERMANN Louise (1813-1890), *Œuvres de Madame Ackermann*, Paris, Lemerre, 1885.
AÏSSÉ (vers 1695-1733), *Lettres de Mademoiselle Aïssé à Madame Calandrini* précédées d'une étude sur Mademoiselle Aïssé par Sainte-Beuve, Paris, Stock, 1943.
ALLART de MERITENS Hortense (1801-1879), *Les enchantements de Prudence*, Paris, Michel Lévy frères, 1873.
ARNAULD Céline (1895-1952), *Guêpier de diamants*, Anvers, Ça ira, 1923 in *Anthologie Céline Arnaud*, Bruxelles, Les Cahiers du Journal des poètes, 1936.
AUBESPINE Madeleine de l' (1546-1596), *Les chansons de Callianthe*, publiés par Roger Sorg, Paris, L. Pichon, 1926.
AULNOY Marie-Catherine d' (vers 1650-1705), *Contes nouveaux ou les fées à la mode*, Paris, veuve T. Girard, 1698.
Contes des fées, Paris, Garnier, s.d.
BEAUVOIR Simone de (1908-1986), *Le deuxième sexe*, Paris, Gallimard, 1949.
BECK Béatrix (1914), *Léon Morin, prêtre*, Paris, Gallimard, 1952.
L'enfant chat, Paris, Grasset, 1984.
BÉGUINE ANONYME la (fin du XIIIe), in *Le miroir des dames chrétiennes* par Raoul Goût, Paris, Ed. Je sers, 1935.
BERNARD Catherine (1662-1712), *Inès de Cordoue*, Paris, Martin et Georges Jouvenel, 1696.
Les malheurs de l'amour, Première nouvelle, Eléonor d'Yvrée, Genève, Slatkine Reprints, 1979.
BOURDOUXHE Madeleine (1906), *La femme de Gilles*, Paris, Gallimard, 1937.
Sept nouvelles, Paris, Tierce, 1985.
BRABANT Marie de (vers 1540-vers 1610), *Annonces de l'esprit et de l'âme fidèle contenant le Cantique des Cantiques de Salomon en rime française*, A.S. Gervais, E. Vignon, 1602.
BROCK Renée (1912-1980), *L'amande amère*, Paris, Seghers, 1960.
L'étranger intime, Paris, Librairie Saint-Germain-des-Prés, 1971
BURNAT-PROVINS Marguerite (1872-1952), *Choix de poèmes*, Paris, Figuière, 1933.
Près du rouge-gorge, Lille, Ed. de la Hune, 1937.
CAROUTCH Yvonne (1937), *Les veilleurs endormis*, Paris, Nouvelles Editions Debresse, 1955.
L'oiseleur du vide, Paris, Structure, 1957.

CASTELLOZA (début XIIIᵉ), in *Le miroir des dames chrétiennes* par Raoul Goût, Paris, Ed. Je sers, 1935.
CHARRIÈRE Isabelle de (1741-1806), *Caliste, Lettres écrites de Lausanne*, une édition féministe de Claudine Hermann, Paris, Des Femmes, 1979.
Œuvres complètes, Amsterdam, G.A. Van Oorschot, 1979.
In *Trois femmes: le Monde de Madame de Charrière* par Alix Deguise, Slatkine Reprints, 1981.
CHEDID Andrée (1921), *Terre et poésie*, Paris, GLM, 1956.
Visage premier, Paris, Flammarion, 1972.
CLÈVES Marie de (1426-1487), in *Poètes et romanciers du Moyen Age* par A. Pauphilet, Paris, Gallimard, 1943.
COIGNARD Gabrielle de (?- 1594), *Œuvres chrétiennes de feue dame G. de Coignard, veuve à feu M. de Manseral, sieur de Miremont*, Toulouse, Pierre Iagourt et Bernard Carles, 1594; rééd. Mâcon, Protat frères, 1902.
COLETTE (1873-1954), *La vagabonde*, Paris, Le Livre de Poche, 1972.
COTTIN Sophie (1770-1807), *Amélie Mansfield*, Paris, chez Maradan, Libraire, 1802.
Elisabeth ou les exilés de Sibérie, Bruxelles, Louis Hauman et Cie, libraires, 1836.
Claire d'Albe, Paris, Régine Deforges, 1976.
CRENNE Hélisenne de (vers 1505-vers 1555), in *Les angoisses douloureuses qui procèdent d'amour*, édition critique par Paule Demats, Paris, Les Belles Lettres, 1968.
In *Les angoisses douloureuses qui procèdent d'amour*, présentation d'Hélisenne de Crenne par Jérôme Vercruysse, Paris, Minard, Les lettres modernes, 1968.
DAUGUET Marie (1860-1942), *Les pastorales*, Paris, Sansot, 1908.
Ce n'est rien, c'est la vie, Paris, Chiberre, 1924.
DEFFAND Marie du (1697-1780), *Correspondance complète de la Marquise du Deffand avec ses amis le Président Hénault, Montesquieu, d'Alembert, Voltaire, Horace Walpole*, présenté par M. De Lescure, Paris, Plon, 1865.
DESBORDES-VALMORE Marceline (1786-1859), *Pauvres fleurs*, Paris, Dumont, 1839.
In *Marceline Desbordes-Valmore*, une étude par Jeanine Moulin, Paris, Seghers, 1955.
DESNOUES Lucienne (1921), *Les ors*, Paris, Seghers, 1966.
La plume d'oie, Bruxelles, Jacques Antoine, 1971.
DHUODA (IXᵉ siècle), in *Le miroir des dames chrétiennes* par Raoul Goût, Paris, Ed. Je sers, 1935.
DIE Béatrice de (vers 1170), in *Florilège des troubadours* par André Berry, Paris, Firmin Didot, 1930.
In *Le miroir des dames chrétiennes* par Raoul Goût, Paris, Ed. Je sers, 1935.
In *Vie et aventures de la Trobairitz Béatrice* par Irmtraud Morgner, Paris, Des Femmes, 1983.
DOFF Neel (1858-1942), *Jours de famine et de détresse*, Paris, Fasquelle, 1911.
Contes farouches, Paris, Ollendorff, 1913; rééd. Bassac, Plein Chant, 1981.
DURAS Claire de (1778-1828), *Ourika*, Paris, Des Femmes, 1979.
DURAS Marguerite (1914), *Moderato cantabile*, Paris, Les Editions de Minuit, 1958.
In *Marguerite Duras* par Alain Vircondelet, Paris, Seghers, 1972.
EPINAY Louise d' (1726-1783), *Conversations d'Emilie*, Leipzig, Siegfried Lebrecht Crusius, 1774.
Mémoires et correspondances de Madame d'Epinay, Paris, Volland le jeune, 1818.
Histoire de Madame de Montbrillant, texte intégral, publié pour la première fois avec une introduction, des variantes, des notes et des compléments par George Roth, Paris, Gallimard, 1951.
ESTIENNE Nicole (vers 1544-vers 1596), *Quelques poésies oubliées de Nicole Estienne* publiées par J. Lavaud, in Revue du XVIᵉ siècle, 1931.

FILLEUL Jeanne (1424-1498) in *Anthologie de la poésie féminine* par Jeanine Moulin, Verviers, Marabout, 1966.

FLORE Jeanne (première moitié du XVIe), *Contes amoureux*, Lyon, PUL, 1984.

FONTAINES Marie-Louise Charlotte de (?-1730), *Œuvres de Mesdames de Fontaines et de Tencin*, Paris, Garnier frères, s.d.

GENLIS Stéphanie-Félicité de (1746-1830), *Théâtre à l'usage des jeunes personnes*, Paris, chez Michel Lambert, 1785.

De l'influence des femmes sur la littérature française, comme protectrices des lettres et comme auteurs, Paris, chez Maradan, Libraire, 1811.

Les veillées de la chaumière, Paris, Lecointe et Durey, libraires, 1823.

In *Madame de Genlis*, par Gabriel de Broglie, Perrin, 1985.

Inès de Castro, Paris, Balland, 1985.

GEVERS Marie (1883-1975), *Vie et mort d'un étang*, Bruxelles, Brepols, 1961.

La comtesse des digues, Bruxelles, Labor-Nathan, 1983.

Madame Orpha, Bruxelles, Jacques Antoine, 1981.

GIRARDIN Delphine de (1804-1855), *Contes d'une vieille fille à ses neveux*, Bruxelles, Société belge de librairie, 1837.

Lettres parisiennes, Paris, Charpentier, 1843; rééd. Paris, Des Femmes, 1986.

Nouvelles, Paris, Michel Lévy frères, 1853.

Le chapeau d'un horloger, Paris, Michel Lévy frères, 1855.

GOUGES Olympe de (1748-1793), *L'esclavage des noirs ou l'heureux naufrage*, Paris, 1792.

In *Olympe de Gouges* par Olivier Blanc, Paris, Ed. Syros, 1981.

GOURNAY Marie de (1565-1645?), in *La fille d'alliance de Montaigne, Marie de Gournay* par Mario Schiff, Paris, Champion, 1910.

GRAFFIGNY Françoise de (1695-1758), *Œuvres complètes de Madame de Graffigny*, Paris, Briand, libraire, 1821.

GUILLET Pernette du (vers 1520-1545), in *Poètes du XVIe siècle* par Albert-Marie Schmidt, Paris, Gallimard, 1953.

In *Rymes*, édition critique avec une introduction et des notes par Victor Graham, Genève, Droz, 1968.

GUYON Jeanne-Marie (1648-1717), in *Anthologie de la poésie baroque en France* par Jean Rousset, Paris, Colin, 1961.

HÉLOÏSE (XIIe siècle), in *Lettres*, Traduction nouvelle par le bibliophile Jacob, précédée d'un travail historique et littéraire par Villenave, Paris, Charpentier, 1840.

HROTSVITHA (Xe siècle), in *Théâtre de Hrotsvitha, religieuse allemande du Xe siècle*, traduit pour la première fois en français, avec le texte latin revu sur le manuscrit de Munich, précédé d'une introduction et suivi de notes par Charles Magnin, Paris, Duprat, 1845.

IRINE (1906), *La cuve infernale*, Bruxelles, Les Editions Lumière, 1944.

Boulevard Jacqmain, Bruxelles, éd. des Artistes, 1953.

Corne de brune, Bruxelles, éd. Isy Brachot et Tom Gutt, 1976.

JALLAIS Denise (1932), *Matin triste*, Paris, Seghers, 1952.

Pour mes chevaux sauvages, Paris, Chambelland, 1966.

KRÜDENER Barbara-Julie de (1764-1824), *Valérie*, Paris, Charpentier, 1846.

LABÉ Louise (vers 1524-1566), in *Louise Labé* par Dorothy O'Connor, Paris, Les Presses françaises, 1926.

In *Louise Labé* par Gérard Guillot, Paris, Seghers, coll. Ecrivains d'hier et d'aujourd'hui, 1962.

LA FAYETTE Marie-Madeleine de (1634-1693), in *La Princesse de Clèves*, texte présenté et annoté par Antoine Adam, Paris, Gallimard, 1958.

La Princesse de Clèves, Paris, Le Livre de Poche, 1968; rééd. Bordas, 1985.
Romans et nouvelles, Paris, Garnier, coll. Classiques Garnier, 1970.
In *Histoire de la Princesse de Montpensier, Histoire de la Comtesse de Tende*, édition critique par Micheline Cuénin, Genève, Droz, 1979.

LAMBERT Anne-Thérèse de (1647-1733), *Avis sur la véritable éducation* dans *De la science du monde et des connaissances utiles à la conduite de la vie* par Monsieur de Callières, Bruxelles, Jean Léonard, 1729.
Avis d'une mère à sa fille suivis des Réflexions sur les Femmes, d'un Discours sur la délicatesse d'esprit et de sentiment, et d'une lettre sur l'Education, Paris, F. Louis, 1811.

LEDUC Violette (1907-1972), *Thérèse et Isabelle*, Paris, Gallimard, 1966.
L'affamée, Paris, Gallimard, 1958; rééd. Folio, 1974.

LENCLOS Ninon de (1620-1705), *Lettres de Ninon de Lenclos* précédées de mémoires sur sa vie par A. Bret, Paris, 'Garnier, s.d.
In *Correspondance authentique de Ninon de Lenclos comprenant un grand nombre de lettres inédites et suivie de La coquette vengée*; avec une introduction et des notices d'Emile Colombey, Genève, Slatkine, 1968.

LEPRINCE DE BEAUMONT Marie (1711-1780), *Le magasin des enfants ou Dialogues entre une sage gouvernante et plusieurs de ses élèves de la première distinction*, La Haye, Pierre Gosse, 1773.
Contes de fées, Paris, Librairie Centrale, 1865.
La Belle et la Bête, Paris, Les œuvres françaises, coll. Le point d'orgue, 1946.

LESPINASSE Julie de (1732-1776), *Nouvelles lettres de Mademoiselle de Lespinasse*, Paris, Maradan, libraire, 1820.
Lettres de Mademoiselle de Lespinasse, Paris, Garnier frères, 1925.

L'HÉRITIER DE VILLANDON Marie-Jeanne (1664-1734), *L'adroite princesse ou les aventures de Finette, conte de fée*, Paris, Ed. M.P. Trémois, 1928.

LILAR Suzanne (1901), *La confession anonyme*, Paris, Julliard, 1960; rééd. Bruxelles, Jacques Antoine, 1980.
Une enfance gantoise, Paris, Grasset, 1976.

LOMBARDA (XIIIᵉ siècle), in *Les femmes troubadours* par Meg Bogin, Paris, Denoël-Gonthier, 1978.

MALLET-JORIS Françoise (1930), *Le rempart des béguines*, Paris, Julliard, 1951.

MANSOUR Joyce (1928-1986), *Rapaces*, Paris, Seghers, 1960.
Phallus et momies, La Louvière, Daily-Bul, 1969.
Faire signe au machiniste, Paris, Le Soleil Noir, 1977.

MARGUERITE de Navarre (1492-1549), *Dernières poésies* publiées par Abel Lefranc, Paris, Colin, 1896.
In *Marguerite de Navarre, duchesse d'Alençon, reine de Navarre* par Pierre Jourda, Paris, Librairie Champion, 1930.
In *Marguerite de Navarre, Comédie de la Nativité de Jésus-Christ* par Pierre Jourda, Paris, Boivin et Cie, s.d., coll. Le livre de l'étudiant, s.d.
In *Marguerite de Navarre, théâtre profane* par V.L. Saulnier, Paris, Droz, 1946.
L'Heptameron, Paris, Garnier, 1967.
In *Introduction à l'Heptameron de Marguerite de Navarre* par Simone de Reyff, Paris, Flammarion, 1982.

MARIE de France (deuxième moitié du XIIᵉ siècle), in *Poésies de Marie de France, poète anglo-normand du XIIIᵉ siècle, ou recueil de lais, fables et autres productions de cette femme célèbre* par B. de Roquefort, Paris, Chasseriau, libraire, 1820.
In *Six lais d'amour* par Philéas Lebesgue, Paris, E. Sansot et Cie, 1913.
In *Poètes et romanciers du Moyen Age* par A. Pauphilet, Paris, Gallimard, 1943.
In *Les Lais de Marie de France* par Jeanne Lods, Paris, Champion, coll. Les classiques du Moyen Age, 1959.

MEURDRAC Catherine (= Catherine de La Guette) (1613 - ?), *Mémoires*, Paris, Mercure de France, 1982.
MICHEL Louise (1830-1905), *Mémoires de Louise Michel écrits par elle-même*, Paris, F. Roy, 1886; rééd. Paris, Maspero, 1976.
La Commune, Histoire et Souvenirs I, Paris, Maspero, 1970.
La Commune, Histoire et Souvenirs II, Paris, Maspero, 1971.
MOGADOR Céleste (1824-1909), *Mémoires*, Paris, Librairie Nouvelle, 1858.
MURAT Henriette-Julie de (1670-1716), in *Le Cabinet des fées*, Genève, tome I, 1785.
NIZET Marie (1859-1922), *Romania*, Paris, Aug. Ghio, 1878.
Pour Axel de Missie, Bruxelles, Ed. de la vie intellectuelle, 1923.
NOAILLES Anna de (1876-1933), *Le cœur innombrable*, Paris, Calmann-Lévy, 1901.
Les éblouissements, Paris, Calmann-Lévy, 1907.
NOËL Marie (1883-1967), *Chants d'arrière-saison*, Paris, Stock, 1961.
In *Marie Noël*, présentation par André Blanchet, Paris, Seghers, coll. Poètes d'aujourd'hui, 1962.
PALATINE La princesse (Elisabeth-Charlotte, duchesse d'Orléans, 1652-1722), *Mémoires*, Bruxelles, Imprimerie de Cautaerts et Cie, 1827.
PARMELIN Hélène (1915), *La femme écarlate*, Paris, Stock, 1975.
Le monde indigo, Paris, Stock, 1978.
PICARD Hélène (1873-1945), *Pour un mauvais garçon*, Paris, Delpeuch, 1927.
PISAN Christine de (1364-vers 1430), in *Christine de Pisan* par Jeanine Moulin, Paris, Seghers, 1962.
In *Le débat sur le roman de la Rose*, édition critique, introduction, traductions, notes par Eric Hicks, Paris, Champion, 1977.
In *Christine de Pisan* par Régine Pernoud, Paris, Calmann-Lévy, 1982.
La cité des dames, Paris, Stock, 1986.
POTOCKA Hélène (1765-1820), *Mémoires*, Paris, Plon, 1897.
RACHILDE (1862-1953), *Monsieur Vénus*, Bruxelles, A. Brancart, 1884; rééd. Paris, Des Femmes, 1983.
RICCOBONI Marie-Jeanne (1714-1792), *Œuvres de Madame Riccoboni*, Paris, Garnier frères, 1865.
Lettres de Mistriss Fanni Butlerd, Genève, Droz, 1979.
Lettres de Milady Juliette Catesby, Desjonquères, 1983.
ROCHES Madeleine des (vers 1520-1587) et Catherine des (vers 1542-1587), *Les missives de Mesdames des Roches, de Poitiers, mère et fille*, Paris, Abel l'Angelier, 1586.
ROLAND Marie-Jeanne (1754-1793), *Mémoires de Madame Roland écrits durant sa captivité*, Paris, Librairie de L. Hachette et Cie, 1864.
Mémoires, Paris, Mercure de France, 1986.
ROLIN Dominique (1913), *L'infini chez soi*, Paris, Denoël, 1980.
Le gâteau des morts, Paris, Denoël, 1982.
ROMIEU Marie de (vers 1545-vers 1590), in *Marie de Romieu, Les premières œuvres poétiques*, étude et édition critique par André Winandy, Genève, Droz, coll. Textes littéraires français, 1972.
SABLÉ Madeleine de (1599-1678), in *Réflexions ou Sentences et maximes morales de Monsieur de La Rochefoucauld, qui renferme de plus les Maximes de Madame la Marquise de Sablé*, Lausanne, Marc-Mic. Bousquet, 1747.
In *La Marquise de Sablé et son salon* par N. Ivanoff, Paris, Les presses modernes, 1927.
SABRAN Françoise-Eléonore (1750-1827), *Correspondance inédite de la Comtesse de Sabran et du chevalier de Boufflers 1778-1788*, Paris, Plon, 1875.
SAGAN Françoise (1935), *Bonjour tristesse*, Paris, Julliard, 1954.
Un profil perdu, Paris, Flammarion, 1974.

SALM Constance de (1767-1845), *Vingt-quatre heures d'une femme sensible*, Paris, Librairie de Firmin Didot frères, 1842.
Œuvres complètes, Paris, Firmin Didot, 1842.
SAND George (1804-1876), *Histoire de ma vie*, Paris, Stock, 1945.
Consuelo et La Comtesse de Rudolfstadt, Paris, Garnier, 1959.
Indiana, Paris, Garnier, 1962.
SARRAUTE Nathalie (1900), *Tropismes*, Paris, Les Editions de Minuit, 1939.
SCUDÉRY Madeleine de (1607-1701), *Artamène ou le Grand Cyrus* par Monsieur de Scudéry, Paris, Augustin Courbé, 1650; rééd. Slatkine Reprints, 1972.
Clélie, histoire romaine dédiée à Madame la Duchesse de Nemours, Paris, Augustin Courbé, 1656; rééd. Slatkine Reprints, 1973.
Conversations nouvelles sur divers sujets de Madeleine de Scudéry, La Haye, Abraham Arondeus, 1685.
In *Madeleine de Scudéry, Reine du Tendre* par Claude Aragonnes, Paris, Colin, 1934.
In *Choix de conversations de Mademoiselle de Scudéry* édité par une introduction et des notes par Philipp J. Wolfe, Ravenna, Longo Editore, 1977.
SÉGALAS Anaïs (1814-1893), *Poésie pour tous*, Paris, Lemerre, 1886.
SÉGUR Sophie de (1799-1874), *Les malheurs de Sophie*, Paris, Le Livre de Poche, Jeunesse, 1982.
SÉVIGNÉ Marie de (1626-1696), in *Lettres*, texte établi et annoté par Gérard-Gailly, Paris, Gallimard, 1953-1957.
SIEFERT Louisa (1845-1877), *Poésies inédites*, Paris, G. Fischbacher, 1881.
SODENKAMP Andrée (1906), *Femme des longs matins*, Bruxelles, De Rache, 1965; rééd. 1968.
La fête debout, Bruxelles, De Rache, 1973.
STAAL-DELAUNAY Rose de (1683-1750), *Mémoires de Madame de Staal-Delaunay*, Paris, Mercure de France, coll. Le temps retrouvé, 1970.
STAËL Germaine de (1766-1817), *Delphine*, Paris, Treuttel et Würtz, 1820; rééd. Paris, Des Femmes, 1981.
Corinne ou l'Italie, Paris, Garnier, 1931; rééd. Paris, Gallimard, 1985.
STERN Daniel (1805-1876), *Nélida*, Paris, Librairie d'Amyot, 1846.
Histoire de la Révolution de 1848, Paris, Gustave Sandré, 1850.
Valentia, Hervé, Julien, La boîte aux lettres, Ninon au couvent, Paris, Calmann-Lévy, 1883.
TENCIN Claudine-Alexandrine de (1682-1749), *Le comte de Comminge ou Les amours malheureux*, Evreux, chez J.J.L. Ancelle, 1806.
In *Œuvres de Mesdames de Fontaines et de Tencin*, Paris, Garnier frères, s.d.
In *Œuvres complètes de Mesdames de La Fayette, de Tencin et de Fontaines*, Paris, Madame Veuve Lepetit, 1820.
In *Mémoires du comte de Comminge*, texte de 1735 présenté et annoté par Jean Decottignies, Lille, Librairie Giard, 1969.
TRIOLET Elsa (1896-1971), *Le cheval blanc*, Paris, Denoël, 1943.
Le premier accroc coûte deux cents francs, Paris, Denoël, 1945.
La mise en mots, Genève, Albert Skira, coll. Les sentiers de la création, 1969.
TRISTAN Flora (1803-1844), *Pérégrinations d'une paria* (1833-1834), Paris, Bertrand, 1838.
Promenades dans Londres, Paris, Delloye, 1840.
In *Morceaux choisis précédés de La Geste romantique de Flora Tristan*, contée par Lucien Scheler, Paris, La Bibliothèque française, 1947.
In *Flora Tristan — Vie et œuvres mêlées*, choix et commentaires de Dominique Desanti, Paris, Union générale d'éditions, 1973.

VAN DE WIELE Marguerite (1859-1941), *Lady Fauvette*, Paris, Librairie Abel Pilon, Le Vasseur, Editeur, 1879.
VILLEDIEU Hortense de (1632-vers 1683), *Annales galantes*, Lyon, chez Hilaire Baritel, 1694.
Le journal amoureux, Lyon, Antoine Besson, 1695.
Œuvres de Madame de Villedieu, tome XI, contenant Le Prince de Condé, Mademoiselle d'Alençon, Mademoiselle de Tournon, Paris, Cie des Libraires, 1720.
VILLENEUVE Gabrielle de (1695-1755), *Contes marins de Madame de Villeneuve*, La Haye, 1765.
La jardinière de Vincennes, Liège, J.F. Bassompierre, Père et Fils, 1778.
In *Le Cabinet des fées*, Genève, Barde, Mauget et Cie, tome 26, 1786.
VIVIEN Renée (1877-1909), *Poèmes de Renée Vivien*, Paris, Lemerre, tome I, 1923.
Poèmes de Renée Vivien, Paris, Lemerre, tome II, 1924.
In *Tes blessures sont plus douces que leurs caresses* par Jean-Paul Goujon, Paris, Deforges, 1986.
VOILQUIN Suzanne (1801-1877), *Souvenirs d'une fille du peuple*, Paris, 1866.
Souvenirs d'une fille du peuple ou La saint-simonienne en Egypte, Paris, Maspero, 1978.
Mémoires d'une saint-simonienne en Russie, Paris, Des Femmes, 1979.
WOUTERS Liliane (1930), *La salle des profs*, Bruxelles, Jacques Antoine, 1983.
Vie et mort de Mademoiselle Shakespeare, L'Equateur, Bruxelles, Jacques Antoine, 1984.
YOURCENAR Marguerite (1903), *Mémoires d'Hadrien*, Paris, Plon, 1951.

Remerciements

Nous tenons à remercier les éditeurs, les auteurs et leurs ayants droit qui nous ont autorisés à reproduire les textes publiés dans cet ouvrage et dont ils conservent l'entier copyright :

Les Editions ALBIN MICHEL pour le texte de Colette, extrait de *La vagabonde*;
Les Editions Isy BRACHOT et Tom GUTT pour les textes d'Irine, extraits de *Corne de brune*;
Yvonne CAROUTCH pour ses textes extraits de *L'oiseleur du vide*;
Andrée CHEDID pour son texte extrait de *Terre et poésie*;
Les Editions DAILY BUL pour les textes de Joyce Mansour, extraits de *Phallus et momies*;
Les Editions DENOËL pour le texte de Dominique Rolin, extrait de *L'infini chez soi*;
Les Editions DENOËL-GONTHIER pour les textes des trobairitz, extraits de *Les femmes troubadours* par Meg Bogin;
Les Editions André DE RACHE pour le texte d'Andrée Sodenkamp, extrait de *Choix*;
Les Editions FLAMMARION pour les textes d'Andrée Chedid, extraits de *Visage premier*;

Les Editions GALLIMARD pour le texte de Simone de Beauvoir, extrait de *L'invitée*; pour le texte de Béatrix Beck, extrait de *Léon Morin, prêtre*; pour les textes de Violette Leduc, extraits de *L'affamée*; IRINE pour son texte extrait de *La cuve infernale*;

Les Editions JULLIARD pour le texte de Françoise Mallet-Joris, extrait de *J'aurais voulu jouer de l'accordéon*; pour les textes de Suzanne Lilar, extraits de *La confession anonyme*;

Les Editions LABOR pour le texte de Marie Gevers, extrait de *La comtesse des digues*;

Les Editions LAFFONT pour le texte de Marguerite Burnat-Provins, extrait de *Le livre pour toi*; pour les textes de Marie Dauguet, extraits de *Les pastorales* et *Ce n'est rien, c'est la vie*; pour le texte de Denise Jallais, extrait de *Les couleurs de la mer*; pour le texte de Joyce Mansour, extrait de *Cris*; pour le texte d'Hélène Picard, extrait de *Pour un mauvais garçon*;

Les Editions MEULENHOFF pour les textes de Neel Doff, extraits de *Contes farouches*;

Les Editions de MINUIT pour le texte de Marguerite Duras, extrait de *Moderato cantabile*; pour le texte de Nathalie Sarraute, extrait de *Tropismes*;

Les NOUVELLES EDITIONS DEBRESSE pour le texte d'Yvonne Caroutch, extrait de *Les veilleurs endormis*;

Les Editions PLON pour le texte de Marguerite Yourcenar, extrait de *Mémoires d'Hadrien*;

Les Editions SAINT-GERMAIN-DES-PRÉS pour les textes de Renée Brock, extraits de *Poésies complètes*;

Les Editions SKIRA pour le texte d'Elsa Triolet, extrait de *La mise en mots*;

Les Editions STOCK pour le texte d'Hélène Parmelin, extrait de *Le monde indigo*.

Index alphabétique

Ackermann Louise, 181-182
Aïssé, 131-132
Albret Jeanne d', 44, 78
Allart Hortense, 170-171
Amboise Catherine d', 78
Arnauld Céline, 201
Aubespine Madeleine de l', 79-80
Audry Colette, 224
Aulnoy Catherine d', 34, 112, 113-118
Auneuil Louise d', 121

Bashkirtseff Marie, 185
Beauvoir Simone de, 18, 208, 216-217, 218, 224
Beck Béatrix, 18, 221-222
Bédacier Catherine, 121
Béguine Anonyme la, 18, 35
Bernard Catherine, 90, 97-99, 112, 118-119, 146
Bourdouxhe Madeleine, 221
Bourg Marguerite du, 46
Bourges Clémence de, 12, 46, 55
Brock Renée, 204
Burnat-Provins Marguerite, 196

Caroutch Yvonne, 205-206
Castelloza, 28
Charrière Isabelle de, 18, 19, 125, 152-156
Chedid Andrée, 202-203, 225
Chéron Elisabeth-Sophie, 103
Chonez Claudine, 207
Clèves Marie de, 22, 36
Coignard Gabrielle de, 19, 78-79

Colette, 14, 208, 209, 224
Comnène Anne, 25
Cottin Sophie, 163-164
Crenne Hélisenne de, 59-62, 90
Creste Jeanne, 46

Dauguet Marie, 197
Deffand Marie du, 124, 132
Desbordes-Valmore Marceline, 181
Deshoulières Antoinette, 103
Desnoues Lucienne, 203-204
Dhuoda, 19, 24
Die Béatrice de, 27-28
Doff Neel, 219-220
Domna H., 29
Duras Claire de, 165-166
Duras Marguerite, 18, 208, 212-213, 225

Epinay Louise d', 19, 138-140, 142-143
Estienne Nicole, 80

Filleul Jeanne, 35-36
Flore Jeanne, 46, 46-53, 65
Fontaines Marie-Louise Charlotte de, 146

Gay Sophie, 167
Genlis Stéphanie-Félicité de, 11, 12, 140, 189
Gevers Marie, 220-221
Girardin Delphine de, 167-169, 189-190
Gouges Olympe de, 18, 157
Gournay Marie de, 86, 88-89
Graffigny Françoise de, 147-148
Gravière Caroline, 171

Guillet Pernette du, 46, 53-54
Guyon Jeanne-Marie, 19, 100, 101-102

Hadewijck, 25
Héloïse, 25
Hrotsvitha, 24-25

Irine, 201, 210-211

Jallais Denise, 203, 204-205
Juliette d'Espagne, 46

Krüdener Barbara-Julie de, 164-165
Krysinska Marie, 184

Labé Louise, 12, 44, 46, 54-58
Lafarge Marie, 185
La Fayette Marie-Madeleine de, 14, 85, 90, 92, 95-97, 97, 104, 146
La Force Charlotte-Rose de, 121
Lambert Anne-Thérèse de, 18, 19, 136-138
La Suze Henriette de, 84, 103
Leduc Violette, 217-218
Lenclos Ninon de, 85, 105-108
Leprince de Beaumont Marie, 127, 129-130, 140, 189
Lespinasse Julie de, 124, 133-134
Lhéritier de Villandon Marie-Jeanne, 112, 121
Lilar Suzanne, 214-215, 224, 224-225
Lombarda, 28-29

Mallet-Joris Françoise, 208, 222
Mansour Joyce, 206
Marguerite de Navarre, 19, 44, 62, 63-77
Marie de Brabant, 79
Marie de France, 31-34, 113
Marquets Anne de, 78
Maurette Marcelle, 224
Meurdrac Catherine, 109-110
Michel Louise, 18, 177, 180, 184
Mogador Céleste, 13, 185-186
Murat Henriette-Julie de, 120-121

Nizet Marie, 183-184
Noailles Anna de, 195, 195-196
Noël Marie, 201

Palatine Princesse, 111
Parmelin Hélène, 223, 225
Pascal Jacqueline, 102
Péronnelle d'Armentières, 36

Picard Hélène, 199-200
Pisan Christine de, 13, 18, 37-41
Potocka Hélène, 185
Prassinos Gisèle, 207
Rachilde, 209
Riccoboni Marie-Jeanne, 149-151
Roches Catherine des, 81
Roches Madeleine des, 81
Roland Marie-Jeanne, 14, 18, 144-145, 170
Rolin Dominique, 211-212, 225
Romieu Marie de, 78

Sablé Madeleine de, 84, 104
Sabran Françoise-Eléonore de, 134-135
Sagan Françoise, 208, 219, 225
Salm Constance de, 14, 166-167
Sand George, 14, 160, 161, 172, 174-176
Sarraute Nathalie, 208, 210
Sarrazin Louise, 46
Sauvage Cécile, 200
Scève Claudine, 46
Scève Sybille, 46
Scudéry Madeleine de, 12, 84, 85, 90-93
Ségalas Anaïs, 182
Ségur Sophie de, 189
Sévigné Marie de, 95, 105, 108
Siefert Louisa, 181, 182-183
Sodenkamp Andrée, 203
Staal-Delaunay Rose de, 141-142
Staël Germaine de, 11, 13, 14, 18, 159, 161, 163, 165, 172-174
Stern Daniel, 18, 169-170
Stuart Jacqueline, 46
Stuart Marie, 78

Tencin Claudine-Alexandrine de, 146-147
Triolet Elsa, 215-216
Tristan Flora, 18, 160, 177-179

Valois Marguerite de, 78
Van de Wiele Marguerite, 171
Vauzelles Catherine de, 46
Villedieu Hortense de, 90, 93-95, 100-101
Villeneuve Gabrielle de, 119, 127-129
Vivien Renée, 18, 197-199
Voilquin Suzanne, 18, 185, 187-188

Weil Simone, 208
Wouters Liliane, 225

Yourcenar Marguerite, 208, 214

Table des matières

AVANT-PROPOS 7
INTRODUCTION 9
LA LITTERATURE DU MOYEN AGE 21
   Introduction 21
   1. Celles qui écrivent en latin 24
   2. Les trobairitz (XIIe et XIIIe siècles) 26
   3. Marie de France, la magicienne (XIIe siècle) 31
   4. Les poétesses du nord (XIIIe au XVe siècle) 35
   5. Christine de Pisan, l'engagée (1364-vers 1430) 37
LA LITTERATURE DU SEIZIEME SIECLE 43
   Introduction 43
   1. Lyon, la rayonnante 46
     - Jeanne Flore, l'audacieuse 46
     - Pernette du Guillet, la subtile 53
     - Louise Labé, la grande amoureuse 54
   2. Hélisenne de Crenne ou le vertige devant la liberté 59
   3. Marguerite de Navarre, l'exigeante, l'indulgente 63
   4. Les poétesses de la seconde moitié du seizième: mysticisme, révolte, sagesse 78
LA LITTERATURE DU DIX-SEPTIEME SIECLE 83
   Introduction 83
   1. Marie de Gournay, la farouche anti-précieuse 88
   2. Les aventures du roman:
     Madeleine de Scudéry 90
     Hortense de Villedieu 93
     Marie-Madeleine de La Fayette 95
     Catherine Bernard 97
   3. La poésie 100
   4. Les maximes 104
   5. Le genre épistolaire 105
   6. Les mémoires 109
   7. Les contes de fées 112

LA LITTERATURE DU DIX-HUITIEME SIECLE 123
Introduction 123
1. Le conte de fées 127
2. Le genre épistolaire 131
3. L'éducation, thème majeur 136
4. Les mémoires 141
5. Le roman: du romanesque au psychologique 146
6. Isabelle de Charrière ou l'indépendance d'esprit 152
7. Les écrits révolutionnaires 157

LA LITTERATURE DU DIX-NEUVIEME SIECLE 159
Introduction 159
1. Le roman: éclatement thématique 163
2. Les deux phares sont à revoir! 172
3. Les militantes 177
4. Une poétesse peut en cacher d'autres 181
5. Les mémoires 185
6. Un genre méprisé: la littérature pour enfants 189

LA LITTERATURE DU VINGTIEME SIECLE 191
Introduction 191
1. La poésie 195
   Anna de Noailles 195
   Marguerite Burnat-Provins 196
   Marie Dauguet 197
   Renée Vivien 197
   Hélène Picard 199
   Irine 201
   Andrée Chedid 202
   Andrée Sodenkamp 203
   Les quotidiennes: Lucienne Desnoues, Renée Brock, Denise Jallais ... 203
   Deux héritières du surréalisme: Yvonne Caroutch, Joyce Mansour 205
2. Le roman 208
   Colette, Rachilde 209
   Les exploratrices: Nathalie Sarraute, Irine, Dominique Rolin, Marguerite Duras, Marguerite Yourcenar, Suzanne Lilar 210
   Les engagées: Elsa Triolet, Simone de Beauvoir 215
   Les sensuelles: Violette Leduc, Françoise Sagan 217
   Les quotidiennes: Neel Doff, Marie Gevers, Madeleine Bourdouxhe, Béatrix Beck, Françoise Mallet-Joris, Hélène Parmelin 219
3. Le théâtre 224
   Suzanne Lilar 224
   Marguerite Duras 225
   Françoise Sagan 225
   Liliane Wouters 225

CONCLUSIONS 227

BIBLIOGRAPHIE 229

REMERCIEMENTS 239

INDEX ALPHABETIQUE 241

TABLE DES MATIERES 243

PSYCHOLOGIE ET SCIENCES HUMAINES
collection publiée sous la direction de MARC RICHELLE

1 Dr Paul Chauchard: LA MAITRISE DE SOI, 9ᵉ éd.
5 François Duyckaerts: LA FORMATION DU LIEN SEXUEL, 9ᵉ éd.
7 Paul-A. Osterrieth: FAIRE DES ADULTES, 16ᵉ éd.
9 Daniel Widlöcher: L'INTERPRETATION DES DESSINS D'ENFANTS, 9ᵉ éd.
11 Berthe Reymond-Rivier: LE DEVELOPPEMENT SOCIAL DE L'ENFANT ET DE L'ADOLESCENT, 9ᵉ éd.
12 Maurice Dongier: NEVROSES ET TROUBLES PSYCHOSOMATIQUES, 7ᵉ éd.
15 Roger Mucchielli: INTRODUCTION A LA PSYCHOLOGIE STRUCTURALE, 3ᵉ éd.
16 Claude Köhler: JEUNES DEFICIENTS MENTAUX, 4ᵉ éd.
21 Dr P. Geissmann et Dr R. Durand: LES METHODES DE RELAXATION, 4ᵉ éd.
22 H. T. Klinkhamer-Steketée: PSYCHOTHERAPIE PAR LE JEU, 3ᵉ éd.
23 Louis Corman: L'EXAMEN PSYCHOLOGIQUE D'UN ENFANT, 3ᵉ éd.
24 Marc Richelle: POURQUOI LES PSYCHOLOGUES?, 6ᵉ éd.
25 Lucien Israel: LE MEDECIN FACE AU MALADE, 5ᵉ éd.
26 Francine Robaye-Geelen: L'ENFANT AU CERVEAU BLESSE, 2ᵉ éd.
27 B.F. Skinner: LA REVOLUTION SCIENTIFIQUE DE L'ENSEIGNEMENT, 3ᵉ éd.
28 Colette Durieu: LA REEDUCATION DES APHASIQUES
29 J.C. Ruwet: ETHOLOGIE: BIOLOGIE DU COMPORTEMENT, 3ᵉ éd.
30 Eugénie De Keyser: ART ET MESURE DE L'ESPACE
32 Ernest Natalis: CARREFOURS PSYCHOPEDAGOGIQUES
33 E. Hartmann: BIOLOGIE DU REVE
34 Georges Bastin: DICTIONNAIRE DE LA PSYCHOLOGIE SEXUELLE
35 Louis Corman: PSYCHO-PATHOLOGIE DE LA RIVALITE FRATERNELLE
36 Dr G. Varenne: L'ABUS DES DROGUES
37 Christian Debuyst, Julienne Joos: L'ENFANT ET L'ADOLESCENT VOLEURS
38 B.-F. Skinner: L'ANALYSE EXPERIMENTALE DU COMPORTEMENT, 2ᵉ éd.
39 D.J. West: HOMOSEXUALITE
40 R. Droz et M. Rahmy: LIRE PIAGET, 3ᵉ éd.
41 José M.R. Delgado: LE CONDITIONNEMENT DU CERVEAU ET LA LIBERTE DE L'ESPRIT
42 Denis Szabo, Denis Gagné, Alice Parizeau: L'ADOLESCENT ET LA SOCIETE, 2ᵉ éd.
43 Pierre Oléron: LANGAGE ET DEVELOPPEMENT MENTAL, 2ᵉ éd.
44 Roger Mucchielli: ANALYSE EXISTENTIELLE ET PSYCHOTHERAPIE PHENOMENO-STRUCTURALE
45 Gertrud L. Wyatt: LA RELATION MERE-ENFANT ET L'ACQUISITION DU LANGAGE, 2ᵉ éd.
46 Dr Etienne De Greeff: AMOUR ET CRIMES D'AMOUR
47 Louis Corman: L'EDUCATION ECLAIREE PAR LA PSYCHANALYSE
48 Jean-Claude Benoit et Mario Berta: L'ACTIVATION PSYCHOTHERAPIQUE
49 T. Ayllon et N. Azrin: TRAITEMENT COMPORTEMENTAL EN INSTITUTION PSYCHIATRIQUE
50 G. Rucquoy: LA CONSULTATION CONJUGALE
51 R. Titone: LE BILINGUISME PRECOCE
52 G. Kellens: BANQUEROUTE ET BANQUEROUTIERS
53 François Duyckaerts: CONSCIENCE ET PRISE DE CONSCIENCE
54 Jacques Launay, Jacques Levine et Gilbert Maurey: LE REVE EVEILLE-DIRIGE ET L'INCONSCIENT
55 Alain Lieury: LA MEMOIRE
56 Louis Corman: NARCISSISME ET FRUSTRATION D'AMOUR
57 E. Hartmann: LES FONCTIONS DU SOMMEIL
58 Jean-Marie Paisse: L'UNIVERS SYMBOLIQUE DE L'ENFANT ARRIERE MENTAL

59 Jacques Van Rillaer: L'AGRESSIVITE HUMAINE
60 Georges Mounin: LINGUISTIQUE ET TRADUCTION
61 Jérôme Kagan: COMPRENDRE L'ENFANT
62 Michael S. Gazzaniga: LE CERVEAU DEDOUBLE
63 Paul Cazayus: L'APHASIE
64 X. Seron, J.L. Lambert, M. Van der Linden: LA MODIFICATION DU COMPORTEMENT
65 W. Huber: INTRODUCTION A LA PSYCHOLOGIE DE LA PERSONNALITE, 2ᵉ éd.
66 Emile Meurice: PSYCHIATRIE ET VIE SOCIALE
67 J. Château, H. Gratiot-Alphandéry, R. Doron et P. Cazayus: LES GRANDES PSYCHOLOGIES MODERNES
68 P. Sifnéos: PSYCHOTHERAPIE BREVE ET CRISE EMOTIONNELLE
69 Marc Richelle: B.F. SKINNER OU LE PERIL BEHAVIORISTE
70 J.P. Bronckart: THEORIES DU LANGAGE
71 Anika Lemaire: JACQUES LACAN, 2ᵉ éd. revue et augmentée
72 J.L. Lambert: INTRODUCTION A L'ARRIERATION MENTALE
73 T.G.R. Bower: DEVELOPPEMENT PSYCHOLOGIQUE DE LA PREMIERE ENFANCE
74 J. Rondal: LANGAGE ET EDUCATION
75 Sheila Kitzinger: PREPARER A L'ACCOUCHEMENT
76 Ovide Fontaine: INTRODUCTION AUX THERAPIES COMPORTEMENTALES
77 Jacques-Philippe Leyens: PSYCHOLOGIE SOCIALE, 2ᵉ éd.
78 Jean Rondal: VOTRE ENFANT APPREND A PARLER
79 Michel Legrand: LE TEST DE SZONDI
80 H.J. Eysenck: LA NEVROSE ET VOUS
81 Albert Demaret: ETHOLOGIE ET PSYCHIATRIE
82 Jean-Luc Lambert et Jean A. Rondal: LE MONGOLISME
83 Albert Bandura: L'APPRENTISSAGE SOCIAL
84 Xavier Seron: APHASIE ET NEUROPSYCHOLOGIE
85 Roger Rondeau: LES GROUPES EN CRISE?
86 J. Danset-Léger: L'ENFANT ET LES IMAGES DE LA LITTERATURE ENFANTINE
87 Herbert S. Terrace: NIM, UN CHIMPANZE QUI A APPRIS LE LANGAGE GESTUEL
88 Roger Gilbert: BON POUR ENSEIGNER?
89 Wing, Cooper et Sartorius: GUIDE POUR UN EXAMEN PSYCHIATRIQUE
90 Jean Costermans: PSYCHOLOGIE DU LANGAGE
91 Françoise Macar: LE TEMPS, PERSPECTIVES PSYCHOPHYSIOLOGIQUES
92 Jacques Van Rillaer: LES ILLUSIONS DE LA PSYCHANALYSE, 2ᵉ éd.
93 Alain Lieury: LES PROCEDES MNEMOTECHNIQUES
94 Georges Thinès: PHENOMENOLOGIE ET SCIENCE DU COMPORTEMENT
95 Rudolph Schaffer: COMPORTEMENT MATERNEL
96 Daniel Stern: MERE ET ENFANT, LES PREMIERES RELATIONS
97 R. Kempe & C. Kempe: L'ENFANCE TORTUREE
98 Jean-Luc Lambert: ENSEIGNEMENT SPECIAL ET HANDICAP MENTAL
99 Jean Morval: INTRODUCTION A LA PSYCHOLOGIE DE L'ENVIRONNEMENT
100 Pierre Oleron et al.: SAVOIRS ET SAVOIR-FAIRE PSYCHOLOGIQUES CHEZ L'ENFANT
101 Bernard I. Murstein: STYLES DE VIE INTIME
102 Rondal/Lambert/Chipman: PSYCHOLINGUISTIQUE ET HANDICAP MENTAL
103 Brédart/Rondal: L'ANALYSE DU LANGAGE CHEZ L'ENFANT
104 David Malan: PSYCHODYNAMIQUE ET PSYCHOTHERAPIE INDIVIDUELLE

105 Philippe Muller: WAGNER PAR SES REVES
106 John Eccles: LE MYSTERE HUMAIN
107 Xavier Seron: REEDUQUER LE CERVEAU
108 Moreau/Richelle: L'ACQUISITION DU LANGAGE
109 Georges Nizard: ANALYSE TRANSACTIONNELLE ET SOIN INFIRMIER
110 Howard Gardner: GRIBOUILLAGES ET DESSINS D'ENFANTS, LEUR SIGNIFICATION
111 Wilson/Otto: LA FEMME MODERNE ET L'ALCOOL
112 Edwards: DESSINER GRACE AU CERVEAU DROIT
113 Rondal: L'INTERACTION ADULTE-ENFANT
114 Blancheteau: L'APPRENTISSAGE CHEZ L'ANIMAL
115 Boutin: FORMATION ET DEVELOPPEMENTS
116 Húsen: L'ECOLE EN QUESTION
117 Ferrero/Besse: L'ENFANT ET SES COMPLEXES
118 R. Bruyer: LE VISAGE ET L'EXPRESSION FACIALE
119 J.P. Leyens: SOMMES-NOUS TOUS DES PSYCHOLOGUES?
120 J. Château: L'INTELLIGENCE OU LES INTELLIGENCES?
121 M. Claes: L'EXPERIENCE ADOLESCENTE
122 J. Hayes et P. Nutman: COMPRENDRE LES CHOMEURS
123 S. Sturdivant: LES FEMMES ET LA PSYCHOTHERAPIE
124 A. Pomerleau et G. Malcuit: L'ENFANT ET SON ENVIRONNEMENT
125 A. Van Hout et X. Seron: L'APHASIE DE L'ENFANT
126 A. Vergote: RELIGION, FOI, INCROYANCE
127 Sivadon/Fernandez-Zoïla: TEMPS DE TRAVAIL, TEMPS DE VIVRE
128 Born: JEUNES DEVIANTS OU DELINQUANTS JUVENILES?
129 Hamers/Blanc: BILINGUALITE ET BILINGUISME
130 Legrand: PSYCHANALYSE, SCIENCE, SOCIETE
131 Le Camus: PRATIQUES PSYCHOMOTRICES
132 Lars Fredén: ASPECTS PSYCHOSOCIAUX DE LA DEPRESSION
133 Mount: LA FAMILLE SUBVERSIVE
134 Magerotte: MANUEL D'EDUCATION COMPORTEMENTALE CLINIQUE
135 Dailly / Moscato: LATERALISATION ET LATERALITE CHEZ L'ENFANT
136 Bonnet / Tamine-Gardes: QUAND L'ENFANT PARLE DU LANGAGE
137 Bruyer: LES SCIENCES HUMAINES ET LES DROITS DE L'HOMME
138 Taulelle: L'ENFANT A LA RENCONTRE DU LANGAGE
139 de Boucaud: PSYCHOLOGIE DE L'ENFANT ASTHMATIQUE
140 Duruz: NARCISSE EN QUETE DE SOI
141 Feyereisen / de Lannoy: PSYCHOLOGIE DU GESTE
142 Florin et Al.: LE LANGAGE A L'ECOLE MATERNELLE
143 Debuyst: MODELE ETHOLOGIQUE ET CRIMINOLOGIE
144 Ashton / Stepney: FUMER
145 Crabbé et Al.: LES FEMMES DANS LES LIVRES SCOLAIRES
146 Bideaud / Richelle: PSYCHOLOGIE DEVELOPPEMENTALE
147 Schmid-Kitsikis: THEORIE CLINIQUE ET FONCTIONNEMENT MENTAL
148 Guggenbühl / Craig: POUVOIR ET RELATION D'AIDE
149 Rondal: LANGAGE ET COMMUNICATION CHEZ LES HANDICAPES MENTAUX
150 Moscato et Al.: FONCTIONNEMENT COGNITIF ET INDIVIDUALITE
151 Château: L'HUMANISATION OU LES PREMIERS PAS DES VALEURS HUMAINES
152 Avery / Litwack: NEE TROP TOT
153 Rondal: LE DEVELOPPEMENT DU LANGAGE CHEZ L'ENFANT TRISOMIQUE 21
154 Kellens: QU'AS-TU FAIT DE TON FRERE?
155 Rondal / Henrot: LE LANGAGE DES SIGNES
156 Lafontaine: LE PARTI PRIS DES MOTS
157 Bonnet / Hoc / Tiberghien: AUTOMATIQUE, INTELLIGENCE ARTIFICIELLE ET PSYCHOLOGIE

158 Giovannini et al.: PSYCHOLOGIE ET SANTE
159 Wilmotte et al.: LE SUICIDE
160 Giurgea: L'HERITAGE DE PAVLOV
161 Ionescu: MANUEL D'INTERVENTION EN DEFICIENCE MENTALE N° 1
162 Ionescu: MANUEL D'INTERVENTION EN DEFICIENCE MENTALE N° 2
163 Pieraut-Le Bonniec: CONNAITRE ET LE DIRE
164 Huber: PSYCHOLOGIE CLINIQUE AUJOURD'HUI
165 Rondal et al.: PROBLEMES DE PSYCHOLINGUISTIQUE

Hors collection

Paisse: PSYCHOPEDAGOGIE DE LA LUCIDITE
Paisse: ESSENCE DU PLATONISME
Collectif: SYSTEME AMDP
Boulangé/Lambert: LES AUTRES, L'EXPRESSION ARTISTIQUE
CHEZ LES HANDICAPES MENTAUX

Manuels et Traités

2 Thinès: PSYCHOLOGIE DES ANIMAUX
3 Paulus: LA FONCTION SYMBOLIQUE ET LE LANGAGE
4 Richelle: L'ACQUISITION DU LANGAGE
5 Paulus: REFLEXES-EMOTIONS-INSTINCTS
Droz-Richelle: MANUEL DE PSYCHOLOGIE
Hurtig-Rondal: MANUEL DE PSYCHOLOGIE DE L'ENFANT (Tome 1)
Hurtig-Rondal: MANUEL DE PSYCHOLOGIE DE L'ENFANT (Tome 2)
Hurtig-Rondal: MANUEL DE PSYCHOLOGIE DE L'ENFANT (Tome 3)
Rondal-Seron: LES TROUBLES DU LANGAGE
(DIAGNOSTIC ET REEDUCATION)
Fontaine/Cottraux/Ladouceur:
CLINIQUES DE THERAPIE COMPORTEMENTALE

Philosophie et langage

Anscombre/Ducrot: L'ARGUMENTATION DANS LA LANGUE
Maingueneau: GENESES DU DISCOURS
Casebeer: HERMANN HESSE
Dominicy: LA NAISSANCE DE LA GRAMMAIRE MODERNE
Borillo: INFORMATIQUE POUR LES SCIENCES DE L'HOMME
Iser: L'ACTE DE LECTURE
Heyndels: LA PENSEE FRAGMENTEE
Sheridan: DISCOURS, SEXUALITE ET POUVOIR (Michel Foucault)
Parret: LES PASSIONS